中国管理思想精粹

〖第二辑〗 "（朝）代" 系列　吴照云

先秦管理思想
——基于政策工具视角的研究

On Management Thoughts of the Pro-Qin Dynasty: Based on the Perspective of Policy Instruments

（第二版）

方宝璋 著

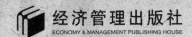

经济管理出版社

ECONOMY & MANAGEMENT PUBLISHING HOUSE

图书在版编目（CIP）数据

先秦管理思想/方宝璋著．—2版．—北京：经济管理出版社，2017.2

ISBN 978－7－5096－4990－9

Ⅰ.①先…　Ⅱ.①方…　Ⅲ.①管理学—思想史—中国—先秦时代　Ⅳ.①C93-092

中国版本图书馆 CIP 数据核字（2017）第 043531 号

组稿编辑：杜　菲

责任编辑：杜　菲

责任印制：杨国强

责任校对：张　青

出版发行：经济管理出版社

（北京市海淀区北蜂窝 8 号中雅大厦 A 座 11 层　100038）

网　　址：www.E-mp.com.cn

电　　话：（010）51915602

印　　刷：玉田县昊达印刷有限公司

经　　销：新华书店

开　　本：720mm×1000mm/16

印　　张：16.75

字　　数：310 千字

版　　次：2017 年 2 月第 1 版　2017 年 2 月第 1 次印刷

书　　号：ISBN 978－7－5096－4990－9

定　　价：88.00 元

目　录

第一章 绪 论

第一节 课题的立项依据及所从事的工作

一、研究意义

当前，世界管理学界十分重视对东方管理思想的研究，我国学界在管理思想史的研究也正方兴未艾。但从总体看，有关管理思想史的研究主要侧重经济管理思想史方面，而对政治、文化、社会、军事等管理思想史的研究涉及较少。以往的研究绝大多数从通史的视角，以某些代表人物为中心，采取传统的定性分析方法，缺乏采用分专题的断代式的系统深入研究。本课题基于政策工具的视角，以现代政府治理理论为指导，拟在尽可能"竭泽而渔"收集资料的基础上，对先秦政府治理思想进行比较全面、系统、深入的分专题研究。先秦管理思想是中国古代管理思想的源头，因此，对先秦管理思想的断代分专题研究将是对二三千年中国古代管理思想史探本溯源的研究，填补某些方面研究的空白，并从政策工具新的视角对某些专题重新进行审视，将有助于深化丰富对这些专题的探讨。

我国自 1978 年十一届三中全会改革开放以来，社会主义市场经济逐渐建立与完善。随着经济体制改革的深化，我国政府管理体制也在改革，以适应社会主义市场经济的发展需要。目前，我国必须不断改进和完善政府管理职能，完成从统治到治理的转化，即从较单一的管制为主的政府逐渐过渡到协调、服务、管制三者兼有的政府，充分发挥政策工具的效用，从无限政府逐步转变为有限政府。我们研究先秦政府治理思想，就是要达到古为今用的目的，为建设有中国特色的社会主义政府治理理论和治理制度提供历史借鉴，增强我国在国际竞争中的软实力，让中国传统管理思想走向世界。

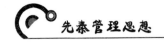

二、国内外研究现状

有关从政策工具视角研究先秦政府治理思想的专门论著，至今笔者尚未见到。但是，一些已出版的或发表的论著，却不同程度地涉及这方面的问题。就整体上说，大致可分为两种类型：

一是一些管理思想史、经济思想史或政治思想史、法制思想史的论著。其中国内比较有代表性的著作主要有：有关管理思想史的如苏东水的《东方管理学》、何奇的《中国古代管理思想》、潘承烈的《中国古代管理思想之今用》等；有关经济管理思想史的如赵靖的《中国经济管理思想史教程》、何炼成的《中国经济管理思想史》、叶世昌的《中国古代经济管理思想》、滕显间的《中国历代经济管理反思》等；有关经济思想史的如唐庆增的《中国经济思想史》、胡寄窗的《中国经济思想史》（上册）、赵靖的《中国经济思想通史》（第1卷）；有关政治思想史的如刘泽华的《中国政治思想史集》（第1卷）、曹德本的《中国政治思想史》、纪宝成的《中国古代治国要论》以及数种论文集和资料选辑等。国外主要有日本桑田幸三的《中国经济思想史论》、上野直明的《中国经济思想史》等。这些论著在某些章节目或以管理理念的视角，或以管理主体、管理权力、管理组织、管理文化和管理心理的视角，或以儒家、法家、道家、墨家、兵家等思想流派的视角，或以政治、经济、文化、社会的视角，对古代管理思想做出精辟、独到的概括和总结，并上升到管理理论的高度加以阐述。如苏东水在《东方管理学·导论篇》中开创性地提出了概括东方管理文化本质特征的"以人为本、以德为先、人为为人"的"三为"原理，在中国管理、西方管理和华商管理的基础上形成治国、治生、治家和治身的"四治"体系，以人本论、人德论、人为论为核心，包括人道、人心、人缘、人谋、人才"五行"管理的东方管理理论体系，并提出东方管理学的管理目标是构建和谐社会的和贵、和合、和谐。苏东水管理理论体系的建立，主要就是从中国古代尤其是先秦诸子百家思想中汲取精华。又如，何炼成总结的中国传统经济管理思想的基本特点是：以宏观目标的"富国之学"为基本线索；宏观经济管理的基本指导思想主要表现为义利之争、本末之争、俭奢之争；宏观经济管理方针主要有两条："无为而治"（自由放任的方针）和"通轻重之权"（实行国家控制的方针）。这些基本特点早在先秦时期就已比较系统成熟。

二是一些经济史、政治史、法制史等专题性的论著，其中比较有代表性的：九卷本各卷分设主编的《中国经济通史》、白钢的《中国政治制度通史》（第1卷和第2卷）、张晋藩的《中国法制通史》（第1卷），以及专题性的断代研究专著，如张亚初和刘雨的《西周金文官制研究》、杨宽的《战国史》等。这些论著在宏观考察中国古代各种制度时，提出了一些对管理思想史有重要参考价值的精辟论断。如白钢在《中国政治制度通史·总论》中提出中国从战国至清朝封建地主阶级专政的国家是以中央集权和官僚政治的形式出现，实现君主专制，其政体运行机制，以君主"独制于天下而无所制"为转移。

以上两类论著在其研究的主要领域，均进行了全面系统深入的研究，做出了令人瞩目的贡献，处于领先水平。并且，这些论著在不同程度上均涉及先秦的政府治理思想，如对社会犯罪的禁戒与镇压、政府财政税收治理、对户口土地的管制、重农抑商思想、法家法术势思想、对社会的救助等；或其成果对研究政府治理思想有参考启示作用，如民本思想、礼治思想、修身治国思想等。但是，由于这些论著均只是在从事本领域研究需要时论及政府治理思想的某一方面，因此，难免有所不足。总的来说，其不足大致有 4 个方面：

其一，以往的研究成果虽然涉及政府治理思想，但都未能有意识地从政府治理的政策工具，如管制、协调、服务等视角进行探讨论述。绝大多数研究成果未以现代先进的政府治理理论作为研究的指导。其二，鉴于以往研究中视角与方法的局限，对先秦一些治理思想的分析与看法，有待重新认识与评价。其三，绝大部分研究成果尚未把先秦政府治理思想与当代政府治理紧密结合进行探讨。其四，有关先秦政府治理思想的史料发掘不够，如先秦政府治理行为、制度中所反映的治理思想未予以充分的重视。

三、特色与创新之处

本书的特色与创新之处主要有以下 4 点：

其一，视角创新：以政府治理的政策工具（如管制、协调、服务）为视角，以现代先进的政府治理理论为指导，能比较深层次地揭示政府治理的运作机制，对先秦政府治理思想做一比较全面、系统、深入的研究。本书的章节，就是按政策工具视角的类型来撰写的。

其二，观点创新：对于先秦一些政府治理思想，学术界历来看法不一。本书从政策工具的视角，对其进行重新解读和评价，而且，对先秦政府治理思想进行归纳概括，初步分为管制、协调、服务 3 个层面和对官吏选任监察考核一个关键，这是以往研究者所未提到的。

其三，对当代的启示：从政策工具角度着重发掘对当代有启示意义的先秦政府治理思想，为建设有中国特色的社会主义政府治理理论与制度提供历史的借鉴。

其四，研究领域创新：注意从政府治理行为、制度中发掘其体现的治理思

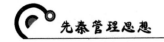

想，从而使所涉及的一些专题，如先秦军队在治理国家中的重要性思想、政府对市场管制的思想、劝学劝农思想、水利工程思想等，是以往很少有人研究的，本书将弥补此类研究的空白。

第二节　政策工具视角下的先秦管理思想特点

一、政府管制为主的治理思想

先秦时期，政府管制为主的治理思想主要有两个方面：一是从管制对象看，主要是对威胁国家稳定的社会犯罪采取严厉的禁戒与镇压；对户口与土地严格予以管制，作为征收赋税、征发徭役的依据；对粮食与货币予以控制，垄断经营盐铁，实行重农抑商政策。二是从管制手段看，主要采取法、术、势三者相结合。

（一）对社会犯罪、户口土地、粮食货币、盐铁管制和重农抑商思想

先秦夏商西周所建立的奴隶制王朝，都不同程度面临着内忧外患，尤其是在王朝末期。春秋战国时期则是大变革的时代，社会矛盾更是复杂尖锐。为了稳定社会秩序，维护君主的统治，统治者对谋反叛逆、杀人、盗贼、官吏贪赃等严重威胁国家稳定的社会犯罪采取严厉的禁戒与镇压。如商王盘庚迁都殷时，曾遭到一些人的反对。盘庚就严厉地警告说，如谁不服从国王的命令，犯法作乱者，都将处以死刑，灭绝其全家①。西周初期，周王为巩固周王朝的统治，下令如臣民不服从王命，就要遭到诛杀；如谁敢杀人并抢夺财物，或盗窃财物，都要予以重惩，动辄处死②。战国时魏国李悝编订《法经》，规定丞相接受贿赂，其左右侍从要处死；犀首（将军）以下受贿，则当事人要处死。

从先秦时期开始，户口与土地是国家征发赋税、徭役的主要依据，政府通过登记统计人口、田地，按性别、年龄、婚姻状况等对人口进行分类，按肥瘠、位置远近、交通状况等对土地划分等级，然后依据人口的不同类别、土地的不同等级征收数量不等的赋税、征发各种徭役。如《尚书·禹贡》就把全国土地按肥瘠不同分为九等，然后再参考各地距离帝都远近及交通便利情况，而征收不同的赋税。《周礼·大司徒》则对户口每年进行检查，3 年一普查，然

---

① 《尚书·盘庚中》。
② 《尚书·康诰》。

后对符合服役条件的人征发徭役，对适龄的人征收口赋。由于户口与土地是国家征发赋税、徭役的主要依据，并且是农业生产中的最重要因素，因此政府不仅严格予以管制，而且不遗余力地鼓励人民增殖人口、开垦田地，甚至采取行政性的强制手段。如秦国商鞅就采取"徕民"政策，以优惠条件招徕三晋农民到秦国专务耕织。并通过政府对土地与人口的合理配置，鼓励耕战，达到国家富强。

为了保证政府对全国经济活动有效的控制，先秦时期一些有识之士已提出国家必须对粮食与货币进行严格的管制。如《管子·国蓄》提出粮食作为"民之司命"，国家必须在全国范围内控制粮食的价格和供求；货币作为"民之通施"，国家必须掌握货币的铸造和发行。为了保证国家财政收支的正常运转，政府除通过对人口、土地的严格管制来确保赋税、徭役的征发外，还对一些自然资源进行垄断独占，以此来增加财政收入。如《管子·轻重甲》就呼吁国家对山海资源要"谨封而为禁"，绝不容许百姓染指，通过"官山海"① 对盐铁实行国家垄断经营，独占其巨额利润。

春秋战国时期，各诸侯国之间征战不已。为了在战争中击败对手，各国都重视富国强兵。由于农业生产关系到广大民众的衣食来源，农民又是国家最主要可靠的兵源，因此，这一时期法家人物均主张重农，并通过抑制工商业来保证农业生产有充足的劳动力。战国初期，魏国李悝提出"尽地力"②，"禁技巧"③，标志着重农抑商思想已有了雏形。而后秦国商鞅较明确提出了重本抑末并予以实践。商鞅认为从事工商业的"商贾、技巧之人"④ 是妨碍贯彻农战政策的人，故必须予以限制打击。《管子》也主张对工商业实行严格管制与控制，但在具体操作上与其他法家有所不同，即不仅重视运用行政、法律的手段，更重视通过经济手段，三种手段密切配合，对国家经济实行管制与控制。韩非则明确提出农本工商末的概念，把"商工之民"作为"五蠹"之一予以打击。

先秦除法家之外，其他学派少有提出重农抑末主张的，但他们则主张对商业予以必要的管制。如《周礼》就提出设立司市、质人、胥师、贾师、司虣、司稽、肆长、廛人、泉府等职官参与市场管理，对市场交易时间、商品货物、价格、赊买、借贷、交易秩序等都做了严格规定，使市场交易稳定有序地进

---

① 《管子·海王》。
② 《汉书·食货志》。
③ 《说苑·反质》。
④ 《商君书·外内》。

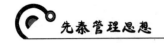

行。《礼记·王制》则对市场禁售的商品做了具体明确的规定。所有这些表明先秦已产生了较为系统、严密的市场管制思想与实践。

（二）法、术、势管制思想

先秦以法家为主的一些思想家认为政府在以管制为主的治理中，必须通过法、术、势三种手段进行管理。政府在以管制为主的治理中，首先必须制定各种法律法规，因为管制的一个重要特征是要求被治理者遵守服从，因此政府必须制定出各种符合自己统治意志的法律法规，来规范约束被治理者的行为。从先秦时期开始，中国古代的法律法规是典型的单轨法，即法律法规只有规范约束被治理者行为的条文，而没有保护被治理者权利的条文。中国自夏朝出现国家开始，就有了制定刑法对全国进行严厉管制的思想，即"夏有乱政，而作禹刑；商有乱政，而作汤刑；周有乱政，而作九刑"①。可见，古代最早刑法的出现，是基于对"乱政"的严厉管制。

战国时的商鞅其政治管理思想的核心是"法治"，即"明主慎法制。言不中法者，不听也；行不中法者，不高也；事不中法者，不为也"②。他主张官吏和民众都要知法、守法，就能达到天下大治；对于胆敢犯法的人，必须施以严刑峻法，这样就能达到"以刑去刑"、"以杀去杀"③的治国目标。

《管子》认为，法是治理国家的主要凭借和规范上下的基本依据。"法者，天下之程式也，万事之仪表也。"④法一经制定颁布，所有的人（包括君主）都必须遵守。"法令者，君臣之所共立也。"⑤只有人人都守法，才可使社会秩序安定、国家长治久安。正如《管子·任法》中所说的："君臣上下、贵贱皆从法，此谓大治。"《管子·重令》也主张严刑重罚："行令在乎严罚。罚严令行，则百吏皆恐。"尤其强调不能赦小过，因为"上赦小过，则民多重罪，积之所生也"⑥。

荀子虽然属于儒家，但也重视法治。他认为治国必须依法办事，但有了好的法律，还必须依靠好的执法者来贯彻执行。如不得人而执行之，再好的法律也难以发挥作用。他还主张治国必须教、诛、赏、类并举，如果只教育人民，而不用刑罚，那犯法的奸民就得不到惩罚。

法家的集大成者韩非认为，法律对于治国来说，是十分重要的。法律是全

---

① 《左传》昭公六年。
② 《商君书·君臣》。
③ 《商君书·画策》。
④ 《管子·明法解》。
⑤ 《管子·七臣七主》。
⑥ 《管子·法法》。

体臣民的行为规范，"一民之轨，莫如法"①；法律是制止社会动乱有力的工具，"法分明，则贤不得夺不肖，强不得侵弱，众不得暴寡"②；法律是惩治犯罪行为的准绳，"以罪受诛，人不怨上"③。韩非也主张严刑峻法："夫严刑者，民之所畏也；重罚者，民之所恶。故圣人陈其所畏以禁其邪，设其所恶以防其奸，是以国安而暴乱不起。"④ 而且要有罪必罚，这比重刑更有威慑力，使民众不敢以身试法。韩非为了达到对人民的严厉管制，还提出三禁："太上禁其心，其次禁其言，其次禁其事。"⑤

其次，在君主专制国家里，君主必须善于统驭臣下，才能使带有强制性的以管制为主的政策工具得以贯彻执行。申不害认为，治理国家必须特别重视君主统驭臣下之术，因为威胁君主地位的主要危险来自左右大臣。"妒妻不难破家，乱臣不难破国。"⑥ 因此，他提出君主应重视正名责实之术，即加强对官吏的检查、考察和评估；并且"示天下以无为"⑦，把自己深藏起来，不让臣下窥视，他们便无机可乘。

韩非也告诫君主说，君主最危险的敌人是主母、后姬、子姓、弟兄、大臣、显贤，因此，君主必须以六微、七术、八奸权术来控制、防范臣下。其中六微指君主必须审察的 6 种隐蔽而微妙的情况，如不许臣下借用君主权势、欺骗君主等；七术指君主统治臣下的 7 种策略，如对臣下要信赏必罚、要观察验证臣下是否忠诚等；八奸指揭露奸邪之臣的 8 种阴谋手段和诡计，如奸邪之臣通过美女、枕边风、侍从、亲信、父兄等利用、操纵君主，通过花言巧语向君主进言等。

最后，在先秦政府以管制为主的治理中，治理者（君主）与被治理者（臣民）或治理者（君主、官吏）与被治理者（民众）之间的关系是强制、以强胜弱的关系，因此，治理者必须拥有一支强大的军队，才能作为强势的一方，随时对被统治者的反抗实行镇压。据目前所知，商朝统治者就很重视军队的作用，意识到军队在维护国家政权中的不可或缺性。西周时，周天子对军队有绝对的领导权和指挥权。战国时期，《商君书·弱民》就明确提出："今夫人众兵强，此帝王之大资也。"《管子·参患》则指出："君之所以卑尊，国之所以安

① 《韩非子·有度》。

② 《韩非子·守道》。

③ 《韩非子·外储说左下》。

④ 《韩非子·奸劫弑臣》。

⑤ 《韩非子·说疑》。

⑥ 《意林》卷 2《申子三卷》。

⑦ 《申子·大体》。

危者，莫要于兵。"由此可见，军队是帝王拥有至高无上权势的资本，决定君主的卑尊和国家的安危。

慎到从历史和现实中认识到，在政治上谁服从谁，是由权势的大小来决定的。他指出，君主要实现专制统治，最关键的是自己的权势一定要超过一切臣属。要做到这一点，慎到认为要采取 3 个方面的措施：一是告诫君主不要尊贤，因为尊贤会使人民只知有贤人而不知有君主；二是君主应该获得民众的支持才能制约臣下；三是君主为了巩固自己的权力，必须善于运用权术驾驭臣下。

《管子》指出，君之所为君，在于有势："凡人君之所以为君者，势也。"① 而且君主不仅要有权势，还必须有"必治之势"，即君主对于臣民，要使自己的权势必定有效，令行禁止，臣民绝对服从。

韩非认为，法、术、势三者是相辅相成的，"人主之大物，非法则术也"②，"势者，胜众之资也"③。也就是说，法和术是人主统治臣民的工具，而势则是运用法、术的前提和条件。从某种意义上说，法、术、势三者之间，韩非更注重势，因为他认为君主之所以能够统治整个国家，是由于他拥有势："凡明主之治国也，任其势。"④ 韩非重视势的结果是导致君主专制的建立，即君主要求臣民绝对地服从。君主依靠权势实施法治，使臣民严格遵守法令，就能达到天下大治。

二、政府协调为主的治理思想

先秦时期，政府协调为主的治理思想已经有了雏形，主要体现在劝勉与调解、利用财政性和市场性政策工具进行治理等方面。

（一）民本思想是政府协调为主治理思想的理论基础

政府协调为主的治理思想以及政府服务为主的治理思想的出现，首先要取决于统治者对民众的认识与定位。先秦民本思想的产生是政府以协调为主和以服务为主治理思想的理论基础。先秦"民惟邦本，本固邦宁"⑤，"重我民"⑥，"民，神之主也"⑦ 等记载，至少说明最高统治者在理论上、言论上是一再标榜对民众的重视，人民是国家的根本。当政者之所以重视对民政策，是因为看

---

① 《管子·法法》。

②④ 《韩非子·难三》。

③ 《韩非子·八经》。

⑤ 《尚书·五子之歌》。

⑥ 《尚书·盘庚上》。

⑦ 《左传》桓公六年。

到民心的向背决定治国的成败。如孟子就提出"得其民，斯得天下矣"①。《荀子·王制》则提出君舟民水的关系："君者，舟也；庶人者，水也。水则载舟，水则覆舟，此之谓也。"《吕氏春秋·爱类》认为，"人主有能以民为务者，则天下归之矣"。

先秦时期，与重民思想紧密联系的是保民、惠民思想。如周公反复强调"用保乂民"，"用康保民"，"恫瘝乃身，敬哉"②。意为如果统治者怀着把民众的苦痛当作自己的苦痛的心情来治理国家，那就会得到人民的拥护，国家就会长治久安。《吕氏春秋·适威》也提出："古之君民者，仁义以治之，爱利以安之，忠信以导之，务除其灾，思致其福。故民之于上也，若玺之于涂（印泥）也，抑之以方则方，抑之以圜则圜。"这就是说统治者如能爱民、利民，以仁义忠信教导之，则老百姓就会服服帖帖服从统治。

先秦统治者基于民心向背决定治国成败的认识，在治理国家中尊重民意民情。如《孟子》引《泰誓》说："天视自我民视，天听自我民听。"③ 这就是统治者在治理国家中，必须以人民的视听为视听，以人民的欲恶为欲恶。一些有识之士主张民众言论自由，尊重民意民情。如召穆公反对周厉王监谤，认为"防民之口，甚于防川"④，百姓舆论比洪水还凶猛。郑国子产不毁乡校，认为民众在乡校"以议执政之善否，其所善者吾则行之，其所恶者吾则改之，是吾师也。若之何毁之？"⑤ 儒家经典《大学》也重视民意，认为统治者如果能以"民之所好好之，民之所恶恶之"，那就可称之为"民之父母"。墨子则认为统治者在治理国家中必须了解民情："上之为政，得下之情则治，不得下之情则乱。"⑥《管子》不仅十分重视民意民言，而且还进一步提出设立专门的机构和场所——啧室来倾听民众的心声⑦，从而使君主在治理国家中达到君民一体，休戚相关，长治久安。

（二）重视对民众教化、劝勉和礼治思想

在民本思想指导下，当时一些有识之士重视在治理国家中对民众的道德教化，认为其效果好于单纯依靠刑罚的管制。孔子就提出："道之以政，齐之以

---

① 《孟子·离娄上》。
② 《尚书·康诰》。
③ 《孟子·万章上》。
④ 《国语·周语上》。
⑤ 《左传》襄公三十一年。
⑥ 《墨子·尚同下》。
⑦ 《管子·桓公问》。

刑，民免而无耻；道之以德，齐之以礼，有耻且格。"① 这就是"道之以政，齐之以刑"只能暂时地禁人为非，却不能使人民懂得犯罪是可耻的，因而不可能使人不再犯罪；只有"道之以德，齐之以礼"才能使人民懂得犯罪是可耻的，自觉地不再犯罪。

《周礼·大司徒》记载周朝施行十二教，主要内容为三大方面：一是教导民众要恭敬谦让，相爱和睦；二是教导民众要安分守己，勤劳知足；三是教导民众靠技艺、职事谋生，相劝为善。周朝统治者企图通过德教，建立一个和谐有序、勤勉行善、自食其力的社会。

孔子十分重视教育，把教育作为他的治国目标3个层次中最高的层次，即首先让人口增加起来，然后让人民富裕，最后对人民进行教育。而且孔子还身体力行，兴办私学，实行"有教无类"，使平民子弟也有了受教育的机会。孟子也十分重视教育，认为"不教民而用之，谓之殃民"②。《管子》认为通过教育让民众拥护、服从君主的统治，这是最佳的治国方略："得人之道，莫如利之；利之之道，莫如教之以政。"③

先秦在民本思想与重农思想的共同作用下，统治者重视通过劝勉鼓励的方式引导民众勤于农业生产。据目前所知，至迟在周初就有国王亲耕籍田的制度，以此来表示周天子对农事的重视，并通过做出象征性的榜样，劝勉带动农民努力劳动。

与籍田制度相联系的是当时不违农时的思想。春秋时期，管仲较早提出"无夺民时，则百姓富"的思想④，即国家在征调百姓从事各种徭役时，不要在农忙季节征调。战国时期，孟子、荀子也提出了类似的思想："不违农时，谷不可胜食也"⑤；"春耕，夏耘，秋收，冬藏，四者不失时，故五谷不绝而百姓有余食也"⑥。《吕氏春秋》在《孟春纪》、《仲春纪》、《孟夏纪》和《中秋纪》更具体地提出了不违农时的制度和措施，即政府在春耕、夏耘、秋收等各个环节务必都要劝导、督促农民做好。《吕氏春秋》还在《上农》较系统地论述了国家通过引导鼓励使民众重视农业生产，其思想包括4个方面：一是最高统治者及贵族、官僚等通过籍田做出表率；二是国家督促民众努力耕作，充分发掘土地潜力增加产量；三是国家限制和制止妨害农时的政令和习俗；四是限

① 《论语·为政》。
② 《孟子·告子下》。
③ 《管子·五辅》。
④ 《国语·齐语》。
⑤ 《孟子·梁惠王上》。
⑥ 《荀子·王制》。

制在农时从事各种非农业的生产活动，以保证尽可能多的劳动力用于农业生产。

先秦时期，各式各样的人物都讲礼、利用礼，但人们对它的看法不尽相同。其中主流观点认为礼的本质是用"分"来维护当时的贵贱等级，用"仁""和"来调节社会各阶层之间的关系。如孔子坚持以礼治国，主张"道之以德，齐之以礼"①，人人都要服从固有的等级地位，也就是"君君、臣臣、父父、子子"②，每个人的行为要与其社会的身份、地位相符。统治者通过仁、义、礼、信，引导、劝勉百姓，达到"政是以和"③。荀子则看到社会财富无论如何充裕，也难以满足人们无止境的物欲，因此必然引起争夺财富的斗争，使社会秩序无法维持，社会生产更无从正常进行，国家将陷于贫困。对此，荀子提出的解决办法是："制礼义以分之，使有贫富贵贱之等，足以相兼临者，是养天下之本也。"④ 荀子的"分"主要有 3 种含义：一是指社会分工；二是指产权界定；三是指确定贵贱、上下等级身份。三者都必须依靠君主制定礼义来规范，从而建立一种"职分而民不慢，次定而序不乱"⑤ 的社会秩序，使国家长治久安。

（三）无为而治和君主利民思想是财政性和市场性政策工具导民而治的理论基础

先秦通过财政性和市场性政策工具导民而治的理论基础是无为而治思想和君主利民思想。

"道法自然"是道家哲学的核心思想，在此基础上，"无为而治"成为道家治理国家的指导思想。道家认为，治国要顺其自然，不可强作妄为；有道的圣人"处无为之事，行不言之教"，即以"无为"态度来处理国家大事，而不干涉民众的行为。因此，老子寓意深刻地总结了一句治国名言："治大国，若烹小鲜。"⑥ 他告诫统治者治理国家要像烹煎小鱼那样少折腾，统治者为政要安静无扰，扰则害民。

《管子》认为，人们由于利己心的驱使，会自动选择最适当的方式，进行生产、流通等经济活动，取得和积累私人财富，完全不需要国家采取人为的办法实行干预和控制。这就是"不推而往，不引而来，不烦不扰，而民自富。如

---

① 《论语·为政》。
② 《论语·颜渊》。
③ 《左传》昭公二十年。
④ 《荀子·王制》。
⑤ 《荀子·君道》。
⑥ 《老子》第 60 章。

鸟之覆（孵）卵，无形无声，而唯见其成"①。因此，他们主张，国家在制定政策时，必须顺应私人的追求财利活动，不要任意干预，即"不事心，不劳意，不动力，而土地自辟，困仓自实，蓄积自多"②。

先秦时期，君主利民思想比较流行，成为君主治理国家的一种理念。如春秋时期，邾文公就认为"天生民而树之君，以利之也"③，可见，他的观念是立君是为了利民，即君主必须为民众谋利。孔子也认为君主必须"因民之所利而利之"④，即君主要顺应民众利益而为民众谋利。

战国时期，荀子主张国君必须爱民、利民，才能使人民为己所用，为己而死。他指出："故有社稷者，而不能爱民，不能利民，而求民之亲爱己，不可得也。民之不亲不爱，而求其为己用，为己死，不可得也。"⑤《荀子·富国》分析了君主对民的三种不同态度和不同后果："利而不利也，爱而不用也者，取天下矣。利而后利之，爱而后用之者，保社稷也。不利而利之，不爱而用之者，危国家也。"这就是说给了人民利益而不向人民索取，爱护人民而不使用人民的，这是取得天下的君主；给了人民利益而后向人民索取，爱护人民而后使用人民的，这是保有社稷的君主；不给人民利益而向人民索取，不爱护人民而使用人民的，这是危害国家的君主。

《管子·幼官》提出政府制定政令，必须考虑是否对人民有利，因为对人民有利，才能得到他们的拥护和贯彻执行，即"民之所利立之，所害除之，则民人从"。

（四）财政性政策工具导民而治思想

先秦时期，人们已经知道政府通过财政性的政策工具对社会经济活动实行调节、控制。当时，通过财政性政策工具对社会经济活动实行调节、控制主要有两条途径：一是通过加重征收赋税、调发徭役来进行调节、控制；二是通过减轻征收赋税、调发徭役来进行调节、控制。多数人都主张采取后一条途径。

通过加重征收赋税、调发徭役来实行调节、控制的较早记载见于《周礼·司徒下》。当时政府规定："凡宅不毛者有里布，凡田不耕者出屋粟，凡民无职事者出夫家之征。"这里，国家通过赋税杠杆来督促一些懒惰不生产者从事必要的生产劳动，促进经济发展。如宅旁不种桑麻之家，就必须向国家额外交纳"里布"；某家有田不耕种，任其荒废，就要向国家额外交纳"屋粟"；其家有

① 《管子·禁藏》。
② 《管子·任法》。
③ 《左传》文公十三年。
④ 《论语·子张》。
⑤ 《荀子·君道》。

劳动力而任其游手好闲，就要向国家额外交纳赋税或服劳役。

战国时期，商鞅实行重农抑商政策，主张通过加重商人赋税、徭役的办法使经商无利可图，农民就不会弃农经商，商人也对经营商业产生怀疑，那从事农业的人就多了，农田必定会开垦得越来越多。他指出："重关市之赋，则农恶商，商有疑惰之心。农恶商，商疑惰，则草必垦矣。"① 商鞅通过徭役杠杆来抑制商人的做法是："以商之口数使商"，即商人家中所有的人口，包括奴隶、杂役在内都要服徭役，做到"农逸而商劳"②，从而鼓励人们从事农业而不愿经营商业，促进农业的发展。

先秦时期，主张通过减轻征收赋税、调发徭役来调节、控制经济活动的人较多。如老子指出："民之饥，以其上食税之多，是以饥。"③ 可见，老子认为民众遭受饥饿，是因为政府征收粮食税太多的缘故，不言而喻，他是反对厚敛而主张薄敛的。孔子认为，当时妨碍民富的一个重要原因是人们的赋税负担过重，因此，他提出"薄赋敛则民富"的主张④。在税率方面，他主张十分取一⑤。孔子在限制徭役方面提出"使民以时"的主张，对于保证农业生产的正常进行，减轻农业负担，具有积极的意义。孟子一再提倡仁政，其主要内容之一就是"取于民有制"⑥。这就是合理的赋税应是什一之税，不收关市之税，并按不违农时的原则征派徭役。荀子基于藏富于民的思想，同孔子、孟子一样，也主张"田野什一，关市几而不征，山林泽梁以时禁发而不税"⑦。这就是农业征什一税，不征关市商税，开放山林泽梁不收税，并"罕兴力役，无夺农时"⑧，少征徭役。

《管子》也主张薄税敛、轻徭役，如果实行"取于民无度"⑨的赋税徭役，不仅"竭民财"、"罢民力"⑩，在经济上破坏了百姓进行再生产的条件，而且会加剧社会矛盾，影响政权的稳定。正如《管子·权修》所说："取于民有度，用之有止，国虽小必安；取于民无度，用之不止，国虽大必危。"

商鞅为了推行农战政策，通过免除徭役、减轻赋税的办法鼓励民众从事农

①② 《商君书·垦令》。
③ 《老子》第 75 章。
④ 《说苑·政理》。
⑤ 《论语·颜渊》。
⑥ 《孟子·滕文公上》。
⑦ 《荀子·王制》。
⑧ 《荀子·富国》。
⑨ 《管子·权修》。
⑩ 《管子·正世》。

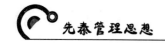

战。如主张"致粟帛多者，复其身"①，即生产粮食、布帛多者免除徭役；对农业税征收实物并实行较轻的税率，即"征不烦，民不劳，则农多日。农多日，征不烦，业不败，则草必垦矣"②。

从以上可以看出，先秦时期政府通过财政性政策工具对社会经济活动实行调节、控制所要达到的目标主要有以下 3 个方面：

其一，罚懒奖勤，促进社会经济的发展。政府对于懒惰、不生产者额外征税、加派徭役，而对于勤劳多生产粮食、布帛者免除徭役。

其二，鼓励引导民众从事农业生产，限制工商业。政府通过减轻农业税，对农民少征徭役，无夺农时等，使农民得到从事农业生产的实惠，同时加重对商人征收赋税、征发徭役等使经商无利可图，从而使更多的人从事农业生产而不愿经营商业。

其三，调节社会财富在民众与国家之间的分配。先秦儒家代表人物孔子、孟子、荀子等都主张轻徭薄赋，其用意是取于民有度，藏富于民，让民众有更好的生活和生产条件，积极从事农业生产，促进社会经济的发展，同时，也意味着国家有充足的税源。这就是要使国家富强，首先必须使民众富庶起来。

（五）市场性政策工具导民而治思想

先秦时期，人们对政府通过市场性的政策工具对社会经济活动的调节、控制作用有了初步的一些认识。其中最突出的是《管子》已认识到政府通过价格能对社会经济活动进行调控。《管子》认识到供求决定价格："有余则轻"，"不足则重"，或者"多则贱，寡则贵"③。这就是当市场上的商品太多有剩余，供过于求时，价格就会下降；而当市场上的商品太少而匮乏，供不应求时，价格就会上涨。另外，《管子》还认识到价格影响供求："重则见射，轻则见泄。"④这就是在市场活动中，当某种商品价格呈上升趋势时，人们往往就会抢购、囤积这种商品，待价格上涨时再出售以牟利；而当某种商品价格呈下降趋势时，人们为了避免进一步跌价带来的更大亏损，就会争着向市场抛售自己手中的商品。《管子》认为引起物价波动的主要因素是年景的丰穰和凶歉、政府法令的缓急等，政府必须实行调节政策予以干预："夫民有余则轻之，故人君敛之以轻；民不足则重之，故人君散之以重。敛积之以轻，散行之以重，故君必有什倍之利，而财之橫可得而平也。"⑤当市场上商品价格低贱时，政府要进行收

① 《史记·商君列传》。
② 《商君书·垦令》。
③⑤ 《管子·国蓄》。
④ 《管子·山权数》。

购；当市场上商品价格上涨时，政府要进行抛售。这样，政府既可大获其利，又可使市场的物价保持平稳。

《管子》已初步提出了"寓税于价"的思想，即政府通过官营工商业向广大百姓销售高于市价的商品，从而达到"不见夺之理"的效果，避免了政府强制征税那样夺而不予，引起民众的怨恨和反抗。这种把官营商品加价卖给民众以增加财政收入，代替向民众直接征税的做法具有较强的隐蔽性，能够比直接征税征敛的更多更顺利。

西周末年，周厉王以荣夷公为卿士，推行专利政策。大夫芮良夫批评荣夷公，提出利不可专的思想："夫利，百物之所生也，天地之所载也，而或专之，其害多矣。"[①] 芮良夫认为，这些"利"是天地所生，每个人都有权享用，而不能被周王室所独占。如果周王室独占，必然会遭到广大民众的反对，最终导致周王室的败亡。芮良夫反专利思想，其实就是反对国家对经济活动的过分管制和通过独占山泽之利来增加财政收入。因此，他主张周王朝"导利而布之于上下"[②]，调节好各种利益关系，就会避免招来各种怨恨，从而巩固自己的统治。

西周末年，郑桓公为了正确处理国家与商人的关系，与商人订立了一个盟约："尔无我叛，我无强贾，毋或匄夺。尔有利市宝贿，我勿与知。"[③] 意思是说只要商人不背叛国家，国家就不强买或夺取商人的货物，也不干涉商人的经营活动。这个盟约在先秦时期具有重要的意义，表明政府与商人之间基本上是平等友好的合作关系，这在当时是比较罕见的。后来执政子产继续推行"市不豫贾"的政策，政府不事先规定价格，让其根据市场的情况而自由波动。这个政策在当时有利于商人的经营，对商品经济的发展是有利的。

春秋战国时期，儒家代表人物孔子、孟子、荀子都主张"关市讥而不征"，即不征商税，以此来繁荣商品经济。孟子、荀子还主张给予工商业宽松的环境，"通工易事"，可"以羡补不足"[④]；"如是则商贾莫不敦悫而无诈矣……百工莫不忠信而不楛矣……则商旅安，货通财，而国求给矣……器用巧便，而财不匮矣"[⑤]。

难能可贵的是这一时期《管子》作者看到市场在经济活动中的刺激作用："国富而鄙贫，莫尽如市。市也者，劝也；劝者，所以起。本善而末事起。不

---

① ② 《国语·周语上》。
③ 《左传》昭公十六年。
④ 《孟子·滕文公下》。
⑤ 《荀子·王霸》。

侈，本事不得立。"① 他们认为，国都富裕而乡村贫穷，是因为国都的市场能带动就业和生产；如果不消费，农业也很难发展。《管子·侈靡》还认为："富者靡之，贫者为之。"即富人生活侈靡，会给穷人带来就业机会。如富人厚葬，墓坑尽量挖大一点，墓道、墓壁装饰美一点，棺椁做得大一点，衣饰服装多一点，殉葬仪仗、器物及用品多一点，就会使挖坑的贫民、艺术工匠、木工、纺织女工等多了活干，百姓借此赚得衣食。《管子·乘马数》甚至主张，即使在凶荒之年也要鼓励消费，如大兴土木工程，以工代赈，以救济贫民："若岁凶旱水泆，民失本，则修宫室台榭，以前无狗后无彘者为庸。故修宫室台榭非丽其乐也，以平国策也。"就是在水旱之年里，政府鼓励修建宫室亭台楼阁，雇用连狗、猪都喂养不起的贫民去做工，使贫民得以维持生计。这并非是国君官僚为了奢侈淫乐，而是通过以工代赈、平衡物价来救助贫民。

战国时期，荀子通过反对墨家节用的观点，也提出了与《管子》重视消费颇有相通之处的思想。他指出："墨子之节用也，则使天下贫……墨子虽为之衣褐带索，啜菽饮水，恶能足之乎？"② 可见，荀子认为墨子的节约物用，则会促使天下贫穷……墨子纵然教人民身穿粗布衣，腰束绳索，吃野菜，喝白开水，怎么可能富足起来呢？

总之，先秦时期人们提出政府通过市场性的政策工具对社会经济活动的调节、控制的最主要手段是利用价格杠杆，依靠手中掌握的巨大财富，通过买跌卖涨，使市场物价保持平稳，并使政府本身赢利，增加财政收入。同时政府通过"寓税于价"的隐蔽手段，使对民众的征敛更多更顺利。

春秋战国时期，在法家李悝、商鞅、韩非重农抑商思想盛行的情况下，儒家孟子、荀子却主张政府不征商税，给予工商业宽松的发展环境，农工商并重，以此来繁荣商品经济。《管子·侈靡》作者甚至认为市场对经济发展有很大的刺激作用，国都比乡村富裕，是因为国都市场能带动就业和发展。

这些思想的出现说明了先秦一些有识之士在治理国家中不仅应用管制性的政策工具，而且初步认识到有时利用市场性的政策工具进行调节、控制，能收到比应用管制性政策工具更好的效果，不仅能更好地发展经济，增加财政收入，而且能避免政府与民众的对立，维护社会稳定。

先秦时期，芮良夫提出反专利的思想，认为这些"利"是天地所生，每个人都有权享用；郑国桓公与商人订立盟约，都表明当时治理者与被治理者之间的关系出现相对平等的思想萌芽，这是政府协调为主治理思想最重要的原则之

---

① 《管子·侈靡》。

② 《荀子·富国》。

一，只有治理者与被治理者双方处于相对平等的地位，协调性政策工具才能得以实施。还有郑国桓公与商人的盟约是以双方共利双赢为基础订立的，即商人不背叛国家，国家就不强买或夺取商人的货物，也不干涉商人的经营活动。正由于双方共利双赢，这个盟约在郑国坚持实行了两百多年，直至执政子产时期仍然遵循。

三、政府服务为主的治理思想

作为一个政府，为了稳定社会秩序，长治久安，巩固自己的统治，必须为全体民众提供必要的公共产品，尤其必须通过兴办公共事业、社会救助等保障弱势群体的最起码的生存条件。对此，先秦时期的政府有比较清醒的认识，把以服务为主的政府治理作为长治久安的一项施政内容。先秦时期政府服务为主的治理思想主要包括3个方面，即水利工程思想、保护生物资源思想和社会救助思想。

（一）水利工程思想

中国古代的农业社会和特殊的地理环境所造成的水旱之灾频繁使先民很早就重视水利工程的兴修，政府把兴修水利工程作为治理国家的重要内容，如相传在夏朝，禹就亲自组织民众兴修水利，从而功垂千古。

大量水利工程的兴修，使水利工程思想逐渐发展。《管子·度地》就比较详细具体地论述了水利工程兴建与养护的思想。当时，人们已认识到修建水利工程必须察看地形，如建都城的地方附近必须有河流或湖泊，才能在周围修筑纵横交错的渠道网络，用于灌溉和排水。《度地》认为，当时的水利工程，主要是在高处挖沟排水，低洼处筑堤防洪。每年对河堤要增高加固，种植荆棘和柏树、杨树，用以稳定表土，防止水土流失和河堤决口。有了这样的水利工程，人民可因之而富饶。《度地》还建议：政府必须设置专职的治水官；对某一水利工程进行修缮或治理时，政府必须拨给足够的人力和财物；平时治水官吏要巡视堤防，划分各自责任区，经常对水利工程进行养护，防患于未然。

春秋时期，在兴修水利工程的实践中，人们对水利工程作用的认识逐步深化。《周礼·司徒下》认为水利工程的作用主要有两个方面：一是"以潴畜水，以防止水"，即把水储蓄或挡住；二是"以沟荡水，以遂均水，以列舍水，以浍写水"，即通过挖沟、遂、列、浍等，进行排水或引水，从事农业灌溉。《管子·立政》也认为，人们通过挖沟渎，把洪水排泄；通过修筑堤堰，把水拦住或蓄藏，待干旱时用于灌溉。

据《汉书·沟洫志》记载，战国时期，人们认识到水利工程有3种功能：一是"有余则用溉"，即用于农业灌溉；二是"避沫水之害"，即用于防洪；三

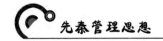

是"此渠皆可行舟"，即可用于水运。正由于水利工程有三大功能，因此是为民造福的公共工程，故史称"百姓飨其利"。

（二）保护生物资源思想

据《逸周书·大聚》记载，我国早在夏朝早期就有保持生物资源的"禹之禁"，即"春三月，山林不登斧，以成草木之长。夏三月，川泽不入网罟，以成鱼鳖之长。"西周早期，周文王也提出："山林非时不升斤斧，以成草木之长；川泽非时不入网罟，以成鱼鳖之长。不麛不卵，以成鸟兽之长。"① 这说明，当时人们已知道适时适度保护生物资源。所谓适时，即砍伐草木、捕猎鱼鳖必须在特定的时段，从而保护草木、鱼鳖的正常生长；所谓适度，即不捕小兽不取鸟卵，从而保护鸟兽的生育繁衍。

战国时期，孟子较早提出保护资源环境、实现资源永续利用的思想。其一，他提出："苟得其养，无物不长；苟失其养，无物不消"② 的深刻思想，自然万物如得到很好保护，就会生长繁衍；如得不到保护，就会消亡。其二，他提出人类生产活动要适时适度地进行，才能实现自然资源的永续利用。这就是"数罟不入洿池，鱼鳖不可胜食也；斧斤以时入山林，林木不可胜用也"③。其三，他提出"亲亲而仁民，仁民而爱物"④ 的命题，认为人类通过爱自己的亲人而爱自己的同类——民，再扩展到爱世界万物。他还提出"君子之于禽兽也，见其生，不忍见其死；闻其声，不忍食其肉"⑤，体现了其珍惜生命、尊重生命的思想。

《礼记·王制》则从另一种思路对生物资源进行保护。由于人们捕杀禽兽鱼鳖、砍伐树木、采集果实的目的除了自己食用外，大部分是拿到市场上出卖交易，如对市场上这些商品进行严格管制，将会大大减少人们对此的捕杀、砍伐和采集。因此，《礼记·王制》规定："五谷不时，果实未熟，不粥于市；木不中伐，不粥于市；禽兽鱼鳖不中杀，不粥于市。"

（三）社会救助思想

中华文明的主要发源地黄河流域是一个天灾多发的地区，尤其是水旱之灾严重，因此，我们的祖先早在先秦时期就有很系统的抗灾、救灾思想。其中《周礼》十二荒政是相当突出的，归纳起来大致体现了 3 方面的理念：一是通过"散利"、"舍禁"、"去几"等为灾民开辟度荒、谋生的途径。二是通过"薄

---

① 《逸周书·文传》。
② 《孟子·告子上》。
③⑤ 《孟子·梁惠王上》。
④ 《孟子·尽心上》。

征"、"弛力"等减轻民众的赋税、徭役负担，同时通过"眚礼"、"杀哀"与"蕃乐"等节省国家和贵族、官僚的礼仪开支，其实也间接减少了对百姓的征敛。三是通过"缓刑"缓和社会矛盾，同时又通过"除盗贼"严厉镇压一些犯上作乱者，采取软硬两手达到稳定社会秩序，巩固王朝的统治①。除这十二荒政之外，《周礼》卷10还提到通过"移民"政策迁移灾区居民到其他地区避灾，通过"通财"政策让政府或富人向受灾民众放贷钱粮或无偿捐赠救灾。

《墨子·七患》主张遇到灾荒之时应首先降低统治阶级上层的生活享用标准进行救灾。《管子·幼官》则主张政府通过减免赋税来帮助灾民度过荒年。这与《周礼》中的"眚礼"、"杀哀"、"蕃乐"以及"薄征"、"弛力"几乎是一样的。

《管子》认为，搞好社会福利是缓和各阶层矛盾、稳定社会秩序的一项重要措施。《管子·五辅》制定的社会福利主要有两方面：一是"养长老，慈幼孤，恤鳏寡，问疾病，吊祸丧，此谓匡其急"，即赡养老人，慈爱幼小孤独之人，抚恤鳏夫寡妇，关心疾病，吊慰祸丧，这叫作救人之危急。二是"衣冻寒，食饥渴，匡贫窭，赈罢露，资乏绝，此谓赈其穷"，即给寒冷的人以衣服，给饥渴的人以饮食，救助贫陋，赈济破败人家，资助赤贫，这叫作救人之贫困。

《管子·轻重甲》认识到社会救助工作的重要性，如果政府做好这项工作，各国人民会纷纷前来投奔，国家就会变得强大。这就是政府如能使"饥者得食，寒者得衣，死者得葬，不资者得振，则天下之归我者若流水"。

我国自先秦以来，统治者都十分重视储积粮食，以备灾荒不时之需。《礼记·王制》规定："冢宰制国用，必于岁之杪，五谷皆入，然后制国用。用地小大，视年之丰耗，以三十年之通制国用，量入以为出……国无九年之蓄，曰不足；无六年之蓄，曰急；无三年之蓄，曰国非其国也。三年耕，必有一年之食；九年耕，必有三年之食。以三十年之通，虽有凶旱水溢，民无菜色。"这一规定对后世影响极其深远，成为历代统治者理财和储粮防灾的圭臬。这里所反映的3个方面的理念值得注意：一是以国家30年粮食生产的平均数来规定国家财政的支出数，而且收入必须大于支出。二是进一步对收入大于支出进行量化，即一个国家3年的粮食生产量扣除支出消费外，其盈余必须能供全国吃上一年。三是一个国家如没有9年的粮食积储，就算不上富足；如没有6年的粮食积储，就应该着急了；如没有3年的粮食积蓄，就有灭国的危险了。

---

① 十二荒政中还有"多昏"、"索鬼神"两项。

《周礼·司徒下》中设计了一套颇为完备的粮食储备制度，其中两点理念对后世影响较大：一是实行分散储备、专项专用的原则：如"乡里"的粮食储备，用以接济贫穷的民众；"门关"的粮食储备，用以救恤孤老之人；"野鄙"的粮食储备，用以帮助陷入困境的游民；"县都"的粮食储备，用以灾荒救济；"郊里"的粮食储备，用以接待宾客。二是从上述可知储备粮食主要用于 5 种用途，其中除接待宾客之外，其余 4 种均用于社会救助，从此可知周代储备粮食的主要目的是为了社会救助。

《管子》一书则讨论储粮的方法颇有特色，主要有 3 种：一是岁藏法，每年按年景的好坏，储备一定比例的粮食；二是货币购储法，政府在丰年粮价下跌时大量收购粮食，以备荒歉之需；三是鼓励民间储粮，这既可减少国家投资收购粮食建仓库，又可减少管理成本和损耗，是最经济、方便的储粮方法。

墨子也重视储备粮食，认为这是关系国家安危存亡的大问题。为了增加粮食储备，墨子提出"力时急而自养俭"①的主张，即抓紧生产，自身要养成节俭，这与他的生财、节用思想是相互联系的。

四、先秦对人才的选任、监察、考核思想

（一）人才选任思想

众所周知，在政府治理中，各种政策工具必须通过各级官吏加以执行。因此，先秦最高统治者为了维护自己的统治，高度重视从优秀的人才中选拔任用官吏，并进行监察、考核。正如《韩非子·外储说右下》所指出的："吏者，民之本、纲者也，故圣人治吏不治民。"

孔子重视人才在管理国家中的作用，认为要管理好国家，最关键的问题是"举贤才"②。贤才的标准应该是"志于道，据于德，依于仁，游于艺"③，可见，孔子最重视的是人才的品德，4 条标准中"道"、"德"、"仁"均属于道德品行方面的；"艺"则是指一技之长。

尚贤，是墨子重要的政治主张之一。他十分重视贤士在治理国家中的作用："故国有贤良之士众，则国家之治厚；贤良之士寡，则国家之治薄。故大人之务，将在于众贤而已。"④ 一个国家治理的好坏，在于贤良之士的多寡。贤士多，则国家就能治理好；贤士少，那国家就治理不好。要让贤士增多，这

---

① 《墨子·七患》。

② 《论语·子路》。

③ 《论语·述而》。

④ 《墨子·尚贤上》。

是"为政之本也"①。墨子指出：选用人才为政治国，应该是"不党父兄，不偏贵富，不嬖颜色。贤者举而上之，富而贵之，以为官长；不肖者抑而废之，贫而贱之，以为徒役"②。同时，对国家的官员队伍，也应该实行优胜劣汰，"官无常贵而民无终贱"③。

孟子继承孔子"举贤才"的思想，提出"尊贤使能"④ 的思想，主张任用官吏要尊尚贤者，使用能者，这是治国的关键。他还认为做好天下、国家的事情，其基础在搞好统治者个人修养："君子之守，修其身而天下平。"⑤

荀子也主张"尚贤使能"，"贤能不待次而举，罢不能不待顷而废"。如果是贤能，应该破格提拔任用；发现没有才能的人，应该随时罢免。在用人的原则上，他主张"无德不贵，无能不官"⑥，根据人的品德和才能而决定取舍任免。

《大学》认为一个儒者要实现治国、平天下的抱负，首先要严格进行修身，即做好自己道德方面的修养，其路径是从"格物"、"致知"入门，然后上升到道德修养，即"诚意"、"正心"，从"修身"、"齐家"做起，扩展到"治国"、"平天下"。这就是著名的儒家内圣外王之学，对后世影响极其深远，历代清廉正直勤政的官员无不从中汲取到精神营养。

先秦在选拔人才时，已注意到对人才的考察。孔子认为考察人要"听其言而观其行"⑦。墨子则进一步认为不仅要"听其言，迹其行"，还要"察其所能"⑧。《吕氏春秋·观表》则把对人的考察提高到哲学层面来认识，即通过人的外露言行来审知其内在本质，即"人之心隐匿难见，渊深难测，故圣人于事志焉"。

在具体观察人的方法上，《太公六韬·龙韬》提出"八征"之法，通过观察人的言辞、应变、诚实、德行、廉洁、坚贞、勇敢、风度8个方面来选任官员。《吕氏春秋·论人》提出"八观"法，通过对人的境况"通"（顺利）"穷"（坎坷）、社会地位"贵""贱"、经济状况"富""贫"、日常行为"止"（休闲）"习"（学习）8个方面进行考察。《逸周书·官人解》则提出观察人在喜、怒、醉、纵、远、昵等各种情感下的反应来考察人才。

先秦时期，各流派思想家对把老百姓的口碑作为考察人才的依据有不同的

①②⑧ 《墨子·尚贤中》。
③ 《墨子·尚贤上》。
④ 《孟子·公孙丑下》。
⑤ 《孟子·尽心下》。
⑥ 《荀子·王制》。
⑦ 《论语·公冶长》。

看法。孔子比较重视老百姓的口碑，并提出了一个比较客观的判断方法，即"乡人之善者好之，其不善者恶之"①，这样的人才算真正的人才。《太公六韬·文韬》则认为"君以世俗之所誉者为贤，以世俗之所毁者为不肖，则多党者进，少党者退。若是则群邪比周而蔽贤，忠臣死于无罪，奸臣以虚誉取爵位，是以世乱愈甚，则国不免于危亡。"孟子的观点则主张两方面兼顾：既要倾听"左右"、"诸大夫"、"国人"的意见，又要国君亲自加以考察，然后再决定任免②。

先秦一些流派思想家还主张必须对人才进行试用，然后才能正式任用。据《吕氏春秋·谨听》记载，舜、禹都是在被试用于处理国事、民事重职后，才正式委以治国的重任。春秋时期，齐桓公实行"三选"制度，其中"役官"就是对人才进行试用。《逸周书·官人解》具体设计了"以谋"、"以难"、"以事"、"以利"、"以乐"5种性质的问题来试用考察人才的智慧、勇敢、条理、贪廉、洁淫等。韩非也认为光听言不足以察人，必须以官职来试用考察，才能判断一个人的愚智③。

先秦的绝大多数思想家都主张唯才是举，但其在具体的做法上又略有不同。《管子·重令》重视选臣，提出选臣要以德、功、能为标准。晏子则主张选拔人才不以国君的喜恶为依归；君主不喜欢的人，只要贤，照样提拔；君主喜欢的亲信，如不贤，照样罢免④。墨子提倡尚贤使能要"举公义，避私怨"⑤，"不党父兄，不偏贵富，不嬖颜色"⑥。韩非子在举荐贤才方面的主张与墨子相似："内举不避亲，外举不避仇。"⑦

春秋、战国时期，诸侯国林立，各国都致力于招贤纳能。当时，晏子就看到了贤才的任用是一个双向选择的过程，即"君者择臣而使之，臣虽贱，亦得择君而事之"⑧。《管子·小问》就主张，对于贤才必须"假而礼之，厚而勿欺，则天下之士至矣"。"礼之""勿欺"就是对贤才要恭敬有礼，"厚"则待遇要优厚。荀子也主张"贵爵重赏"招致治国安民的贤才⑨。《三略》中《上略》和《下略》提出对待贤人要尊以爵、赡以财、接以礼、信如腹心，切忌伤贤、

---

① 《论语·子路》。

② 《孟子·梁惠王下》。

③ 《韩非子·显学》。

④ 《晏子春秋》。

⑤ 《墨子·尚贤上》。

⑥ 《墨子·尚贤中》。

⑦ 《韩非子·说疑》。

⑧ 《晏子春秋·内篇问上》。

⑨ 《荀子·君道》。

蔽贤、嫉贤，深刻、精辟、系统地总结了如何才能留住人才，用好人才。

先秦时期，在任用贤才方面，大多数思想家主张按其能力大小授以相应的官职。墨子就提出任贤应"察其所能而慎予官"①。荀子在此基础上进一步指出按德才授官："论德而定次，量能而授官，皆使其人载其事而各得其所宜。"② 韩非认识到现实生活中极其杰出的人才十分罕见，因此，在治国中大量的工作要靠众多的中等人才来做，国君必须重视任用现实中的大量中等人才。

先秦许多思想家在任用贤才上还提出任才所长，不任其所短的思想。《管子·形势解》指出："明主之官物也，任其所长，不任其所短。故事无不成，而功无不立。"《晏子春秋·内篇问上》也提出："任人之长，不强其短；任人之工，不强其拙。此任人之大略也。"《韩非子·扬权》则以"使鸡司夜，使狸执鼠，皆用其能"的比喻，说明任人所长的思想。

《大戴礼记·文王官人》比较具体地提出"九用"任人法，根据9种不同类型的人才分别委以不同的官职。如"平仁而有虑者使是治国家而长百姓"，这就是公平、仁义、有智谋的人才可以作为国家治理民众的官员；"直憨而忠正者使是莅百官而察善否"，这就是正直、忠诚、信用者，可作为监察官员；"慎直而察听者使是长民之狱讼，出纳辞令"，这就是公正、求实而善于明察者，可作为法官。

韩非提出在任用人才时，要使各种官职责明确。"使事不相干"，即于事有专属，职责分明，遇事就不会互相推诿，故不会争讼；"使人不同功"，这样遇到政绩大家就不会争功；"使士不兼官"，人才不兼职，故能全心全意做好一件事，业务熟谙③。

先秦许多思想家都认识到任用贤才必须赏罚分明，这样才能对人才形成很好的激励机制。《太公六韬·文韬》记载，周文王设赏罚的目的是"赏一以劝百，罚一以惩众"，从而达到劝善惩恶的效果，使全社会形成一种向善弃恶的风尚。

墨子主张对贤才要"以劳殿（定）赏，量功而分禄"，即根据政绩和贡献的大小，来确定他们报酬的多少。他还主张要让贤者有地位、有钱、有权，这样人民才会尊敬、信任、惧怕他们，才能使他们把国家治理好④。《管子》也

① 《墨子·尚贤中》。

② 《荀子·君道》。

③ 《韩非子·用人》。

④ 《墨子·尚贤上》。

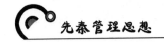
主张对贤才要"爵授有德","禄予有功"①，做到"有功必赏，有罪必诛"②。

韩非认为君主必须掌握统御臣下的刑、德二柄："杀戮之谓刑，庆赏之谓德……人主自用其刑德，则群臣畏其威而归其利矣。"③ 在具体实施赏罚的措施中，韩非提出 5 个法则：一是赏罚的标准必须适中，使人通过努力可以达到；二是赏罚标准一定要付诸执行；三是必须厚赏重罚，才能发挥劝惩的作用；四是赏罚必须得当；五是赏罚必出自君主。

(二) 人才监察、考核思想

先秦时期，一些思想家认识到君主治理国家必须重视对官吏的监察、考核。《尚书·舜典》就记载了官吏 3 年必须考核一次，然后依据政绩予以升降的制度。《周礼·天官冢宰·小宰》则记载小宰以廉善、廉能、廉敬、廉正、廉法、廉辨六计来考核群吏，内容涉及被考核对象的个人品德、才能、工作态度等方面。墨子也强调对官吏的考核，主张："以德就列，以官服事，以劳殿赏，量功而分禄……有能则举之，无能则下之。"④

商鞅为了强化君主专制，初步提出了建立独立的监察机构的理论："夫（事）同体一者，相（监）不可。"⑤ 这就是说官吏不能自己监督自己，必须派与这些官吏无利害关系的人对他们进行监督。

韩非也一再强调对官吏进行监察、考核，认为这是圣明的君主在治理国家中不可或缺的："明君之道……计功而行赏，程能而授事，察端而观失，有过者罪，有能者得，故愚者不任事。智者不敢欺，愚者不得断，则事无失矣。"⑥由此可见，君主在治理国家中，通过对官吏的监督考核，才能清楚了解他们的功过得失，从而进行赏罚，最终使有智慧才能的人不敢欺诈舞弊，愚笨无能的人无权做出决断处事，那君主在治理国家中就不会有什么失误。《吕氏春秋·审分》也提出君主治国所要做的事情就是"正名审分"，"按其实而审其名，以求其情，听其言而察其类，无使放悖"。

先秦时期，有些思想家认识到：国君在选拔任用贤才的同时，还要注意严密防范误用奸才。因为奸才如一旦得志，便会利用手中的权力，为非作歹，给国家和人民带来极大的危害。

《商君书·修权》和《吕氏春秋·应同》都认为，君主喜欢什么类型的人

---

① 《管子·问第》。
② 《管子·七法》。
③ 《韩非子·二柄》。
④ 《墨子·尚贤上》。
⑤ 《商君书·禁使》。
⑥ 《韩非子·八说》。

就有什么类型的人聚集到君主周围，而且君主本人的品质也决定着他周围的人。《韩非子·说疑》提出圣明君主要防范禁止 5 种奸才：一是用贿赂君主以骗取信任；二是通过收买人心扩大自己的势力；三是结党营私者；四是擅自赦放罪犯以扩大自己的军事实力；五是扰乱民心者。《管子》对防范奸才也提出了一些措施：其一，诽谤诋毁能人和称誉推崇不肖之徒的这两种人都不能任用；其二，谨慎任用品德还不够好、对贤能缺乏谦恭礼让、回避姑息亲戚权贵犯罪、不热心农业生产这 4 种人；其三，国君应防止 4 种坏习气，即不要信任花言巧语、奸邪诈伪的人，不要听从容忍谄媚奉承行为，不要使用暴力手段，不要听信诋毁他人的言论。

五、先秦政策工具综合使用思想

在先秦政府治理的思想和实践中，管理、协调和服务性的政策工具往往是综合起来使用，并非只是单纯地使用其中的某一政策工具。如西周初年，周王朝为了巩固统治，采取了严厉的管制政策。如对臣民不从王命，或造谣惑众等对王权构成威胁的犯罪都采取严酷的镇压或惩处；对杀人越货、盗窃等侵犯生命与财产安全的犯罪往往予以重惩，动辄处死；甚至连聚众饮酒者也尽行逮捕处死。另外，周公又十分重视协调性政策工具的使用，反复强调"用保乂民"、"用康保民"、"惟民其康乂"，以及"裕民"、"民宁"等，目的是通过保民使民众安宁、富裕①。他还告诫群臣子弟要体察民情，"知稼穑之艰难"，"知小人之依"，"怀保小民，惠鲜鳏寡"②。总之，周初正是在管制性与协调性、服务性政策工具综合使用思想指导下，周王朝不仅巩固了统治，而且其繁荣、强盛超越了夏、商两朝。

春秋时期郑国子产在治理国家大政中主张宽猛相济。《左传》襄公二十四年载，他给晋国范宣子的信中谈道："德，国家之基也。有基无坏，无亦是务乎！"这表明，子产把"修德"作为执政的基本原则。子产所谓以"德"治国的"德"具体指什么内容，史籍没有明载。但从他的其他一些言论及政治措施看，应该是指"惠民"、"抚民"政策。在前引给范宣子的信中，他还说："恕思以明德，则令名载而行之，是以远至迩安。毋宁使人谓子：'子实生我，而谓子浚我以生乎？'"从这里可以看出，子产所以要以德治国的目的是要使人民"远至迩安"，使人民感到"子实生我"而不是取"我"以生。正因为如此，子产十分重视抚民。他曾到陈国赴盟会，归来后指出：陈国"聚禾粟，缮城郭，

---

① 《尚书·康诰》。
② 《尚书·无逸》。

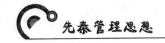

恃此二者，而不抚其民"①，这是要亡国的。子产还问然明如何为政，然明回答说："视民如子，见不仁者诛之，如鹰鹯之逐鸟雀也。"子产听后非常高兴，并转告子大叔说："他日吾见蔑之面而已，今吾见其心矣。"② 可见，子产是很赞同然明"视民如子"的治国理念。孔子在议论子产时，也称赞他"养民也惠"③，说他是"惠人也"④。

从史籍记载可以了解到，子产在郑国当政 20 多年的以德治国实践中，是给人民带来了一定的利益，得到了人民的拥护。子产改革的一项重要措施是"作封洫"，使"田有封洫"⑤，即整修田地疆界和灌溉水道，发展农业生产。子产"从政一年，舆人诵之曰：'取我衣冠而褚之，取我田畴而伍之，孰杀子产，吾其与之！'及三年，又诵之曰：'我有子弟，子产诲之。我有田畴，子产殖之。子产而死，谁其嗣之'"⑥。这反映了人民对子产惠民政策从不了解到了解，从不满意到满意的过程。《史记·循吏列传》也记载了子产以德治国政策的深得人心：他死后，郑国"丁壮号哭，老人儿啼曰：'子产去我死乎？民将安归？'"

子产除了采取以德治国、惠民政策的"宽"政之外，他还适当采取"猛"政。也就是除了抚民、惠民之外，还要以暴力对民进行威慑。在他看来，"猛"政如同烈火，人民望而畏之，就不敢轻犯。而"宽"政则如水性之懦弱，人民则易轻视，故敢轻犯。尽管"宽"政是理想的治国方略，是应放在首位的，但是因为只有"有德者"才能用"宽"政来使人民服从统治，所以"宽"政很难实现。要维持统治就必须同时实行"猛政"。他在临终前曾以这个道理告诫子大叔："我死，子必为政。唯有德者能以宽服民，其次莫如猛。夫火烈，民望而畏之，故鲜死焉。水懦弱，民狎而玩之，则多死焉。故宽难。"⑦ 这可说是子产一生从政的总结。

孔子在治国理论中也主张宽猛相济："宽以济猛，猛以济宽，宽猛相济，政是以和。"⑧ 在他看来，在治国中只有实行"宽"政，才能得到老百姓的拥护，这就是"宽则得众"⑨。当他回答季康子问政时，也讲"子为政焉用杀"⑩。

---

① ⑤ ⑥ 《左传》襄公三十年。

② 《左传》襄公二十五年。

③ 《论语·公冶长》。

④ 《论语·宪问》。

⑦ 《左传》昭公二十年。

⑧ 《孔子家语·正论解》。

⑨ 《论语·阳货》。

⑩ 《论语·颜渊》。

这说明孔子反对依靠刑杀来维护统治。

　　孔子所谓"宽"政的主要内容就是"保民"、"惠民"、"恤民"、"养民"、"富民"，也就是要给老百姓一些实惠、利益，以使其乐于服从统治。孔子继承了西周的"保民"思想，并进一步加以理论化，使之成为治国之道。他说："君子怀刑，小人怀惠"，"君于喻于义，小人喻于利"①，被统治的"小人"（即老百姓）心目中只是考虑如何得到利益，因此，统治者"从政"时，要注意"惠而不费"，要"因民之所利而利之"②。正是基于这种认识，他主张"养民也惠"③，把"节用而爱人，使民以时"④ 作为治理国家的重要方针。如果当政者能对被统治的"小人"施行惠政，给他们一些恩惠，那就会使他们甘心处于被奴役的境况，这就是"惠则足以使人"⑤。

　　孔子在主张"宽"政的同时，也主张宽猛结合，不能一味地只采用"宽"。因为如果为政过宽了，老百姓就会傲慢起来，不服从统治，因此，就必须相应实施严厉的"猛"。他说："政宽则民慢，慢则纠之以猛"，即老百姓如果不接受教化，不服从礼治，破坏统治秩序，侵犯当权者的利益，那就要对其施以刑罚。正如《孔子家语·刑政》中所载："化之弗变，导之弗从，伤义以败俗，于是乎用刑矣。"总之，只有"宽以济猛，猛以济宽"⑥，宽猛相济，才能把国家治理好。

　　《吕氏春秋》作者认为，在治理国家中，刑罚是不可或缺的，但是在使用刑罚时，必须注入仁义。如果单方面地使用刑罚，往往适得其反。作者认为，亡国的君主，往往是过多地使用了刑罚，"威愈多，民愈不用"，使用刑罚必须依托于爱民利民之心，"爱利之心谕，威乃可行"⑦。作者进一步指出，在使用刑罚时注入仁义，其目的是引导人民向善。《吕氏春秋·义赏》说："赏罚之柄，此上之所以使也。其所以加者义，则忠信亲爱之道彰。久彰而愈长，民之安之若性，此之谓教成。"

---

① 《论语·里仁》。
② 《论语·尧曰》。
③ 《论语·公冶长》。
④ 《论语·学而》。
⑤ 《论语·阳货》。
⑥ 《左传》昭公二十年。
⑦ 《吕氏春秋·用民》。

第三节　先秦政府管理思想对当代的启示

一、完善以政府管制为主的政策性工具

改革开放以来，我国虽然综合国力日益强大，但也存在着一些令人担忧的隐患，如官员腐败问题严重，屡惩不绝；社会不稳定因素难以消除，刑事犯罪率上升；"藏独"分子、"东突恐怖"、"台独"势力破坏民族团结，从事民族分裂活动，阻挠祖国和平统一；一些西方极右分子亡我之心仍然不死。因此，我们丝毫不能放松以管制为主的治理。

以管制为主治理的一个重要特征是要求被治理者遵从，因此，政府往往通过命令、禁戒甚至惩罚手段强制执行，必须制定出各种符合自己统治意志的法律法规，来约束规范被治理者的行为。早在距今三四千年之前，奴隶制国家建立、发展和兴盛时期的夏、商、西周王朝，统治者为稳定社会秩序，维护君主的统治，对谋反叛逆、杀人、贼盗、官吏贪赃等严重威胁王朝统治的社会犯罪实行严厉的禁戒与镇压。先秦时期，我国最早出现的法律，就是针对惩治被治理者犯罪行为的条文，这就是刑法的出现，是基于对"乱政"的严厉管制。当前，我国在内忧外患依然存在的境况下，时刻不能放松管制性为主的治理。政府必须坚持法制建设，不断完善社会主义法制体系，坚持以法律作为政府管制为主治理的依据。对于一切破坏社会安定秩序，侵犯广大人民利益，威胁国家稳定的犯罪行为予以坚决禁戒与惩治。

先秦管制为主的治理理念告诉我们，治理者（君主）与被治理者（臣民）之间的关系是强制、以强胜弱的关系，因此，治理者必须拥有一支强大的军队，才能作为强势的一方，随时对被治理者的反抗、外部入侵势力实行镇压和抵御。而且最高统治者对军队应该有绝对的领导权和指挥权。当今，党和政府代表中国最广大人民的根本利益，对严重危害广大民众生命和财产安全，严重威胁国家统一独立、安定团结的犯罪分子，对于一切敢于侵犯我国的外部敌对势力，必须予以严厉惩治和还击。因此，党和政府在管制为主的治理中，最关键的是必须拥有一支强大的军队，必须坚持党指挥枪，重视军队的政治思想教育和现代化建设，提高军队的战斗力，建立一支招之即来、来之能战、战之能胜的军队。严厉打击民族分裂势力、"台独"势力和社会上形形色色的犯罪行为，提高警惕，严防西方极右势力的渗透和颠覆活动，严正捍卫祖国领土的完整。

先秦的管制为主治理思想告诉我们，"势"是统治者进行治理的前提和条件，相对于被治理者来说，治理者必须拥有绝对的优势。当代，政府作为治理者强势的一方，除必须拥有一支强大的军队之外，还必须拥有司法权、行政权、官员等，才能使自己的治理意志（即最广大人民的意志）得到贯彻、执行，免遭敌对势力的阻挠、破坏等。

先秦的治理理念告诉我们，对于治理者来说，管理并不意味着局限于处理对抗性的矛盾和冲突，有些非对抗性的矛盾在采取协调、服务为主的治理时，也可适当辅以管制性的治理。如先秦政府对关系国家赋役征收、征发的户口和土地、对国家经济活动影响至关重要的货币和粮食等实行一定程度的管制。

当代，政府对一些与国计民生关系重大的问题也可采取一些管制措施。如当代计划生育问题，政府应以协调性政策工具为主，通过宣传、教育，给予生育一胎者一定的奖励、优惠等引导广大民众自觉维护、遵守、执行计划生育国策。但由于我国目前面临严重的人口大幅增长问题，如不有效地控制人口剧增，将会带来诸方面的不良后果，对社会稳定、经济发展、环境保护等的负面影响是相当严峻的。因此，政府还必须采取适当的管制措施，严格控制人口的增长。又如政府重视粮食生产，存储足够的粮食以备荒年是属于服务性的政策工具。另外，政府为保证粮食的生产与充足的供给，必须对那些大片占用良田的行为予以管制，严格用地审批制度，特别是对非农业用地更要从严审批，可不用农业耕地的尽量不用农业耕地，确保有足够的良田沃土用于农业生产。又如当代面临的严重的资源耗竭、环境污染问题，政府可以协调性政策工具为主，引导鼓励企业发展低碳经济，治理污染，自觉维护生态环境。但保护生态环境也可采取一些管制措施，如先秦政府就颁布法令禁止在植物、动物生长繁殖季节砍伐、捕猎，禁止市场上出售未成熟、未长大的植物、动物商品，以此来保护植物、动物的生育繁衍。目前，政府对治理环境污染也可适当运用管制性的政策工具，强制执行节能减排，关闭或迁移一些污染严重的企业。这对于建设节约型的社会，节约能源，保护生态环境，走可持续发展的道路，都是很有必要的。

以管制为主的治理，采取行政性强制，从某种意义上说，效果具有直接性，在短期内易于见效，更适应于作为处理危机的工具。但是也必须清醒地看到，管制会限制自愿性和积极主动性，更严重的可能会发生社会与政府的对立，甚至恶化为冲突。如先秦法家一味强调管制性政策工具的片面应用，鼓吹"以刑去刑，以杀去杀"，主张严刑峻法，禁心、禁言、禁事。但秦始皇的暴政充分说明了过分强调管制性政策工具的片面应用是治理不好国家的，不仅极大地破坏了社会经济，摧毁了民族优秀文化，而且大大激化了社会矛盾，最终使

秦朝成为历史上的短命王朝。

当代，随着社会文明的不断进步，国民素质的日益提高，国内外环境的总体稳定，政府应尽量少用管制性的政策工具，以市场性工具、财政性工具、社会化手段替代政治权力，从主要依靠政府权威或制裁向权力的多元化方向转化，运用协调性和服务性工具实现政府管制的重点从统治到治理的转移，建立新型的服务型有限政府。

二、完善以政府协调为主的政策性工具

从新中国成立至改革开放前，我国由于受"极左"思潮的影响，在政府管制体制中，对协调为主的政策性工具重视不够，很少使用，过分强调了管制为主的政策性工具，即所谓的加强无产阶级专政。从现代的政府治理理论看，如何应用好以协调为主的政策性工具，是衡量政府管理能力和水平的关键性指标，也是政府管理从统治到治理的标志。

我国改革开放取得了举世瞩目的伟大成就，但随着改革的纵深发展，也发现了一些亟待解决的问题，如社会道德水准下降，诚信缺失，欺诈成风，食品安全问题严重等；由于利益分配的变化引起社会各阶层的矛盾，社会贫富差距悬殊与构建和谐社会矛盾；经济高速发展与能源耗竭、环境污染的矛盾；如何理顺政府与企业关系等。对于这些问题，政府应该采取协调为主的政策性工具加以妥善解决。

先秦的重民、保民、惠民和尊重民意民情等民本思想是政府实行协调为主的政策性工具的思想基础。一些治理者认识到人民是国家的根本，执政者只有得到人民的拥护，国家才会长治久安，民心的向背决定治国的成败。因此，政府必须通过保民、惠民政策，才能得到人民的拥护，必须尊重民意民情，才能赢得民心。换言之，政府不能片面地实行管制性政策工具，必须以协调性政策工具对民众进行引导、劝勉。这样可动员全社会力量共同参与，降低政府管制的成本，避免民众与政府的对立。

先秦的一些思想家认为在治理国家中应重视协调性政策工具的应用，片面地实行禁戒与惩治，只能暂时地禁人为非，只有通过教育、引导，才能使人民自觉不再犯罪。因此，他们主张政府应教育引导民众相爱和睦、勤劳知足、安分守己，努力于农业生产，建立一个和谐有序勤勉富足的社会。当前，在创建完善社会主义文明风尚中，我们也应重视协调性政策工具的重要作用。在知识经济时代的政府，则应充分发挥发达的媒体作用，大力宣扬重知识、重科技、重人才的社会价值观；应重视社会主义的精神文明建设，应在社会树立"八荣八耻"新的道德观，从而形成文明健康向上的社会风尚。

先秦有些思想家认为治理国家应采取无为而治,顺其自然,不可强作妄为。尤其在经济上人们由于利己心的驱使,会自动选择最适当的方式,进行生产、流通等经济活动,取得和积累私人财富,完全不需要国家采取人为的办法实行干预和控制。当前,在社会主义市场经济背景下,政府应尊重客观经济规律,充分利用市场性的工具,发挥市场经济的自动调节作用,对经济部门的干预尽量减少,激发企业的积极性和主动性,社会经济就会得到快速健康的发展,从而达到企业经济效益与政府税收的双赢。否则,政府干预的越多,强制、包办的越多,经济规律在各种行政权力的干扰下无法正常发挥作用。同时在行政权力的控制下,寻租现象将屡禁不绝,越禁越多,从而使企业经济运作成本大大提高,效率低下,失去竞争力,最终在激烈的竞争中被淘汰出局,政府也因此使税源枯竭。

先秦时期,一些思想家主张政府可通过财政性的政策工具,尤其是赋税杠杆来调节社会财富在民众与国家之间的分配。当今,我们可参考先秦这种理念,作为解决因利益分配的变化引起的社会各阶层的矛盾和因贫富差距悬殊引起的不安定因素等。对此,政府应积极主动地予以协调平衡,如采取税收性工具予以调节,对中高收入的人群征收所得税,多收入多征,少收入少征,从而达到公平与效益的兼顾,既要考虑缩小收入分配的差距,又要贯彻按劳分配、多贡献多得的激励机制。

先秦时期,一些有识之士认识到商品价格与供求的关系,政府可利用价格杠杆调节市场商品供求;反之,可通过控制商品供求来影响调控价格。政府还可通过刺激消费来拉动经济。这些真知灼见至今没有过时,在社会主义市场经济条件下,政府既要尊重市场经济规律,尊重企业的合理利益与经营自主权,又要对市场经济进行宏观调控,通过价格杠杆积极引导,帮助企业避免盲目生产,帮助企业搭桥牵线,鼓励民众消费,从而为企业开拓更广阔的市场,促进社会经济健康有序、平稳快速地发展。

三、完善以政府服务为主的政策性工具

当前,我国社会总体上是和谐的。但是,也存在不少影响社会和谐稳定的因素。如贫富差距越来越大,百姓就业困难,房价日益高涨,城市居民住房难,自然灾害严重威胁民众的生命和财产安全,弱势群体得不到全面妥善的救助等。

作为治理者的政府,必须对被治理者民众进行某种程度的保护与救助。一旦政府没有提供有效的保护与救助,使社会某一群体陷入困境甚至无法生存,其合理性就要遭到质疑。因此,服务性政策工具的保护救助是政府应尽的

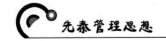

职责。

先秦时期，人们就已重视水利工程的兴建和维护，认识到水利工程有三大作用，即挖沟进行引水、排水，用于农业灌溉；筑堤用于防洪或蓄水；利用水利工程进行航运。水利是农业的命脉，这句名言至今仍然没有过时，我们必须高度重视水利工程的修建和维护。在当今科技如此发达的时代，水旱之灾依然是我国的主要自然灾害。在人们的科技水平还无法控制降水多少的条件下，兴修水利依然是防范水旱之灾最有效的办法。水利工程不仅关系到我国农业生产的兴衰，还关系到亿万人民群众生命与财产的安全。因此，兴修水利工程依然是政府兴办公共事业的重要内容。

我国早在三四千年前就有保护生物资源的思想。先秦时期的保护生物资源思想主要体现在适时适度保护。所谓适时，指砍伐草木，捕猎鱼鳖鸟兽，必须避开它们繁殖生长季节；所谓适度，指不砍伐、不捕猎未生长成熟的植物、动物，从而保护它们的生育繁衍，生生不息。只有采取适时适度保护，才能实现对生物资源的永续利用。

当代，保护植被是保护生态环境最重要、最基础的工作，只有保护了植被，才有可能保护赖以生存的野生动物，才能对水土保持起到治本的作用，从而才能在此基础上防止空气污染，防止气候变暖带来的诸多问题，防止生态环境的严重失衡。因此保护林木资源、植树造林是我国政府兴办公共事业中的重中之重，已引起高度的重视。

当代，随着环境的变化，野生动物数量锐减，甚至灭种的速度大大加快，这已引起全球人类的高度重视。保护自然环境，保护十分有限的野生动物栖息地，保护濒临灭绝的物种，已成为全球刻不容缓的共同问题。这也成为当前我国政府兴办公共事业的一项内容。

在当前保护生物资源的工作中，先秦适时适度保护、实现生物资源永续利用的理念依然没有过时。如我国政府已采取许多措施，严格控制对树木的采伐，对一些珍稀树种甚至禁止砍伐。在严格控制采伐的同时，通过大面积的植树造林来改善植被状态，尤其是在西北通过植树造林防止荒漠地区的蔓延和扩大。

同时，我国政府在保护动物资源方面也做了大量的工作，有些做法也借鉴了先秦时期适时适度的保护思想。如为了保护江河湖泊的鱼类资源，政府根据各个地方的具体情况，制定出休渔期，在此期间禁止出海下湖捕鱼，以利于野生鱼类生息繁衍。如为了保护农业害虫的天敌青蛙，政府也参照先秦《礼记·王制》中的做法，制定禁止市场贩卖食用野生青蛙的法规，从源头上杜绝对青蛙的大量捕杀。

先秦时期已有较系统、成熟的抗灾、救灾思想，并几乎对当代抗灾、救灾工作都有借鉴意义。一是先秦人们主张通过为灾民开辟度荒、谋生的途径进行救灾。直至今天，政府在救灾中仍然经常组织、安排灾民从事各种生产，从而达到自救的目的。二是先秦政府通过减轻民众的赋税、徭役负担，削减国家、贵族官僚的开支来帮助灾民。当代，政府在救灾中也会经常减免受灾地区企业的税收等，帮助企业尽快恢复生产；政府也会通过节约财政开支，号召民众厉行节约，从而筹集到更多的资金和物资用于支援灾区。三是先秦政府或富人通过向受灾民众低息放贷钱粮或无偿捐赠进行救灾。当代，政府向灾区民众的救助大多是无偿捐赠。而且政府往往还要动员组织全国的力量，对受灾地区和灾民提供免费无偿援助。所谓部分免费可以多种形式，如公办民助、民办公助、部分减免费用、低息无息贷款等。先秦的这一救助理念与后世中国的"一方有难，八方支援"的救灾思想是一脉相承的，与国际红十字会的宗旨是相通的。尤其是动员民间力量赈灾不仅能够减少国家财政支出，而且对于建设社会主义精神文明，构建和谐社会具有重要的意义。

我国从先秦开始，就已出现社会福利思想。当时政府实行社会福利的对象主要有两类：一是救助老人、孤儿、鳏夫寡妇、病人、遭遇祸丧之人等，这叫做救人之危急；二是救助饥寒之人、贫穷破败人家，这叫做救人之贫困。而且人们已认识到如政府做好社会福利工作，就会得到人民的拥护，各国人民纷纷前来投奔，国家就会变得强大。先秦社会福利理念至今仍然适用。当代，政府应发展以扶老、救孤、助残、济困为重点的社会福利，提高福利水平，保障弱势群体基本的生活条件。完善社会保障制度，逐步建立社会保险、社会救助、社会福利、慈善事业相衔接的覆盖城乡居民的社会保障体系，成为构建和谐社会的重要举措。政府应重视服务性政策工具的使用，加强对困难群众的救助，完善城市低保、农村五保供养、特困户的救助、城市生活无着落的流浪乞讨人员救助等制度，完善优抚安置政策。在提供最低生活保障线的基础上，通过职业介绍机构为他们提供再就业的机会，通过职业培训提高他们再就业的能力，提高社会总体就业率，尤其是弱势群体的就业率，从而尽可能达到生产自救。鼓励发展慈善事业，完善社会捐赠免税减税政策，增强全社会的慈善意识。政府还要完善城镇职工基本医疗保险，建立大病统筹为主的城镇居民医疗保险，发展社会医疗救助，加快推进新型的农村合作医疗。

政府在以服务为主的治理中，治理者与被治理者是以强助弱、保护救助的关系。政府作为治理者，是强势方，必须拥有强大的人力、财力、物力等，才有可能对广大民众实施保护救助。我国是一个水旱之灾频发的国家，自先秦开始，政府就十分重视储积粮食，以备灾荒不时之需，甚至认为如果一个国家没有 3 年的粮食储备，就有灭国的危险。当前，我国作为一个拥有 13 亿人口的世界第一人口大国，粮食依然是立国的基础。中国的粮食供给永远只能靠自己，世界上其他任何一个国家都无法帮助解决中国 13 亿人口的粮食供给问题。即使哪一个国家能解决中国 13 亿人口的粮食供给，我们也不能依靠它，因为那意味着我们把自己国家的命运交予别人主宰。先秦广积粮食以备荒年的思想至今没有过时，政府应居安思危，重视粮食生产，并有足够的储备。

四、完善人才选任、监察考核制度

在政府治理中，官员的选任、监察与考核是关键，因为各种政策工具必须通过各级官吏加以执行。政策工具再好，但如各级官吏执行不力，甚至通过政策工具以权谋私，那最终结果只能走向反面。

先秦一些思想家认为在治理国家中，选拔任用德才兼备的人才是关键，必须通过观察一个人的言行、应变、德行、廉洁、风度等方面，听取老百姓的口碑，委以一定的职务进行试用等实行综合性的考察，然后选拔出优秀的人才而委以官职。当代，政府在选拔人才中也要坚持这些理念。目前，政府在选拔人才中实行公务员考试、官员晋升职位考试等，这是必要的。但是，这两种考试也有它的盲点。其一，选任德才兼备的干部时，官员的"德"很难通过考试检测出来，"德"必须通过具体细致的考察。在考察干部的德行时，干部的生活作风、群众口碑等应作为重要的参考。从目前发现的官员腐败问题看，绝大多数官员贪污受贿等经济问题与平时生活作风奢侈、道德败坏、不良嗜好等密切相关，而且其劣迹在群众中早已传闻。其二，即使"才"能通过考试得到大致了解，但也并不全面，还要通过考核平时的业绩、实际才干才能得出比较全面客观的结论，最终作为选任干部的依据。

先秦一些思想家认为政府任用人才必须坚持唯才是举的原则，要以"贵爵重赏"的优厚待遇招致治国安民的贤才，然后根据其能力大小、特长授以相应的官职。并在任用人才时必须职责分明，专人专职。先秦的这些任用人才理念也值得当代借鉴。当今政府任用人才也必须坚持唯才是举，严禁通过各种关系请托，跑官、卖官等腐败之风，可以高待遇招聘高科技人才、高层次管理人才，并根据其能力和专业特长安排相应的职位，充分发挥人才的优势，使人才在提升我国科学技术水平、促进经济平稳、高速发展中做出应有贡献。

先秦一些思想家还提出在任用人才时必须加强对官吏进行监察考核。如商鞅初步提出建立独立的监察机构对官吏进行监督的理论。韩非则主张君主在治理国家中，必须通过对官吏的监督考核，才能清楚了解他们的功过得失，从而进行赏罚。

当前，党和政府的腐败问题，与权力过于集中和缺乏监督，尤其是各级政府中第一把手权力过大、监督缺位有很大的关系，由此产生了官员贪污受贿、权钱交易，地方保护主义，国家宏观调控弱化，国有资产流失严重等问题。究其原因，其中一个很重要的因素是目前我国的监察、监督机关设置体制是上级业务机关和同级政府的双重领导，缺乏独立性，难以对同级党政领导实行监督。我们可借鉴商鞅监察机关要独立的思想，对我国现有监察、监督机构设置体制进行改革：第一步先变双重领导为垂直领导，监察、监督机关不再受同级党政领导，就可处于相对独立的地位，免受各种势力的掣肘与干扰，更好地行使自己的权力；第二步逐步强化和完善各级人民代表大会，使之充分发挥立法机关的作用，真正负起监督各级政府的责任。待这一制度成熟完善后，再将各级监察、监督机关隶属各级人民代表大会管辖，从而实现各级人民代表大会对政府的监督，稳妥解决各级党政领导，尤其是第一把手监督缺位、权力无法得到制约和监督的问题。

当今，党和政府对领导干部考核的制度在逐步完善和普及。但是，由于对干部考核中各项考核指标难以设置和准确、科学地量化，因此，考核效果不尽如人意，有的甚至流于形式，走走过场。先秦有关对官吏考核思想对我们的启迪是当代政府必须进一步重视与完善对干部考核制度，这是对干部任免、升降赏罚的重要依据。考核是对我国干部管理的一项重要工作，只有做好这项工作，才能切实发挥考核干部在提高各级领导干部执政能力、廉政勤政、优化干部队伍等方面的应有作用。

五、完善政策性工具的综合应用

自 1949 年新中国成立以来，党和政府在治理国家中取得了举世瞩目的成就，但不可否认的是，从政策工具的视角看，也曾走过弯路，甚至带来了严重的后果。20 世纪六七十年代，党和政府在极"左"思想的影响下，过分强调以阶级斗争为纲，不断强化无产阶级专政，最后导致"文化大革命"的十年浩劫。在这场浩劫中，不仅将地、富、反、坏、右作为严厉专政对象，而且也将一大批老革命、老干部作为资产阶级走资派及知识分子作为臭老九列入专政对象。从而激化了社会矛盾，导致了 1976 年清明节的反"四人帮"运动。改革开放以后，一些人主张全盘学习西方民主，搞资产阶级自由化，从而导致了"八九风波"，使改革开放曾一度受到挫折。

先秦的政府治理思想告诉我们，在治理国家中必须"宽猛相济"，综合使用管制性、协调性和服务性 3 种政策工具。管制为主的治理较容易实施和管理，通过命令、禁戒等手段强制民间组织及个人遵守、服从，其效果具有直接性，更适于作为处理危机的工具。但管制会限制自愿性和私人活动，可能导致经济上的无效率性、高成本，降低质量，并可能产生社会与政府的对立甚至恶化为冲突等。协调为主的治理是通过财政性、市场性的手段引导民间组织、个人等自愿与政府合作，动员全社会力量共同参与，最大限度地增进共同利益。协调性为主的治理能降低政府管制成本，提高积极性，有效配置资源，促进经济协调发展，避免社会与政府的对立。但会弱化政府对经济和社会的直接控制，有时短期内还会减少财政收入，削弱政府的权力。服务性为主的治理是政府通过对社会的服务，即通过救助进行赈灾、救济，兴办公共事业等。其着眼点主要是保障弱势群体的最起码生存条件，为全体民众提供必要的公共产品，从而缓和各种矛盾，稳定社会秩序，长治久安。

这3种政策工具都必须通过各级官吏加以执行，因此，加强对各级官吏的选任、监察和考核是发挥政策工具作用大小、有无的关键。

据此，我们可以构建一个当代政府综合应用政策工具治理效果模型图。如图1—1所示，政府综合治理效果为政府管制、政府协调和政府服务的函数，可作 $F=f(x, y, z)$ 表示，其中政府管制的效果为 $X=f(x)$，政府协调的效果为 $Y=f(y)$，政府服务的效果为 $Z=f(z)$，即三个治理部分的效果就是官吏选任、监察与考核水平的三维函数。图中所示 XYZ 所构建的三角截面就是政府治理的最终效果。管理活动主要表现为治理者为达到某种既定目标而对其可支配的手段的最优运用，图1—1表明，在有限且有效的 XYZ 取值范围内，XYZ 所构成的三角截面越大，即意味着治理者对政策工具的运用越优，政府治理效果越好。

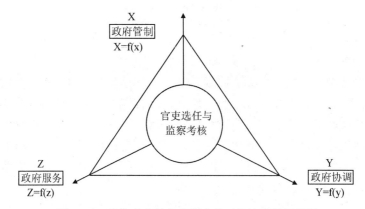

图1—1 当代政府综合应用政策工具治理效果模型

第二章　先秦管理思想历史背景

第一节　夏商西周政治体制

一、夏朝政治体制

公元前 21 世纪，我国历史上出现了第一个奴隶制王朝——夏朝，它的建立标志着我国历史正式进入了文明时代。

孔子说：禹"卑宫室而尽力乎沟洫"①。韩非子说："禹之王天下也，身执耒锸以为民先，股无胈，胫不生毛，虽臣虏之劳不苦于此矣。"② 在当时社会生产力发展水平较低的情况下，禹亲自领导群众平治水土，发展生产，得到了广大人民群众的支持，博得了众多部落首领的拥护，所以他能比较顺利地取得了最高统治地位，被拥戴为"夏后氏"，成为诸夏之族最高的君长，确立了王权。

禹死后，子启继位，正式确立了王位世袭制度，标志着传统"禅让"制的终结。从夏代开始，在众多邦国之上，建立了统治全国的王朝，于是王室有"天下"，诸侯有"国"，大夫有"家"。国家机构中的最高统治者，即国君的"君"字从"尹"，从"口"，表明国君是众尹之上地位最尊的发号者③。

国君之下，有各级分管各种民事的"民师"，即各级官吏。夏启称他的"六卿"为"六事之人"，这些人是当时地位较高的官尹，既管民事，又统军旅，权力很大。在他们之下，当然还有不少的属僚，各自组成一定的统治部门。

---

① 《论语·泰伯》。
② 《韩非子·五蠹》。
③ 《说文解字》第二上口部"君"字的解释："尊也，从尹，发号故从口"。

史载禹征三苗，称他所统领的军队为"济济有众"；启征有扈，严厉告诫所属的军队要严格听从他的指挥。足见当时不仅有强大的军队，而且有比较严密的组织。《左传》昭公六年载：夏王朝正式制定了《禹刑》，这是我国历史上的第一部奴隶制法典。

二、商朝政治体制

公元前 16 世纪，商汤兴兵伐夏，与夏朝军队战于鸣条（今河南封丘）之野。夏桀败绩，仓皇南逃，死于南巢，夏亡。商朝继夏朝之后，成为我国历史上第二个奴隶制王朝。

商朝统治阶级的最高首领是商王，占有广大的土地和奴隶，并且掌握着对人民生杀予夺的大权，实行着强力的统治。商王常自称为"一人"或"余一人"。以天下之大，四海之内，唯一人为至高无上，唯我独尊。

和商王一同掌握国家大权的还有大批贵族官吏，见于卜辞的官名约有 20 多个，如武官有"多马"、"多亚"、"多射"等；史官有"尹"、"多尹"、"乍册"、"卜"、"工"、"史"、"卿史"、"御史"等。古文献和铜器铭文中有"百执事"、"殷正百辟"、"百僚"、"庶尹"、"惟亚"、"惟服"、"宗工"等。其官吏具体职掌虽不尽知晓，但其反映了商代已有众多的官吏，与商王共同构成一个统治集团。

商王为了对民众实行严厉的管制，防止外敌入侵，已拥有强大的武装力量。当时大概已有征兵制度，卜辞中常有"登人"的记录，"登人"即征兵之义。军队的编制，有左、中、右三师。

除了军队之外，商朝还通过刑罚、牢狱等暴力强制对民众实施严厉管制。古文献上说商有"汤刑"，有"断其手"之法，有"炮烙之法"，有"醢"、"脯"、"劓"等酷刑。甲骨文中还有些刑具和监狱的象形文字。

三、西周政治体制

公元前 11 世纪，周武王兴兵伐纣。周、商两军战于牧野（今河南汲县）。商纣王兵败，自焚而死，商亡。周武王建立了周朝，成为我国历史上第三个奴隶制王朝。周朝又分西周、东周，西周从公元前 11 世纪中武王克商开始，到公元前 771 年周幽王死于骊山之下。

西周时期，全国最高统治者是周天子，即周王，下有太师、太保等辅弼其总揽全国大权，治理天下。除此之外，其下还设有多种官职，比较重要者有"三事大夫"，即三种官职。"三事"下面的卿事或称"百僚"，比较重要的有"六大"：大宰、大宗、大士、大史、大祝、大卜。见于古文献和西周金文记载的主要官职还有"三司"，其中"司徒"（司土）是管理农田的长官，"司空"（司工）是管理百官职事的长官，"司马"是掌握军政、军赋的长官。

周天子在军事上有最高指挥权。西周的军队以兵车为主，车上是甲士，车下是徒兵。军队组织在周初最大的单位大概是"师"。西周后期，周天子为了镇压人民和长期战争的需要，把军队组织逐渐扩大，最大的单位是"军"。天子有六军。六军中除中军、左军和右军外，其余三军不详。六军中中军为总帅。

西周实行分封制。周人克殷后，便把全国除中央王朝直接控制的区域之外的土地分封给其兄弟亲戚及有汗马功劳的臣子们。如封康叔为卫君，都殷墟，监督殷民七族；封周公之后于鲁，初在河南鲁山，后徙都奄（今山东曲阜），监督殷民六族；封姜尚之后于齐，都营丘（今山东临淄）。据《荀子·儒效》记载，周公共封了71国，姬姓占53国。

这些被分封的诸侯们，对周王室来说，虽然是"小宗"，但在自己的封地内，对于卿大夫来说，则为"大宗"，他们在其诸侯国也以同样的方式对其属下进行分封。诸侯所分封的大体上是诸侯的宗族和少数异姓。被诸侯所封的人称卿大夫，所封土地称采邑。卿大夫以下有士，大都是卿大夫的宗族，他们也被封予食地。士是贵族阶级中最低一层，不再往下分封。诸侯在自己的封国内，基本上也按照周王朝的职官机构，设官分职，对封国内的民众进行统治。周天子就利用这一级一级地往下分封，建立了一套周密的统治网，对广大民众进行统治。

西周时，周天子享有最高的权威。诸侯要定时向周王纳贡，《左传》昭公十三年"昔天子班贡，轻重以列，列尊贡重，周之制也"；同时，还要定期朝觐和率兵从征。诸侯如不履行义务或冒犯了"周礼"的规定，轻者受到谴责，如"晋（侯）作宫而美，（康）王使人让之"[1]；重者则要被处死，如周夷王时，齐国之君齐哀公，只因为纪侯在周王面前说了他坏话，结果周夷王就"烹哀公而立其弟"[2]。

西周时期，与分封制紧密结合的是宗法制。周代宗法制规定："天子建国，诸侯立家，卿置侧室，大夫有贰宗，士有隶子弟。"[3] 说的是周天子以嫡长子的身份为王，众子弟为诸侯。诸侯以嫡长子继位，众子弟为大夫。大夫也以嫡长子继位，众子弟为士。这些贵族，由于和周天子宗法血缘关系的亲疏不同而

---

① 《竹书纪年》卷下。

② 《史记·齐太公世家》。

③ 《左传》桓公二年。

形成严格的等级。这就是《孟子·万章》所说的："君一位，卿一位，大夫一位，上士一位，中士一位，下士一位，凡六等。"卿、大夫、士都是一族之长，世代相传。因此，以嫡长子继承国土田邑的宗法制度，是解决贵族间的矛盾，巩固分封制的一种制度安排。

西周的统治者为了维护贵贱等级秩序，制定了"礼"和"刑"。当时的情况是"礼不下庶人，刑不上大夫"①。礼的作用主要在于维系贵族等级，消除阶级内部的分歧。贵族对"礼"是相当重视的，举凡社会上有关君臣、上下、父子、兄弟的衣、食、住、行，丧葬婚嫁、仁义道德、风俗争讼以及其他军制政令、鬼神祭祀等，都必须按照固定的礼法来执行。刑主要是为镇压广大民众而设的，民众如违反国家规定的法律政令，那就要受到相应的处罚。周代制定了《九刑》："毁则为贼，掩贼为藏，窃贼为盗，盗器为奸。主藏之名，赖奸之用，为大凶德，有常无赦，在《九刑》不忘。"② 这说明《九刑》的主要内容，就是在于严厉惩治那些严重危害社会正常秩序的"盗"、"贼"的行为。据《尚书·吕刑》所记，西周的刑罚有墨、劓、腓、宫、大辟五刑。此外，还有鞭刑和流放。判处五刑的律条，墨刑和劓刑各有 1000 条，腓刑 500 条，宫刑 300条，大辟 200 条，共有 3000 条。法网严密，远远超过商代。

第二节　春秋战国政治体制

一、春秋争霸战争

公元前 771 年，周幽王死后，太子宜臼即位，为周平王。周平王鉴于西周都城镐京（今陕西西安）残破，又处于犬戎威胁之下，于公元前 770 年，迁都洛邑（今河南洛阳），建立了东周王朝。东周至公元前 256 年被秦所灭。历史上从公元前 770 年周平王东迁至公元前 476 年，这一阶段的历史大体与孔子所修订的《春秋》年代（公元前 722 年至公元前 481 年）相当，所以称之为春秋时期，再由公元前 475 年至公元前 221 年秦统一中国，历史上称为战国时期。

春秋时期，大诸侯国频繁发动争霸战争，借此扩大领土和掠夺财富。仅据《春秋》记载，在 242 年间，列国进行的战争共 483 次，朝聘盟会 450 次。这

---

① 《礼记·曲礼上》。

② 《左传》文公十八年。

些军事行动和朝聘盟会实际上是大国对小国两种不同形式的蚕食鲸吞。大国通过战争，公然占领他国领土，夺取财物；或者通过朝聘盟会，强迫小国纳贡，甚至强迫小国人民为大国统治者服兵役、劳役，几乎到了"无岁不聘，无役不从"的地步。

春秋时期，诸侯国之间的战争最主要的是五霸之间的战争。公元前656年，齐桓公率领齐、鲁、宋、陈、卫、曹、郑、许8国军队，首先讨伐依附楚的蔡国，蔡人望风溃逃。于是齐桓公率军乘胜讨伐楚国。楚成王看到齐军来势甚猛，一面亲率大军迎战，一面派大夫屈完与齐讲和。齐桓公见楚方无隙可乘，便在召陵（今河南郾城东）与楚订立盟约，取得了霸主地位。

齐桓公逝世后，齐国霸业骤然衰落。这时，南方的楚国势力北向中原发展，北方的晋国也已成为强国，两国之间展开争夺中原霸权的斗争。公元前632年，晋国在宋、齐、秦等国的声援下，向楚的与国曹、卫进攻，迫使楚军北上，于是爆发了历史上有名的城濮之战。战斗以晋胜楚败而告终，使中原小国摆脱了楚的控制，归附了晋国。晋文公大会诸侯于践土（今河南原阳西南），周襄王正式册封晋文公为霸主。

城濮之战后，楚国北上暂时受阻。楚庄王即位后，任贤用能，发展生产，平定贵族叛乱，征服百濮、群舒，为楚国的再次争霸奠定了基础。公元前597年，楚军与晋军大战于邲（今河南荥阳东北），晋军将帅步调不一，迟疑不进，结果大败。楚庄王乘胜饮马黄河，雄视北方，迫使鲁、宋、郑、陈中原小国，相继依附楚国，楚庄王一时做了中原盟主。

邲战之后，晋楚两国曾于公元前579年、公元前546年两次召开弭兵会议，签订休战和约。弭兵会议实质上是晋楚两国以牺牲中小国利益的办法，互相瓜分了霸权，形成了均势。原来晋国的属国和楚国的属国，现在变成了晋楚双方共同的附属国，对两国尽同样的义务。从此，宋、郑等国"仆仆于晋、楚之廷"[1]。虽然在以后的40多年中，中原战争减少了，但晋楚两霸贪求无厌，各小国人民"苦于供亿"[2]，其负担与痛苦并没有减轻。

公元前6世纪末至公元前5世纪初，吴国吴王阖闾执政，在伍子胥的辅佐下，进行政治、军事等方面的改革，同时任用著名的政治家和军事家孙武，使吴国的实力增强。公元前506年，吴与唐、蔡联军大败楚军，攻下楚都郢（今湖北江陵纪南城）。公元前494年，吴王夫差大举攻越，勾践大败，称臣归附吴国。公元前482年，夫差在两败齐国后，大会诸侯于黄池（今河南封丘西

---

①②　《春秋大事表》卷37。

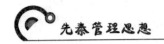

南），与晋争做盟主，以图称霸中原。不料，越王勾践在臣服吴的时候，卧薪尝胆，任用范蠡、文种，发展经济，壮大国力。公元前482年，趁夫差北上会盟，国内空虚的机会，出兵攻吴。公元前473年，越灭吴，大会诸侯于徐州（今山东滕县），一时号称霸主。

春秋时期，大国在争霸和兼并战争中，吞并了许多小国，开拓了疆土。如山东诸小国为齐所并，河北、山西诸小国为晋所并，江淮、汉水诸小国为楚所并，西北诸小国为秦所并，使春秋初年百十个国家，缩减成几个大国。与此同时，大国通过朝聘盟会对小国进行掠夺。晋国规定各附属国"三岁而聘，五岁而朝，有事而会，不协而盟"①，借此从小国那里榨取财物。如鲁国在春秋时期朝周王室仅3次，而朝齐、晋、楚大国竟达33次之多。小国通过"聘而献物"的办法乞免大国的欺凌，所以小国在大国之间，总是"唯强是从"②，"职贡不乏，玩好时至"③。鲁叔孙穆子说："今我小侯也，处大国之间，缮贡赋以共从者，犹惧有讨。"④ 有时一些小国不仅向一个大国奉献，还要同时受几个大国的宰割，所谓"牺牲玉帛，待于二境"，"敬共（供）币帛，以待来者"⑤。

二、战国兼并战争

战国时期，"七雄"之间战争比春秋时期的战争更为频繁而激烈，其目的不仅为兼并宋、郑、鲁、卫、中山、越、巴、蜀等中小国，而且大国之间也进行兼并，最终以消灭对方，结束割据，实现全国统一为目标。这一时期的战争大体可分为魏国独霸、秦齐对峙、秦赵大战、秦国统一4个阶段。

魏文侯时期，魏国经过李悝变法，促进了社会经济的发展，形成了中央集权的政治制度，建立了一支以武卒制为基础的强大武装力量。从公元前413年起，魏文侯不断派兵进攻秦国，攻占了秦的河西（黄河西边洛水东边的地区）。公元前406年，魏灭中山国。魏武侯时，魏国又取得了郑、宋、楚三国间的大片土地。公元前391年，魏、赵、韩联军大败楚军于大梁、榆关，魏国占有了大梁（今河南开封）及其外围襄陵（今河南睢县西）。公元前371年，魏又攻取了楚的鲁阳（今河南鲁山县）。当时不仅淮水、泗水一带的小诸侯国不敢反对魏国，连韩、赵和齐也得服从魏国。魏国在文侯、武侯时代，霸业初具

---

① 《左传》昭公三年。
② 《左传》襄公九年。
③ 《左传》襄公二十九年。
④ 《国语·鲁语下》。
⑤ 《左传》襄公八年。

规模。

齐国在齐威王改革之后，国力迅速强盛，成为魏国霸业的竞争者。齐、赵在反对魏惠王霸业的基础上联合起来。公元前354年，魏国起兵伐赵，攻破赵都邯郸。齐国采取围魏救赵策略，袭击魏都大梁，迫使魏军回师自救。魏军在桂陵（今河南长垣县西南）遭到齐军的阻击而大败。这时，秦乘魏国全力在东方和齐、赵争斗之机，向魏国进攻。魏国没有力量同东方齐、赵和西方秦国同时战争，被迫同齐、赵妥协，集中力量对付秦国。公元前350年，魏向秦反击，不但收复了失地，而且曾围攻定阳（今陕西宜川县西北）。魏、齐、赵、秦展开了长达5年的激烈战争，魏国虽然吃了不少亏，但霸业仍然得到发展。公元前344年，魏惠王召集了逢泽之会，参加会盟的共有12个诸侯国。

公元前341年，魏军被齐军包围在马陵（今河北大名东南），10万魏军被歼。接着齐、秦、赵从东、西、北三面夹攻魏国。公元前340年，秦商鞅用计擒魏公子卯，大破魏军。魏经过这两次惨败，失去了霸主的地位。

魏国霸业衰落后，出现了秦、齐两大强国东西对峙的形势。公元前318年，魏相公孙衍发起合纵，联合魏、赵、韩、燕、楚五国伐秦。公元前317年，秦军在修鱼（今河南原阳县西）大败韩、赵、魏三国联军。

当秦国在西方扩充实力时，齐国也在东方积极发展自己的势力。公元前314年，齐乘燕国内乱，攻下燕国国都。后由于燕国人民坚决反抗，齐军不得不由燕国撤退。

齐国为了加强与秦争雄的力量，和楚结盟，使秦国的发展大受影响。秦国派张仪用计策拆散齐、楚联盟。公元前312年，秦军在丹阳（今河南丹水北岸）大败楚军，占领楚的汉中。楚失汉中后，楚怀王征发军队反攻，秦、楚在蓝田（今陕西蓝田）发生大战，楚又大败。由于楚国背齐，齐就联合韩、魏伐楚，楚军接连被三国联军击败。

秦国击败韩、赵、魏三国联军和楚军后，势力东扩；与此同时，齐国攻下燕国国都，击败楚军，势力不断加强，秦、齐对峙局势进一步凸显。公元前298年，齐约韩、魏合纵攻秦。经过三年苦战，齐、韩、魏联军攻入函谷关，迫使秦割地给韩、魏请和。公元前288年，齐国再次联合燕、韩、魏、赵等国军队攻秦，迫使秦国将魏地（今河南温县西）、轵（今河南济源）、高平（今河南济源西南向城）等邑归还魏国，把所占赵地王公、符逾归还赵国。

公元前286年，齐国把宋国灭亡了，一时势力大振，引起三晋与楚的不安，秦国乘机约各国攻齐。公元前285年，秦军越过韩、魏，攻下齐国河东9个城，设立为9县。

燕国自从燕昭王即位后，君臣奋发图强，改革政治，招揽人才，使国家殷

富，士卒"乐佚轻战"①。公元前284年，燕将乐毅统率燕、秦、韩、赵、魏五国联军攻齐，在济西大败齐军。接着，乐毅率燕军攻下齐都临淄。后来，由于齐国人民的奋力抵抗，齐国转危为安。但是，齐国所受的损失太大，从此一蹶不振，秦、齐对峙的局面也就被打破了。

公元前278年，秦军攻下楚国都城郢，楚被迫迁都陈（今河南淮阳）。次年，秦夺取楚的巫郡和黔中郡，势力发展到今湖南地区。从此，楚国也削弱了。

由于齐、楚的削弱，为秦国推进远交近攻策略创造了条件。秦国向三晋大举进攻，首当其冲的是当时实力最强的赵国。公元前270年，赵国军队在阏与大破秦军，使秦军的锋芒受挫。公元前260年，赵军40多万人在长平（今山西高平县西北）被秦军包围，全军覆没。长平之战使赵军主力损失殆尽。公元前259年，秦军包围赵都邯郸。公元前257年，魏、楚派军救赵。秦军在赵、魏、楚三军的内外夹攻下，终于大败。但秦国国力并没有因此削弱，仍继续向东发展。由于秦国对东方各国的威胁日益加大，公元前241年，赵、楚、魏、韩、燕五国合纵攻秦。但在秦军的反击下，楚军闻讯逃跑，各国军队也纷纷撤退，合纵攻秦最终失败。

公元前238年，秦王政开始亲自执政，重新部署了对付六国的战略和策略，开始了统一中国的战争。公元前230年，秦军进攻韩国，俘虏了韩王安，韩国灭亡。公元前229年，秦军攻赵。第二年，秦军长驱进入邯郸，赵王被迫献出地图降秦。公元前227年，秦军在易水以西击败燕军主力。第二年，秦军攻下燕都蓟（今北京大兴西南），燕王喜逃到辽东（今辽宁辽阳市西北）。公元前225年，秦军攻入大梁，魏王假投降，魏亡。公元前224年，秦派王翦率军进攻楚国，一年多后占领楚都寿春（今安徽寿县），俘虏了楚王负刍。公元前222年，秦军又平定了楚的江南地区，降服了越君，于是楚国全部灭亡。同年，秦军攻下了辽东，俘虏了燕王喜，接着又打下了代城，俘虏了赵代王嘉，燕、赵彻底灭亡。公元前221年，秦军长驱直入齐都临淄，齐王建投降，齐国亡。秦国终于完成了统一六国的事业，从此结束了春秋战国诸侯割据混战的局面。

三、周王室衰微，诸侯、卿大夫崛起

春秋时期，时代发生剧烈的变化。政治上，周王室式微，诸侯、卿大夫势

---

① 《战国策·燕策一》。

力相继崛起，社会处于不断动荡中。正如司马迁所云："《春秋》之中，弑君三十六，亡国五十二，诸侯奔走不得保其社稷者不可胜数。"[1]

西周时期，周天子对诸侯有巡狩的制度，一进入春秋时期，这种代表周天子权威的制度就彻底瓦解了。

西周时期，诸侯对周天子负有各种义务，如进贡赋，朝聘、尽力役等。但到了春秋时期，诸侯已不贡不朝，更有甚者，以武力公开对抗周天子，争夺天子的领地，扣留天子的使者。如《左传》僖公四年记载，齐侯曾率诸侯之师伐楚，其理由是"尔贡苞茅不入，王祭不共，无以缩酒，寡人是征"。又如周桓王时期，周王室与郑国"交恶"。公元前707年，周桓王率军讨伐郑国，结果王师大败，连桓王也被箭射中了肩膀。天子的威严扫地，从此一蹶不振。

春秋时期，诸侯国之间战争频繁，因而武将在各国有举足轻重的作用。当时，各国的武将又多是卿大夫担任，他们同时又占有数量可观的封邑，具有相当大的经济实力。所以政治与经济因素的合力作用，使卿大夫在春秋中后期势力日益膨胀，迅速崛起。如晋国悼公、平公时，虽然连续多年称霸，但国内大权却掌握在身为卿大夫的韩厥、知罃、荀偃、士匄、赵武、韩起、魏舒、范鞅、赵鞅9个将领手中。后来，在激烈的斗争中，韩、赵、魏三家胜出，共同瓜分了晋国，建立了3个政权。公元前403年，周王室正式承认韩、赵、魏为诸侯国。又如东方的齐国，原是陈氏统治的诸侯国，后来由于卿大夫田氏采取收买人心的策略，取得齐国民众的支持，最终取代陈氏，成为齐国的诸侯。总之，春秋时期，各诸侯国大多是君权旁落到大夫手中。如果说，过去还是诸侯反对周天子，春秋中后期就是卿大夫起来反对诸侯了。正是礼乐征伐自天子出，转而礼乐征伐自诸侯出，再下移到礼乐征伐自大夫出了。

这一时期，卿大夫的崛起也带来了家臣的活跃。有的家臣成为卿大夫的重要谋臣，有的代表卿大夫与诸侯订盟约，有的主婚约，有的主丧事，有的代主人争讼，有的参与大夫的废立，有的甚至执国命[2]。

春秋时期，历史呈现出双轨发展的趋势。一方面如上所述，周王室衰落，诸侯、卿大夫相继崛起，礼崩乐坏，天下大乱，全国分裂成大小不同的许多政治中心。另一方面，在区域性的范围内，君主集权在逐渐得到加强，其表现在各诸侯国内外两个方面。

从各诸侯国外部看，它们之间的每一次战争导火线虽然不尽相同，但目的一样：扩大自己的势力，侵占更多的土地、人民，争当霸主。这种兼并战争的

---

① 《史记·太史公自序》。
② 刘泽华：《中国政治思想史集》第1卷，人民出版社2008年版，第47页。

直接后果就是削弱了割据势力，扩大了地区性的君主集权。如春秋时期首霸齐国在齐桓公时期国力日益强盛，连续灭了谭（今山东历城）、遂（今山东宁阳）等小国，大大扩充了国土，为齐桓公取得霸主地位奠定了经济、政治上的基础。当齐国霸业骤然衰落后，北方的晋国崛起，积极开拓疆土，灭霍（今山东霍县）、耿（今山西河津）、魏（今山西芮城）、虞（今山西平陆）、虢（今河南陕县）等国，又战胜了骊戎，打败了北狄，为以后晋文公的霸业活动创造了条件。

从各诸侯国内部看，诸侯在积极进行集权活动，防止大权旁落；卿大夫也在利用自己在战争中所处的有利地位，千方百计扩大自己的势力，与诸侯抗衡。在这场诸侯与卿大夫的博弈中，诸侯为消灭分权势力采取了如下一些方式：一是消灭大族。周天子分封过许多诸侯，尚未发现过灭国的事实。但到了春秋时期，诸侯消灭大夫的事却层出不穷。二是削夺。这种方式与前者不同，它是通过削夺封邑的办法来打击分封者的势力，以加强诸侯的权力。三是转封或改封。这样做的目的在于避免受封者坐大成势，出现不可收拾的后果。四是减少分封。春秋时期，各国主要世族的受封多在前期，后期就明显减少了。根据宗法分封制的原则，诸公子都应受封。然而到了春秋后期，这种分封也明显减少了。诸侯们采取的以上种种措施，都与加强君主集权有关。

就卿大夫来说，他们一方面要抵制诸侯们集权，要求分封；另一方面自己又在拼命搞兼并，搞集权。当卿大夫还没足够的力量推翻诸侯的时候，就想方设法多从诸侯那里得到尽量多的封邑，以常规的手段来扩大自己的势力范围。到了春秋后期，卿大夫的势力越来越大，他们反对诸侯、加强集权的活动就激化了。显赫的大夫为了争国权、执国政，在政治、经济、军事等各个领域对诸侯展开了激烈的斗争。如齐有崔、田、庆、鲍、国、高等大夫，最终导致田氏代姜；鲁有三桓，最终造成三分公室；晋国的三郤、六卿也是咄咄逼人之势，其结果是韩、赵、魏三家分晋[①]。

四、郡县制、官僚制产生，颁布成文法

春秋时期，随着分封制度的衰落，一些新的政治制度诞生了，主要有郡县制、官僚制和新成文法。

春秋时诸侯国的县制最早产生于秦国，以后，鲁国、晋国、楚国等也设县。到春秋末年，晋大约已经普遍实行县制和郡制。当时，县比郡要高一级，

---

① 刘泽华：《中国政治思想史集》第1卷，人民出版社2008年版，第49～50页。

或县大于郡。如赵简子在攻打范氏、中行氏时说："克敌者，上大夫受县，下大夫受郡。"①

春秋后期，与郡县制并行的是官僚制的形成。如孔子及其弟子的政治生涯就说明了临民而不领土的仕官制已经完全不同于以前的分封制，官僚的职务不能世袭，也不能终身，官僚直接受君主的全面控制，独立性越来越小，甚至只承命而已。孔子在鲁，深得季氏的信任，官拜司寇，政绩也相当显著。但孔子却无封土，仅受谷禄而已。后来，孔子跑到卫，卫灵公问孔子在鲁拿多少俸禄，孔子说是"奉粟六万"。卫灵公就说秩比于鲁，"亦致粟六万"②。新型郡县制与官僚制的兴起，为君主集权提供了制度上的保障。

据一些学者研究，夏、商尚未有成义法典。西周即使有成文法典，但也不公布于众。春秋时晋叔向曾说："昔先王议事以制，不为刑辟，惧民之有争心也……民知有辟，则不忌于上，并有争心，以征于书，而侥幸以成之，弗可为矣！"③杜预在《春秋左传集解》昭公六年注曰："临事制刑，不豫设法也。"李奇在《汉书·刑法志》也注曰："先议其犯事，议定然后乃断其罪，不为一成之刑著于鼎也。"可见，春秋之前，刑法是不向人民公布的，以达到刑不可知，则威不可测的效果。

公元前536年，郑国的执政子产铸"刑书"，把他所制作的成文刑法铸于铁鼎上，公布于国中，使人人知晓④。从此，中国古代出现了第一部公开颁布的成文法。公元前513年，晋国赵鞅也用铁铸了刑鼎，鼎上铸有范宣子所作的刑书⑤。刑法的制定与公开颁布，标志着治理国家的进一步法制化，在一定程度上克服了春秋之前刑法的随意性与神秘性，有利于广大人民的知法守法。

战国时期，为适应君主专制统治，中央集权制政体初步形成。在西周政权中，世袭的卿大夫平时担任各种文官，战时又成为统率军队的将领，文武不大分职。而到了战国时期，出现了文武分职的专职官吏。在国君之下设相和将。相又称相邦、丞相，又通称宰相，是百官之长，协助国君处理全国政务。将又称将军，是武官之长，负责领兵打仗。有的诸侯国还设有御史，相当国王的秘书。次一级的武官有尉。"官分文武"适应当时政治上和军事上的需要，因为处理政务要有一定的政治能力，指挥作战要有一定的军事才能；同时又分散了

---

① 《左传》哀公二年。
② 《史记·孔子世家》。
③④ 《左传》昭公六年。
⑤ 《左传》昭公二十九年。

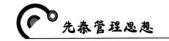

大臣的权力，可以起互相制衡监督作用，便于国君控制。

进入战国后，魏、赵、韩、燕、秦等国普遍推行郡县制。郡的长官叫做"守"，县的长官叫做"令"，县为从属于郡的地方组织。郡县制的推行，使各诸侯国形成了中央、郡、县、乡等一套比较系统和健全的行政机构，郡和县的长官由中央委派，国君直接掌握着郡、县的政治、军事和经济大权。这加强了君主专制政治。

战国时期，国君已普遍用玺、符作为凭证，用以任免官吏，传达政令，调遣军队，派遣使者。官吏的任免以玺为凭，任命时发给，免职时收回。军队调动都要用兵符，兵符作伏虎形，故称虎符。出土的秦国《新郪虎符》铭文记载："甲兵之符，右才（在）王，左才（在）新郪。凡兴士被甲，用兵五十人以上，必会王符，乃敢行之。"由此可见当时兵符分为两半，右半存国王处，左半发给将领，用兵在50人以上的，必须有国王处的右半符会合，才能调遣。玺符制度的推行使行政权、军事权更牢固地集中在国君手中。

战国时期，随着世卿世禄制的废除和郡县制的推广，官吏选任制度有了较大变化。除了君主和一部分封君外，从朝廷到地方的官吏都不能世袭。国家机构是常设的，人员则可能随时变更。当时选任官吏主要有以下6条途径：

其一，立功仕进。如商鞅变法制定20等军功爵，只要不断立功，就可以逐级晋升。

其二，对策或献策。楚悼王、秦孝公、燕昭王等的求贤令，便是发出策问征询对策的一种方式。当时，吴起、商鞅等人就是由于对策深得君主赏识，一跃而居要职。另外有些人为博取功名，主动向君主献策。这些献策者，一旦其主张被采用，便可能平步青云，扶摇直上。由于策问与献策在当时是仕途的捷径，因此十分盛行。许多有才能的人到处游说，以图获得君主的赏识而取得高官厚禄，各种政治主张层出不穷，十分活跃。

其三，凭借亲属、裙带、宠幸等关系。战国时期，一些大家族一荣俱荣，一人得道，鸡犬升天。如齐的执政和将领大都出于田氏，楚的重要官位大都出于屈、景、昭三大家族。

其四，通过有名望人的推荐。如魏文侯时吴起、西门豹、乐羊等人都是翟璜所推荐的。著名的军事家孙膑则是通过齐将田忌的推荐而被齐威王任命为军师。

其五，被君主招聘。战国后期孔子的七世孙子顺，就被魏王遣使者奉黄金束帛聘以为相。

其六，用钱买官。当时，官爵也被当作一种特殊商品，有钱人可以通过花钱买到官位。

从上面官吏的几种不同来源看，主要可分为两类：一类靠才能；另一类靠各种关系。前一类是任人唯贤，后一类则任人唯亲①。

第三节　夏商西周经济

一、夏朝农业、手工业、商业

据考古发掘与一些专家的研究，河南偃师二里头是比较典型的夏文化遗址。该遗址出土的生产工具，仍以石器为主，骨角器和蚌器也还能使用，在一些房基、灰坑和墓葬的壁土上留有木质耒耜掘土的痕迹。当时的民众使用这些比较原始的工具，平治水土，发展农业生产。

《左传》宣公三年载："昔夏之方有德也，远方图物，贡金九牧，铸鼎象物，百物而为之备。"这说明夏朝时在各地都能冶炼较好的青铜，并作为贡赋献给夏王朝，铸造具有各式图像纹饰的大鼎。比较大型的青铜器，虽然至今尚未在确认为夏代的遗址发现，但在二里头文化遗址中出土有青铜铸造的刀、锥、锛、凿、铃、镞、戈、爵等工具、武器和容器。同时，还发现有铸铜遗址，出土有陶范、铜渣和坩埚残片。出土的铜容器系采用复合范铸成，反映当时的铸铜工艺已有一定的规模和水平②。

在二里头文化遗址中，还发现有陶窑和制造骨器的作坊。出土的陶器在形制、纹饰和器物群的组成等方面，都具有较明显的特征。二里头文化遗址中的房屋基址已采用夯筑技术，说明房屋建造技术已有很大进步。

车辆的制造是一种比较复杂的工艺，必须有多种工匠的结合。据《左传》定公元年记载，奚仲封于薛（今山东滕县东南）；为夏王室的"车正"，专管车辆制造事宜，足见车辆制造当时已成为一种比较重要的手工业。

在二里头文化遗址中已发现贝，当是作为货币之用的，说明当时贸易也有一定的发展。

《夏书》说："关石、和钧，王府则有。"③ 这是说使用一般通用的石、钧等衡量器械征收贡赋，保持王室府藏的经常收入，由此可见，夏朝已经确立了

---

① 刘泽华：《中国政治思想史集》第 1 卷，人民出版社 2008 年版，第 111 页。
② 殷玮璋：《二里头文化探讨》，《考古》1978 年第 1 期。
③ 《国语·周语下》。

一定的贡赋制度。

二、商朝农业、手工业、商业

商代的农业已经成为人民生活所依赖的主要生产部门。甲骨文中出现了大批有关农业的文字，如"农"、"田"、"禾"、"黍"、"麦"、"粟"、"穑"等。当时的农具有耒、耜、镰等，大都是以木石制造的。在殷墟王宫旁曾发现了上千把石镰刀，并且都有使用过的痕迹。

那时的农业生产是由贵族强迫平民和奴隶集体耕作。为了发展生产，增加更大的剥削量，帝王们经常亲自出外巡察，监督生产，卜辞中就有"王勿往省黍"、"王其萑穑"的记载。还有卜辞中关于风雨、丰年、歉年的占卜，说明帝王、贵族们十分关注农业生产的丰歉，农业已成为国计民生中最重要的生产部门。

在农业发展的基础上，畜牧业也迅速繁盛起来。人们已大量驯养马、牛、羊、鸡、犬、豕，甚至还驯养大象。牛、羊、鸡、豕的畜养主要是供食用或祭祀。殷商统治者重祭祀，祭祀频繁，用牲数字很大，一次有的多达四五百头，甚至上千头的。由此可见商代畜牧业已有较大规模。

随着农业、畜牧业的发展，手工业也发达起来。当时的手工业已经分成很多门类，每类之中，又分成很多专业，生产规模很大。如商代最突出的青铜手工业，已有复杂的分工和很高的技术，其生产的青铜器种类很多，有食器鼎、鬲、甗、簋等，酒器爵、斝、盉、卣、壶、尊、觚等，还有兵器、车马饰等。

在农业、畜牧业、手工业发展的基础上，商代已有了专门的商业。从《尚书·酒诰》称殷人"肇牵牛车远服贾"可知，商代商人贸易活动的范围已很广泛。

三、西周农业、手工业、商业

周代是以农业生产为主的社会，政府对于农业生产是十分重视的，设置了层层的官吏来管理农业生产。当时的生产工具和生产技术比商代有了进步。据《诗经》所载，已有耒、耜、耨、钱、镈、铚等农业生产工具，而且商代的农具都是木制和石制，到了周代有些已变为金属制造。在农业生产技术方面，农田中已修筑成整齐的"亩"、"甽"行列，便利了田间灌溉。其他如施肥、除草以及轮流休耕（即菑、新、畬），已初步推行。农作物的品种也有增加，已有"百谷"的称谓，黍、稷、麦、牟、麻、菽、稻、粱、秬、秠等后世主要的农作物，当时大都有了。

由于社会经济的发展和公私需要的浩繁，周王朝很重视手工业生产。周王室和诸侯公室都拥有各种手工业作坊，有众多的具有专门技艺的工匠，号称"百工"。这些作坊和工匠，都由官府管理，这就是所谓"工商食官"。

　　西周的手工业，是在商代手工业的基础上发展起来的。如青铜器铸造的地域分布，比商代要广泛得多，铸造的数量，也远远超过商代。纺织业也比商代有较明显的进步。《诗经》中所谈到养蚕、缫丝、织帛、染色、刺绣或是种麻、采葛、织成绤、绉等繁复的工艺，就是纺织业发展的反映。

　　农业手工业的发展，进一步促进了商品交换。当时在"工商食官"的制度下，商业由国家垄断，在较大的都邑中都出现了市场，有管理市场的"质人"。商贾在市场上进行贸易，都由"质人"制发买卖的契券。在商业贸易中，主要的货币仍是以朋为计算单位的贝。铜也被用作交换手段，以锊或锾为重量单位。另外，在"工商食官"制度下，商人仍然是存在的，并且有一定的势力。西周末年，郑国从西方迁往东方时，曾和商人立过盟誓。商人能和郑桓公"分庭抗礼"，其势力已经不小了。《诗经》有"如贾三倍，君子是识"，做生意有"三倍"之利，其赢利能力可以想见。

第四节　春秋战国经济

一、春秋农业、手工业、商业

　　春秋时期，由于铁制生产工具的普遍使用，促进了水利灌溉事业的发展。郑国子产执政，使"田有封洫"，即一面整顿井田的封疆，一面开挖灌溉沟渠，取得显著的成效。"我有田畴，子产殖之"①，反映了当时人们对子产兴修水利的赞颂。楚国令尹孙叔敖主持修建了芍陂，灌溉"田地万顷"（今安徽霍邱与河南商城之间），扩大稻田②。

　　这一时期还出现了灌溉工具"桔槔"，即利用底端系石顶端挂桶的杠杆提水。这种提水方法使"挈水若抽，数（速）如洪（溢）汤"③，与过去那

---

① 《左传》襄公三十年。
② 《后汉书·王景传》。
③ 《庄子·天地》。

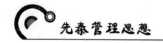

种"抱瓮而出灌"的溉田法有天渊之别。前者"民逸而利多",后者"民劳而利薄"①。所以,子贡赞美桔槔说:"有械于此,一日浸百畦,用力甚寡而见功多。"②

随着铁制生产工具、牛耕的使用和推广以及水利事业的发展,农业生产提高了,剩余产品有所增加。在郑州碧沙岗郑国遗址发现有储藏粮食的窖穴,仅30平方米内就有8个之多。

春秋时期,与地区经济发展相适应,手工业门类较前增多,各地方也生产了一些精细的手工业产品,如"郑之刀,宋之斤,鲁之削,吴、粤之剑"③ 都闻名于世。新兴的手工业有煮盐、冶铁、漆器等,如其中的漆器以楚国最著名,长沙春秋楚墓出土的漆棺、漆木车、涂漆皮甲和带漆铜剑鞘等,都是技艺很高的工艺品。

这一时期,商业也日趋活跃。为了适应工商业发展的形势,有的国君制定了"通商惠工"④,"轻关易道,通贾宽农"⑤ 的政策;有的相互订立了"无忘宾旅"、"无遏籴"⑥、"毋壅利"⑦ 等同贸易交通有关的盟约誓词,进一步促进了这一趋势的发展。

春秋初期,工商业仍然掌握在官府手里,各项工艺品,都由官吏管辖的工匠从事生产。所谓"处工就官府"、"工商食官"正是这一特征的反映。到春秋中叶以后,工商业部门逐渐离开官府控制,向私人经营的方向发展,出现了以生产商品为主的私营手工业和独立个休手工业者。他们一般在自己家里从事生产,也有的在城市市场内设立作坊店铺,所谓"百工居肆,以成其事"⑧,就是指这种经营方式。与此同时,官商已不能再垄断贸易,私商的势力日益强大。早在西周末年,郑桓公就与商人订有盟约,商人不叛公家,公家也不干涉商人的经营⑨。从郑国商人弦高矫命犒秦师⑩和郑国商人准备营救晋国知罃的故事中⑪,都可以看出商人的作用日益重要了。有些大商人往来于列国之间,

① 《淮南子·氾论》。

② 《庄子·天地》。

③ 《周礼·考工记》。

④ 《左传》闵公二年。

⑤ 《春秋左传要义》卷17。

⑥ 《春秋胡传附录纂疏》卷11。

⑦ 《左传》襄公十一年。

⑧ 《论语·子张》。

⑨ 《左传》昭公十六年。

⑩ 《左传》僖公三十三年。

⑪ 《左传》成公三年。

不仅是货殖的能手，而且在政治上也非常活跃。如孔子弟子子贡"废著鬻财于曹、鲁之间"，"结驷连骑，束帛之币，以聘享诸侯，所至，国君无不分庭与之抗礼"①。即使是那些小商人，"负任担荷，服牛轺马，以周四方，以其所有，易其所无"②。

随着商业的发展，出现了金属货币。公元前 524 年，周景王铸造大钱③，是我国文献中关于铸钱的最早记录。已经出土的齐刀币、楚郢爰、晋空首币，充分反映了当时的商品货币关系。商品的发展促进了都市的繁荣。春秋后期，齐都临淄已是"揪隘嚣尘"，"朝夕得所求"的闹市了④。

二、战国农业、手工业、商业

战国时期，铁器的使用更以空前的规模在各地推广。北起辽宁，南至广东，东至山东半岛，西到陕西、四川，包括七国的广大地区，都有战国的铁器出土，而且种类、数量都大大增加。如河南辉县的战国魏墓中，曾发现 58 件铁农具，有犁铧、镬、锄、锸、镰、斧等，其中有两个"V"形的犁铧，构造虽然还较原始，没有翻土镜面的装置，但已能起破土划沟的作用。

铁农具的普遍使用对耕作方法的改进起了很大推动作用，特别是铁犁铧要用畜力来牵引，人们已普遍使用牛耕，有的也用马耕。铁农具与畜力的结合为精耕细作提供了条件。当时人们已经力求"耕者且深，耨者熟耘"⑤；"深其耕而熟耰之，其禾繁以滋"⑥。

冶铁技术的进步给兴修水利提供了比较锋利坚硬的铁工具，能够大规模地挖掘泥土，开凿山石。各国中央集权制度形成后，政府把兴修水利作为国家公共事业，发挥了兴建大型水利工程经费支持与组织作用。所以，水利工程建设在这个时期有较大的发展。

战国时期所筑的堤防，规模较前为大，工程较为坚固，数量较前增多，在许多大河上都建有比较长的堤防。如齐、赵、魏三国都在离黄河 25 里筑了长堤，以防黄河的泛滥。各诸侯国大规模建筑堤防，虽然有"以邻为壑"的弊害，但是对于保障各个局部地区人民生命财产的安全，对于农业生产的发展，还是起了一定的作用。

①　《史记·货殖列传》。
②　《国语·齐语》。
③　《国语·周语下》。
④　《左传》昭公三年。
⑤　《韩非子·外储说左上》。
⑥　《庄子·则阳》。

这一时期，运河的开凿也取得显著的成绩。如魏国开凿了历史上有名的鸿沟，从今河南省荥阳县以北和济水一起分黄河水东流，并有圃田泽进行调节，水量充沛，因而与它相通的各条自然河流的面貌大为改变，通航能力大大提高，而且可以灌溉农田，使鸿沟流域成为农业丰产区。

战国初年，西门豹为邺县县令，动员人力开凿了12道水渠，引漳水灌溉农田，使漳河由水害变为水利。后来邺令史起，继续开渠引漳水灌田，使邺一带的盐碱地得到改良。

战国最著名的水利工程，要算李冰主持的集防洪、灌溉、航运于一体的都江堰。其最大的功效是"旱则引水浸润，雨则杜塞水门"[①]，保证了大约300万亩良田的灌溉，使成都平原成为旱涝保收的"天府之国"。

关中的郑国渠，在当时也是一个规模宏大的灌溉工程。干渠总长近150公里，灌溉面积约4万余顷。由于郑国渠流水中含有大量的淤泥，所以灌溉田地能增加肥力，特别是对含卤性的土壤，能起到压盐冲碱的作用，使贫瘠的土壤得到改良，关中成为沃野。

由于铁农具的普遍使用，耕作技术的进步和水利灌溉事业的发展，单位面积产量有所提高。据李悝对战国初年魏国农产量的估算：一亩地普通可产粟1石半，上熟可产4倍，即6石；中熟3倍，即4石半；下熟1倍，即3石。小饥可收1石，中饥7斗，大饥只收3斗[②]。战国1亩约当今1/3亩，一石约当今1/5石，即2斗。如果折算起来，现在1/3亩的土地，那时候可生产合今3斗的粟，最好年成可以生产4倍，合今1石2斗。据《史记·河渠书》记载，凡受郑国渠水灌溉的土地，每亩可收1钟。1钟是6石4斗，合今1/3亩的土地，生产粮食合今1石2斗8升。这在两千多年前的生产条件下，产量的确是很高的。

战国时期，人们对土壤的认识更加深入，对土壤进行了较细致的分类。如《管子·地员》把土地分成上、中、下三等，每等又分若干级。对什么土质宜于种什么作物，均有具体的记述。战国时期完成的《禹贡》和《周礼·草人》等著作列举了各地区土壤情况和根据土质不同而划分的土地等级，以及适宜生产什么植物等。当时，人们已普遍推广施肥，已较多地知道各种肥源，如草木灰、动物的粪便、绿肥等，还知道用肥拌种的技术。对积肥、施肥的重视，是当时提高农业产量的一个重要因素。

战国时期，手工业中最突出的成就是冶铁技术的提高。洛阳战国早期灰坑

---

① 《华阳国志·蜀志》。
② 《汉书·食货志》。

出土的铁锛、空首铁镈，经鉴定证明铁镈是白口铁经柔化处理得到的展性铸铁。这种展性铸铁在战国中晚期已被广泛应用于制造农具、兵器、生活用具，见于文献记载的铁器名称不下四五十种①。经过鉴定，当时已经利用控制退火的办法，创造了表面为低碳纯铁，中心为硬度高的复合铸铁器件，借以使农具既有坚硬、锋利、耐磨的刃口，又具韧性。在铸造工艺方面，从陶范到金属范，从单合范到双合范，从外范到内范，以及出土的大批锄范、镬范、斧范、双凿范和相应的铁器中，说明从战国初期到中晚期的不太长时间内，冶铁工匠已经创造和掌握了不同类型的铸铁性能、铸造工艺与冶铁技术。

战国中后期，还出现了含碳量不均匀的钢，用来制作兵器，如剑、戟等。河北易县燕下都出土的剑就是低碳钢。钢做的武器比纯铁要锋利得多。

战国时期，丝织业已能生产罗、纨、绮、縠、锦、绣、绢帛、缣等新产品。考古还发现了"提花丝帛"。当时，丝织产品已具有地区特色。齐国的丝织品最出名，产品行销各地，享有"冠带衣履天下"的声誉。

战国时代的商人很活跃，"天下熙熙，皆为利来；天下攘攘，皆为利往"②。当时的商人大体可分为两类：一类是"坐列贩卖"的普通商人和小本经营的"贩夫贩妇"。另一类是富商大贾，拥有雄厚的资本，进行大规模的贩运贸易，或囤积居奇，操纵市场，并有一定的政治地位，如白圭、吕不韦之流。

这一时期，为适应交换的需要，金属货币已广泛流行。由于地区的不同，货币的形状也不同，如齐、燕的刀币，韩、赵、魏的布币，秦国的圆形圆孔或方孔钱，楚国的蚁鼻钱。到战国晚期，随着各地经济文化交流日益密切，各地钱币的形式、计量单位有趋于一致的倾向。标明币值的铸币的出现和铸币重量的减轻，表明铸币有了更明显的价值符号的性质。

由于农业、手工业、商业的发展，专制主义中央集权制度的形成，促使了政治、经济、文化的集中，引起了城市的迅速发展。当时齐国的临淄（今山东临淄）、韩国的宜阳（今河南宜阳西）都有几十万人口，十分繁华。如苏秦形容临淄繁华的景象是"车毂击，人肩摩，连衽成帷，举袂成幕，挥汗成雨"③。据说楚国郢都（今湖北江陵纪南城）街道上经常交通阻塞，车碰车，人挤人，早上穿的新衣服，到晚上就挤破了。另外，还有些城市商业很繁盛，如定陶

① 刘泽华：《中国政治思想史集》第1卷，人民出版社2008年版，第102页。

② 《史记·货殖列传》。

③ 《战国策·齐策》。

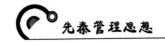

（今山东定陶县附近），是"天下之中，诸侯四通，货物所交易"①的地方。

第五节　春秋战国各诸侯国变革

一、春秋各诸侯国赋税制度的变革

春秋时期，社会生产迅速发展，铁制生产工具普遍使用，牛耕得到推广。随着生产力的发展，家庭个体生产逐渐普遍化，西周时期的公作制度逐渐瓦解。诸侯国境之间的旷土隙田被大量垦辟，不在税收之列的私田急剧增加。西周以来，"田里不鬻"的格局被冲破了缺口，土地的让渡转移和宅圃的买卖，已经是公然地进行，土地私有权得到了事实上的承认。西周时期在公作制度基础上的"籍田以力"的劳役制已难以维持，于是逐渐采用了收租税的办法。公元前685年，齐国首先采用了按土地的多寡肥瘠征收贡税的办法。《管子·立政》有"均地分力""与之（民）分货"的话，就是把田地分配给耕者，实行一家一户的个体经营，在此基础上，推行分成制的地租。

继齐改革之后，晋国"作爰田"，废除了周初以来定期分授土地的制度，把田地赏赐给人民，实行"自在其田，不复易居"的"爰田制"，等于承认土地的私有。晋国在"作爰田"的同时亦"作州兵"，征发州人服兵役和交军赋，从此晋国兵员陡增，出现"群臣辑睦，甲兵益多"②的局面。可见，晋是以"作爰田"为手段，"赏田以悦众"，以达到扩充军力的目的。

公元前594年，鲁军季孙氏掌权时颁布了"初税亩"的法令，对公私土地一律按亩征税③，公田和私田在实际上的差别取消了，政府承认私田的合法存在。

公元前590年，鲁国"作丘甲"；公元前548年，楚国"书土田"，"量入修赋"；公元前538年，郑国"作丘赋"；公元前483年，鲁国改行"用田赋"；到春秋末年，秦国实行"初租禾"。这些改革，从总体上说有田人增加了赋税负担，但对土地的处理权却扩大了，土地私有制进一步得到政府的认可。既然赋和税都以田地作为征收的依据，赋和税后来也就渐趋合一了。按丘出赋与依

---

①　《史记·货殖列传》。
②　《左传》僖公十五年。
③　《左传》宣公十五年。

田亩征收赋税，不仅反映了"国""野"差别的渐趋消失，也反映了土地私有化的发展趋势。

二、战国各诸侯国改革

经过春秋时期的兼并战争，到战国时形成齐、魏、赵、韩、秦、楚、燕7个大国争雄的局面。各国为了求富图强，在激烈的争霸战争中胜出，纷纷实行改革。

齐国在威王即位初，政事由卿大夫掌管，出现了"诸侯并伐，国人不治"①的局面。韩、赵、魏、鲁、卫等国先后侵战齐地，内政混乱。齐威王遂在公元前348年开始改革。而后任用邹忌为相，"谨修法律而督奸吏"②，制定巩固封建秩序的法律，加强对地方官吏的监督，使内部稳定，齐国大治。并且派兵击败赵、卫、魏等国，收复了被侵占的土地。战国中期，齐国曾一度代替魏国，成为东方诸侯的霸主。

魏国在战国初期魏文侯当政时，任用李悝为相，进行变法，主要内容有：①废除官爵世袭制，按照"食有劳而禄有功"③的原则，根据功劳和能力选拔官吏。②推行"尽地力之教"，要求农民"治田勤谨"，提高农作物产量，增加国家的田租收入。③实行"平籴法"，年成好时，政府以平价购入粮食，灾年再以平价出售，用"取有余以补不足"的办法来平衡粮价。目的是防止商人垄断粮价而造成谷贱伤农，谷贵伤民④，以稳定小农经济。④确立法制，颁布《法经》六篇，即盗法、贼法、囚法、捕法、杂法、具法，保护私有财产，镇压破坏社会秩序的行为。

魏文侯还派吴起改革军事制度，对士兵进行严格的挑选、训练和考核，提高军队战斗力。

魏国的变法，使魏国经济迅速发展，国力逐渐强大，成为战国初一个强盛的诸侯国。

赵国在赵烈侯时期倡"仁义"，行"王道"；在用人上"选练举贤，任官使能"，在财政上"节财俭用，察度功德"⑤。经过这些改革，使赵国政权得以逐渐巩固。

---

①②　《史记·田敬仲完世家》。

③　《说苑·政理篇》。

④　《汉书·食货志》。

⑤　《史记·赵世家》。

韩国在韩昭侯时任用申不害为相进行改革，"内修政教"①，注重法治。申不害强调"术"的作用，主张君主必须加强对官吏的任免、考核与赏罚，建立了"循功劳，视次第"的因功行赏制度②。据说申不害相韩15年，"修术行道，国内以治，诸侯不来侵伐"③。

楚国在楚悼王时任命吴起为令尹，实行变法，主要内容有：①针对楚国当时"大臣太重，封君太众"的局面，废除公族中疏远者的特殊待遇，凡是封君传到第三代的就收回其爵禄，并把一些旧贵族迁移到荒凉的地区。同时，精简无关紧要的官职，削减过高的官吏俸禄。这不仅从政治经济上削弱了旧贵族的势力，而且节省了国家财政开支，并把这些经费用来训练战士。②整顿吏治，要求官吏"私不害公"，"行义"而不计毁誉，一心为国家效力。

吴起变法沉重打击了楚国的旧贵族，国力迅速强盛，"南攻扬越，北并陈蔡"④，"却三晋，西伐秦"⑤。

秦国孝公即位后，痛感"诸侯卑秦，丑莫大焉"，让商鞅大规模地推行两次变法。变法的主要内容有：①用法令形式废除了井田制，"开阡陌封疆"，把土地授给农民，土地可以买卖。②奖励军功，建立军功爵制。规定军功以在前线斩得敌首多少来计算，杀敌越多，赏赐越厚，爵位越高，特权越大。按军功授爵，人的政治地位要由有无军功来决定，这对旧贵族是个沉重打击，而对于下级士兵来说，则可以通过军功在政治上获得一点优待。③实行重农抑商政策，一方面通过惠农政策鼓励农民努力经营农业生产；另一方面通过重税、禁止商人贩卖粮食等迫使商人弃商归农。④普遍推行县制，每县设置了令和丞等官职来掌握全县政事，使县成为属于国君的地方组织，加强了中央集权。⑤建立什伍连坐制，让民众互相监督。如不告发"奸人"，要处以腰斩的刑罚；相反，如告发"奸人"，可与斩敌同赏。⑥统一度量衡。

商鞅变法的成功，使原来比较落后的秦国一跃而成为战国时代最先进的强国，为日后统一六国打下了基础。

燕国昭王在位时，奋发图强，"卑身厚币以招贤者"，得到了乐毅等人的辅佐，修法令，"与百姓同其甘苦"⑥，使燕国一度强盛起来，几乎灭掉了齐国。燕昭王的改革，已是战国时代各国变法运动的尾声了。

---

① 《史记·老庄申韩列传》。

② 《战国策·韩策一》。

③ 《史记·韩世家》。

④ 《战国策·秦策三》。

⑤ 《史记·吴起列传》。

⑥ 《战国策·燕策一》。

第六节　先秦文化

一、夏商西周文化与教育

《论语·为政》载："殷因于夏礼，所损益可知也；周因于殷礼，所损益可知也。"可见，早在2000多年前的孔子，就认为夏、商、周三代文化是一脉相承的，在继承中又有变化发展。

郭沫若指出："中国文字，到了甲骨文时代，毫无疑问是经过了至少两三千年的发展的。"从殷墟时代上溯到夏初，不过八九百年，夏代已有文字和文献记录，应该是不成问题的。

我国的古代文献记录，有专职的史职人员汇集成典册。像先秦学者经常引证的《夏书》、《夏训》，就是当时还保存着的有关夏代的典册。孔子删定《尚书》，选取其中一部分编成《虞夏书》。而且，与孔子基本同一时代的《墨子》、《左传》也引用了一些夏朝典籍，如《夏书》、《夏训》等。这些都说明夏代确有文献记录存在。夏代已进入了有文字可考的历史时代，并为我国4000多年来的文明发达奠定了基础。

商代的文化在夏代的基础上又有了较大的进步。殷墟出土的带有文字的甲骨文有10多万片，连同其他器物上的铭文，有单字4000多个。汉字的结构，如象形、指事、会意、形声、假借等，都已具备。而且，近年在陕西岐山周原又发现周早期的带字甲骨，说明甲骨文是商周通用的文字，为后世汉字的发展奠定了基础。

商代已有比较丰富的文献典籍。由占卜积累的大量甲骨卜辞，是当时文献记录的一部分。还有专职的史官"作册"，收藏有不少的典籍。这就是周公所谓的"惟殷先人，有册有典"。现存《尚书》中的《商书》和《盘庚》上中下3篇都是保存至今比较可信的有关商代历史的重要资料，为研究商代管理思想提供了珍贵的史料。

商代人信鬼神尚巫，所有的"民事"都要涂上"神事"的色彩。为了使神权为王权服务，上帝的观念成了至高无上主宰一切的观念。不仅王权来自上帝，而且王族的祖先也与上帝结合在一起。所以，祭祀上帝与祭祀祖先，就是国家的大事。为了表示信从上帝的意志，占卜成为表达天命的方式。殷墟出土的大量卜辞，就是商代后期王室的占卜记录。

西周继承了商代的上帝观念，把上帝视为至高无上的主宰者，而呼之为"天"。最高统治者——周王，则为受天之命而王天下的"天子"。西周的统治者在不动摇"天命"的前提下，强调人事的重要性，提出"顺乎天而应乎人"的观点，就是既要顺从天意，又要适应人心，才能维持"天命"。因此，天子既要"敬天"，又要"保民"。而且，为了"保民"，统治者还须"明德"，这就是要求统治者加强自我克制的功夫，同时还要加强对"民"的思想约束。这比简单的"天命"观当然是前进了一步。

西周时期由史官保存下来的文献典籍是相当丰富的。现存《尚书》中的《周书》和《逸周书》等，就是经过后人选编而保存下来的一部分。这些篇章是当时的重要历史文献，对研究西周的管理思想史具有很高的价值。《诗经》是我国现存最早的一部诗歌总集，其中的《周颂》、《大雅》、《小雅》和《国风》中的《周南》、《召南》、《豳风》以及其他部分篇章，是西周时期的作品。这些篇章，比较客观地反映了当时社会生活的面貌和各阶层的思想状况。

夏朝已有学校的传说，《孟子》说："夏曰校"，其他古籍则说夏朝已有"庠"和"序"这类学校的设置。由于古籍记载简略，而且缺乏考古实物的证实，有关夏朝教育的情况，目前知之甚少。

商朝已具备了较为成熟的教育条件。与文化教育有密切关系的是这个时期已产生较为成熟的汉字，商朝的甲骨文已发现很多，其中已发现的单字在4000字左右。在文字构造方面，会意、形声、假借等比较进步的方法已经出现。周人说："惟殷先人，有册有典"，卜辞中已有"册"字，这说明已有文字记录，可能已有竹木简的书册。卜辞中还有"笔"字，可能已作为学习的重要工具。甲骨文中还多次出现"教""学""师"等字，说明可能已有专门从事教育的人员。从甲骨文及其他文献考察殷商的宫室制度，那时可能已有明堂或辟雍。殷人尚右尚西，把大学设在西郊，以表尊崇，所以又称为"西学"。这种大学即是明堂或辟雍，辟雍也设在西郊，故又称为"西雍"。

古籍中也有关于殷商时代地方学校的传说，《孟子》上说"殷曰序"，《说文》与《汉书·儒林传序》则谓"殷曰庠"。殷商的"庠"、"序"可能是从夏朝继承下来而又有所发展，其职能在于进行礼乐教育。商代学校的教育内容是关于祭祀、军事、乐舞和文字的知识技能。

西周的学校分为国学和乡学两种。国学又分为小学和大学两个阶段。西周中央政府设有辟雍这种大学是可以肯定的，这种辟雍是从商朝继承下来的，所以仍然设在西郊。辟雍也就是明堂，是尊师、养老、教育、献俘、郊射的地方。各诸侯国也设置大学，叫做泮宫。这不仅《王制》上说了"诸侯曰泮宫"，《诗经》中的《泮水》也歌颂了泮宫。这些大学都是国子和贵族子弟入学之所。

古文献也记载了西周乡学的情况。根据《礼记》记载：周朝"家有塾，党有庠，术（遂）有序"①。周代各级地方学校名称虽然不同，但其教育作用没有什么不同，都是举行乡饮酒礼和习射的教育机关。这些学校是教养贵胄子弟的地方，庶民子弟则被排挤在校门之外。

周代设有专职教育官师氏，有大师、小师的级别，教师的职责是教授音乐、射箭、道德、礼仪等。周代学校的学习内容就是所谓六艺：礼、乐、射、御、书、数。

周代，学校教育为官府所垄断，即后世所说的"学在官府"。官学的教师也就是政府的官吏，官学设在官府之内。

二、春秋战国大变革促使诸子百家产生

春秋战国是社会大变革的时代，各种社会矛盾错综复杂。激烈的政治斗争，从春秋时期的大国争霸到战国时期的兼并战争，从礼乐征伐自天子出到自诸侯出再到自卿大夫出，从三桓与鲁公室的斗争、田氏代齐到三家分晋，从齐威王改革、魏李悝变法、赵烈侯改革、韩昭侯内修政教、楚吴起变法、秦商鞅变法，再到燕昭王的改革。同时，经济上随着生产力的发展，家庭个体生产逐渐普遍化，西周时期的公作制度逐步瓦解，原来"籍田以力"的赋役方式也难以维持，于是赋役改革势在必行。公元前594年，鲁国"初税亩"；公元前584年，楚国"量入修赋"；公元前538年，郑国子产"作丘赋"；公元前483年，鲁国的季孙氏"用田赋"；到春秋末年，秦国实行"初租禾"。总之，在政治与经济上的剧变，对社会上的各个阶级、阶层和集团都产生了深刻的影响。人们对于当时社会大变革中的许多问题，各有自己的态度、主张、愿望和要求等。

在那诸侯割据纷争的时代，每个诸侯国都面临着如何妥善解决内政与外交的两大课题，面对复杂与尖锐的斗争，每个诸侯国都想在生死亡存的竞争中采取合乎时宜的谋略与政策，求富图强，争取在竞争中求得生存与发展，最后消灭竞争对手。在这种时代诉求下，各个诸侯国的国君和大贵族，都大力招揽知识分子为自己出谋划策，礼贤下士成为社会风尚。这就是所谓"诸侯并争，厚招游学"②。当时，许多统治阶层人物对人才智谋的作用看得很清楚。如齐威王与梁惠王会晤，梁惠王问齐威王：有明珠吗？齐威王说，没有。梁惠王诧异地说，我的国小还有10颗光照数十丈的明珠，齐国那么大怎么能没有呢？齐

---

① 《礼记注疏》卷36。
② 《史记·秦始皇本纪》。

威王说，我的明珠与你的不一样，我以人才为明珠。由此可见，人才在当时的地位和作用。各国争着招揽人才，有的下令求贤，对人才言听计从；有的用高官厚禄收买。

当时诸侯国的割据以及统治者对人才的重视，使作为知识分子阶层的士有较多的活动空间，使他们能够较自由地驰骋其间。士可以各持一说，在诸侯间奔走游说，"合则留，不合则去"，有相对的自由。一些略为有名的士，还收门徒讲学，"率其群徒，辩其谈说"①。这使每个学派有发展的空间和机会。如当时的孔子，就带着弟子周游列国，宣扬自己的治国主张。其后的墨子和他的弟子结成一个严密的团体，经常到各国游学。

当时的国君为了招纳智囊，谋求方略，使士为己效力，都比较礼贤下士，对知识分子比较宽容尊重。这使知识分子有比较强的独立性，敢于独立思考，敢于发表自己的见解。在那大变革的时代，各阶级、阶层和集团也纷纷在士阶层中寻找自己的代言人。这使士这一阶层产生分化，他们走公室、跑私门，希望得到某一阶级、阶层或集团的赏识和重用，以便施展自己的抱负。当时，多数知识分子著书立说都不可避免带有"干世主"的目的，但大都也企图用己说改造君主，使君主采纳自己的治国主张，而不是一味阿谀奉承，取悦于君主，得到高官厚禄。有不少思想家虽追逐荣华富贵，但更追求自己的学说和治国抱负。孔子说过"不义，而富且贵，于我如浮云"。墨子为他的学说奔走一生，宁弃富贵而不屈信仰。楚国曾打算封他书社 500；越王邀他仕越，许以 500 里封地。但因政见不合，墨子都拒绝了。荀子则更直截了当地说："从道不从君。"②

春秋时期，"官学"日趋没落，出现"天子失官，学在四夷"③ 的局面。当时"学校不修"④，只有少部分诸侯国的执政者还注意教育，如鲁僖公"立泮宫"，郑子产"不毁乡校"。有些贵族甚至认为教育可有可无，"可以无学，无学不害"⑤。

在"官学"废弛的过程中，"私学"在各地产生和发展起来。春秋初期，各诸侯国已各自为教，形成不同的学风。《管子·大匡》云："卫国之教，危傅以利……鲁邑之教，好迩而训于礼……楚国之教，巧文以利。"以后，随着社

---

① 《荀子·儒效》。

② 《荀子·臣道》。

③ 《左传》昭公十七年。

④ 《诗序·子衿序》。

⑤ 《左传》昭公十八年。

会经济的发展和士阶层的成长，各国所办"私学"日渐繁盛。

在当时私学中，孔子创设的私学最为著名，影响最大。孔子约在30岁时开始从事教育活动，相传其弟子达3000余人，成名者72人，开创了儒家学派。当时与儒家私学相竞争的有法家、墨家私学。传说少正卯的法家私学和孔子的儒家私学相竞争，使孔子私学"三盈三虚"①。据孟子云，当时墨翟之言盈天下，可见墨家私学也很兴盛。

战国时期，私学更加盛行，"从师"成为一时的风尚。如孟子"后车数十乘，从者数百人，以传食于诸侯"②。田骈在齐，"资养千钟，徒百人"③。许行是农家的代表，躬耕自食，但也有"徒数十人"④。

这一时期，齐国的威王和宣王大兴"稷下"之学，使"稷下"成为各派学者讲学和讨论学术的中心。所谓"稷"指齐国国都临淄的稷门。齐国在稷门下所设的学校称"稷下之学"。当时儒家、阴阳家、道家和其他流派的学者都聚集此，不担任任何行政职务，只从事于议论，探讨学术。孟子曾游学于此，荀子更是3次以祭酒（领袖）的身份在此讲学。齐王对来此游学的学者们礼遇甚厚，封为"上大夫"者达76人。在先秦学术和教育史上，"稷下之学"形成了一个最高峰，这在中国古代乃至世界古代教育史上都是罕见的。

三、春秋战国诸子百家划分

春秋战国时期，在时代大变革的背景下，许多杰出的人物代表不同的阶级、阶层或集团，提出了对社会变革的看法和治国的主张，初步形成了各种学派。这一时期的重要学派，各家说法不一。有的说"六家"（儒、墨、名、法、阴阳、道德），有的说"九流"（儒、墨、道德、名、法、阴阳、纵横、农、杂）。从现存的资料看，春秋时期比较明显的有管仲、子产等人创法家思想，孙武创兵家思想，老子创道家思想，孔子创儒家思想，墨子创墨家思想。这些思想使中国古代学术空前地繁荣起来，成为战国时期学术思想上"百家争鸣"的先声。

战国时期，各种学派互相批评、互相影响。即在同一学派中也互相争辩，形成支流支派。当时有些批评颇为深刻，能够指出别人的"见"和"蔽"；能够做到"胜者不失其所守，不胜者得其所求"。最足以代表这种精神的就是

---

① 《论衡·讲瑞》。
② 《孟子·滕文公下》。
③ 《战国策·齐策》。
④ 《孟子·滕文公上》。

"稷下之学"。各种学派、各种思想在相互碰撞、交流中闪出火花，共同得到提高。战国时期"百家争鸣"中自由争辩的风尚，把中国古代的学术思想推向了一个高峰，并对以后 2000 多年的古代学术思想产生了极其深远的影响。中国古代绝大多数的学术思想均可从春秋战国诸子百家中找到其渊源。

"百家"是泛指思想流派之多。用"百家"形容诸说林立，早在战国已经流行。《庄子·秋水》说公孙龙"困百家之知"，荀子称诸子为"百家之说"。到了西汉，司马迁称诸子为"百家之言"。此后，学界习惯把春秋战国诸子称为"百家"。

春秋战国时期各种学派分野主要基于思想观点的不同，并在互相批评、争辩中逐渐明朗化和细化，最终形成诸子百家局面。墨子著《非儒》，形成儒墨两派对立。孟子力排杨（朱）、墨、神农之学以及兵家等，荀子作《非十二子》，使各派的分歧更加复杂化、多元化。同时，荀子把十二子分成六派，《庄子·天下》也把十几位思想家分为六大派别，韩非在《显学》中把儒、墨视为两个最显赫的派别，则把复杂化、多元化的派别做了归纳。

西汉司马谈写《论六家要旨》，把诸子划分为阴阳、儒、墨、法、名、道德 6 家，从理论上明确了区分派别的标准。东汉班固在司马谈划分的六家基础上，又分出纵横、杂、农、小说四家。司马谈、班固的分法为历代学者所接受，并一直影响至今[1]。

司马谈、班固对诸家的特点、源流、长短、得失做了简要论述，至今仍有参考价值。

阴阳家："敬顺昊天，历象日月星辰，敬授民时，此其所长也。及拘者为之，则牵于禁忌，泥于小数，舍人事而任鬼神。"[2] 以今天的眼光看，阴阳家以阴阳五行观念为基础，夹杂一些宗教、巫术和迷信，用以解释他们日常所接触的自然现象和社会现象，如日月星辰运行、四时变化与农业生产等，具有朴素的唯物主义因素。但如把一切人事都和阴阳五行做牵强的比附、组合，迷信鬼神，那就变成神学迷信。阴阳家的代表人物是邹衍。

儒家："游文于六经之中，留意于仁义之际，祖述尧舜，宪章文武，宗师仲尼"[3]；"列君臣父子之礼，序夫妇长幼之别"[4]。以今天的眼光看，儒家倾向于保守，以《易》、《书》、《诗》、《礼》、《乐》、《春秋》为经典，尊崇尧、舜、文王、武王等先圣先王，重视人的伦理道德，提倡仁义，严格君臣、父子、夫

---

① 除这 10 家外，当代学术界增加兵家。
②③ 《汉书·艺文志》。
④ 《史记·太史公自序》。

妇、长幼等尊卑贵贱关系，讲究礼乐、名分、宗法、孝悌、井田等。儒家虽然保守，但其学说在构建人的道德修养、维护社会和谐有序方面发挥了巨大深远的积极影响。儒家的代表人物有孔丘、孟轲、荀况、曾参等。

墨家："尚尧舜道"①，"茅屋采椽，是以贵俭；养三老五更，是以兼爱；选士大射，是以上贤；宗祀严父，是以右鬼；顺四时而行，是以非命；以孝视天下，是以上同。此其所长也。及蔽者为之，见俭之利，因以非礼，推兼爱之意，而不知别亲疏"②。以今天的眼光看，墨家主张"节用"、"节葬"，要求节约开支，葬礼从俭；主张"兼爱"、"非攻"，提倡人与人互相爱护，反对强凌弱、富侮贫、贵傲贱，反对兼并战争；主张"尚贤"、"尚同"，希望国君举用贤才，要求人们与上级长官直至国君同是非。墨家否定了天命，却保留了尊天事鬼的宗教外衣。墨家的代表人物是墨翟。

法家："不别亲疏，不殊贵贱，一断于法"，"尊主卑臣，明分职不得相逾越"③，"信赏必罚"，"专任刑法而欲以致治"④。以今天的眼光看，法家主张法治，臣民无论亲疏、贵贱，都必须遵守法律，不得违犯。在立法、执法中强调信赏必罚，才能使法律得到真正的实施。宣扬国君具有至高无上的权威，臣子必须俯首听命，严格按照自己的职责行事。法家片面强调用严刑峻法进行残酷的镇压，只会激化社会矛盾，最终达不到治理国家的目的。法家的代表人物有管仲、子产、李悝、吴起、商鞅、申不害、慎到、韩非等。

名家："控名责实，参伍不失"⑤，"名位不同，礼亦异数"⑥。以今天的眼光看，名家主张辨别名实关系，名是实的称谓，名必须符实。名家还主张名位不同的人，其在社会上尊卑贵贱等级也是不同的。名家的代表人物是公孙龙。

道家："无为，又曰无不为"。"其术以虚无为本，以因循为用"⑦；"历记成败存亡祸福古今之道，然后知秉要执本，清虚以自守，卑弱以自持，此君人南面之术也"。"及放者为之，则欲绝去礼学，兼弃仁义，曰独任清虚可以为治"⑧。以今天的眼光看，道家认为"无"比"有"更根本，是天下万物产生的根源，"无"即是"道"。主张"无为而治"，君主要知道古今成败存亡祸福的历史规律，牢牢掌握治国的根本，清心寡欲，以柔克刚。道家主张摒弃礼治、仁义，而达到治理国家的目的，这又走向了另一个极端。道家的代表人物有老聃、环渊和庄周。

纵横家："言其当权事制宜，受命而不受辞，此其所长也。及邪人为之，

---

① ③ ⑤ ⑦　《史记·太史公自序》。

② ④ ⑥ ⑧　《汉书·艺文志》。

则上诈谖而弃其信。"① 以今天的眼光看，纵横家主张审时度势，纵横捭阖，重视通过合纵、连横来实现国与国之间的联合与对抗，这种思想被当时游说之士所传习。其思想如被奸邪之人应用，则将导致奸诈而背信弃义。纵横家的代表人物有张仪、苏秦。

杂家："兼儒、墨，合名、法，知国体之有此，见王治之无不贯，此其所长也。及荡者为之，则漫羡而无所归心。"② 杂家糅合了儒家、墨家、名家、法家以及道家、阴阳家、兵家等部分学说，企图以此作为治理国家的指导思想。但如果是不知归纳综合的人采用之，则散漫而缺乏统一的指导思想。杂家的代表人物为吕不韦及他的门客。

农家："播百谷，劝耕桑，以足衣食……此其所长也。及鄙者为之，以为无所事圣王，欲使君臣并耕，悖上下之序。"③ 农家主张每个人都应该通过自己的耕田织布来维持自己的生活。但是这会使人不服从圣明君主的统治，想让君主与臣民一起耕田，这违背了上下有别的社会秩序。农家的代表人物是许行。

小说家："街谈巷语，道听途说者之所造也。"④ 小说家就是社会底层人物的言谈舆论。

兵家：司马谈与班固均未涉及兵家，其实兵家在春秋战国时代是较大的一个学派，探讨战争中的战略战术，如"知己知彼，百战不殆"；集中优势兵力，以弱胜强；强调进攻战略；重视城邑的攻取和阵法的运用等。兵家代表人物有孙武、孙膑、吴起、尉缭子等。

司马谈、班固把诸子划分为流派只是总体上大致的划分，其实春秋、战国时期许多流派是派中有派。如韩非就曾指出，孔子死后，儒分为子张之儒、子思之儒、颜氏之儒、孟氏之儒、漆雕氏之儒、仲良氏之儒、孙氏之儒、乐正氏之儒8派。在战国时期，儒家除和其他学派论战外，他们内部的各派间也相互论争，如最明显的就是孟子与荀子的分歧。荀子把儒家分为"大儒"、"雅儒"、"小儒"、"俗儒"、"散儒"、"贱儒"、"沟犹瞀儒"等。他认为"俗儒"貌似儒而实际上"无异于墨子"，还指斥子思、孟轲为孔门罪人。又如墨家在墨子死后分为相（柏）夫氏、相里氏、邓陵氏三派，对墨子的思想做了不同的解释和发展。今存《墨子》书中的《经上》、《经下》、《经说上》、《经说下》、《大取》、《小取》6篇，从形式和内容都与《墨子》书中其他各篇有明显的不同。

另外，我们必须看到，先秦诸子虽然各立门户，互相攻讦，壁垒森严，但各学派之间也难免互相影响，有不少相通之处。一是墨家思想与儒家思想有相通之处。《淮南子·要略训》载："墨子学儒者之业，受孔子之术，以为其礼烦

---

①②③④ 《汉书·艺文志》。

扰而不悦，厚葬靡财而贫民，（久）服伤生而害事，故背周道而用夏政。"《韩非子·显学》亦谓："孔子、墨子俱道尧舜而取舍不同。"今天，我们如对比儒、墨两家的学说，也发现它们之间有不少相似之处。如儒家仁者爱人与墨家的兼爱，都主张人与人之间必须互相爱护；儒家的任人唯贤与墨家的尚贤都主张治国要用德才兼备的人才。二是法家思想明显受道家影响。《韩非子》一书中有《解老》、《喻老》，《管子》一书中有《心术》、《白心》，均在阐发黄老之旨。而慎到尚法，后世学者一般将其归入法家。但是《庄子·天下》则以彭蒙、田骈、慎到并为齐物之一派。《史记·孟荀列传》则谓慎到、接子、环渊皆学黄老道德之术。由此可见，慎到之学兼承法家、道家。三是法家思想一部分由儒学蜕变而来。法家著名人物韩非、李斯并出荀子之门，深受儒学熏陶。吴起仕魏，施政大有法家之风，而《吕氏春秋》谓其学于曾子。"盖儒家正名之义，施之于士大夫为礼，行之于庶人为刑。及宗法大坏，礼失其用，正名之旨遂浸趋于刑法。"① 四是道家与墨家相通。《孟子·告子下》载宋钘有非攻之志；《荀子·非十二子》则把宋钘与墨翟同举，斥其"上功用，大俭约而僈差等"，可见，孟子、荀子似都把宋钘视为墨家学派之人。可是，《荀子·正论篇》谓："子宋子曰：明见侮之不辱，使人不斗。"《韩非子·显学》称其"见侮不辱"。《庄子·天下》更称其"不累于俗，不饰于物。不苟于人，不忮于众。愿天下之安宁，以活民命。人我之养，毕足而止。以此白心"。据时人这些记载，宋钘的一些思想又与道家之旨相接近。"盖据宋、老思想之内容推之，则由'非攻'转为'不辱'，再进而为'守雌'，由'节用'转为'寡欲'，再进而为'知足'、'日损'，诚为极自然之趋势。"② 五是阴阳家思想似为儒家旁枝。《史记·孟荀列传》载：阴阳家代表人物邹衍之术谓"其归必止乎仁义节俭，君臣上下六亲之施"，此思想显然与儒家相近，而其政教文质用舍之说似复与孔子殷夏损益、周监二代之意相通。孟子所谓"五百年必有王者兴"③，又谓天下之生久矣，"一治一乱"④，与邹衍的"主运"盛衰之术前后相呼应。《荀子·非十二子》认为"五行"之说为子思所倡导而孟子附和之，这与邹衍的阴阳五行说也是密切相关的。据此，人们推测，阴阳家似为儒家之支流。

春秋战国诸子百家思想的主流和归宿是什么呢？应该说最主要是对国家的治理。司马谈云："《易大传》：'天下一致而百虑，同归而殊途。'夫阴阳、儒、

---

① 萧公权：《中国政治思想史》上册，商务印书馆 2011 年版，第 46 页。
② 萧公权：《中国政治思想史》上册，商务印书馆 2011 年版，第 47 页。
③ 《孟子·公孙丑下》。
④ 《孟子·滕文公下》。

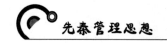

墨、名、法、道德，此务为治者也，直所从言之异路，有省不省耳。"① 班固的看法承司马氏，认为诸子是"王道"分化的结果，归根结底又为王服务，"使其人遭明于圣主，得其所折中，皆股肱之材已"②。

春秋战国的诸子百家可以说是中国历史上的思想文化定型时期，诸子百家创立的学说和思维方式开其后两千多年的先河，后来者虽不无创造，但直到近代以前，基本上没有能突破那个时代创造的思想范式和框架。因此对先秦诸子百家思想的研究，对把握其后两千多年的思想是十分重要的。

有鉴于此，今天研究先秦管理思想史，诸子百家思想是我们最主要的研究对象。而且，对于中国两千多年的古代管理思想史来说，先秦管理思想史是其源头，不言而喻，对于先秦管理思想的研究，就对整个中国古代管理思想史的研究来说，具有特别重要的意义。

---

① 《史记·太史公自序》。
② 《汉书·艺文志》。

第三章　先秦政府在诸重要领域的管制思想

第一节　军队在治理国家中的重要性思想

一、最高统治者必须掌握军权

早在商朝，统治者就很重视军队的作用。在甲骨文，"國"字写成"或"，后来在金文中又发展成为"國"，其意象征着只有用武力（戈）才能占有和保卫人口、土地、城邑和国家。这折射出远在商朝统治者就已意识到军队在维护国家政权中的不可或缺性，一个国家的存在和发展必须依靠军队和武力。

西周时期，军队是国家的重要组成部分。西周王室拥有一支强大的军队，对内镇压民众或诸侯的反叛，对外防御外敌的入侵或发动开拓疆土、掠夺财富和奴隶的战争。这就是《左传》僖公二十五年所记载的"德以柔中国，刑以威四夷"。当时，全国军队皆由周天子统率，只有周天子对国家军队有绝对的领导和指挥权。《国语·鲁语下》记载了叔孙穆子的一段话，深刻地反映了周天子牢牢掌握军队的必要性，而且自诸侯以下不得拥有军队，只有这样，周天子才能做到"上能征下，下无奸慝"。这就是"天子作师，公帅之，以征不德。元侯作师，卿帅之，以承天子。诸侯有卿无军，帅教卫以赞元侯。自伯、子、男有大夫无卿，帅赋以从诸侯。是以上能征下，下无奸慝"。

春秋时期军队的最高领导者是各国的国君，他有统率、指挥、命将权。公元前 589 年，晋国在鞌战中大败齐军，晋军归国后，晋国国君景公奖励三军将士。当时晋国将领互相谦让，反映了晋军下军受上军节制，上军受中军节制，中军元帅统率三军的指挥系统。而且军队的最高将军中军元帅，却要接受国君的命令后方有权统兵出征，这是当时国君握有最高兵权的反映。齐国的管仲整

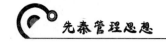

顿三军，国氏、高氏帅左右军，齐桓公率中军①。中军是三军的核心，齐国的军权当然是握在国君桓公之手。

战国时期，治军由将，但将的任免权在国王，军队的调动权也在国王手中。所以，战国时的将军虽可统率指挥数十万、上百万大军，但其军权不在将手而在国王手中。廉颇为赵国名将，长平之战初他实行固垒坚守战略，对秦军速决不利。秦国使用反间计，赵孝成王即免去廉颇的指挥权而任命赵括统军与秦国作战②。战国末年，秦倾全国兵力，命王翦带 60 万人攻楚。王翦多次向秦王请求田宅赏赐③。其目的是打消秦王对他的疑虑，不致半途收回他的指挥权。

先秦自夏朝出现奴隶制国家以来，君主之权就是武力征服的产物，武力凌驾于政治权力之上。先秦许多思想家对此都有清晰的认识。《商君书·弱民》说："今夫人众兵强，此帝王之大资也。"

先秦时期，人们对军队在治理国家中的重要作用有清楚的认识。当时，人们普遍认为："国之大事，在祀与戎"④，即国家最重要的两件大事就是祭祀与军事。《管子·参患》则指出："君之所以卑尊，国之所以安危者，莫要于兵。"换言之，军队决定君主的卑尊和国家的安危。因此，先秦思想家基本上都强调君主要亲自把握军事大权。如《管子·参患》主张："主不积务于兵者，以其国予人也。"同书《地图》明确规定："宿定所征伐之国，使群臣、大吏、父兄、便辟左右不能议成败，人主之任也。"可见，《管子》的作者极力主张军事大权应由君主独自掌握，群臣、父兄、左右侍从都不能过问。如果君主不亲自掌握军事大权，就等于把国家拱手送给别人。荀子也说："凡受命于主而行三军"⑤，即将帅必须接受君主的命令才能统率三军。孔孟虽不言阵战之事，但从总体上看，他们并没有否定君主的最高军事统辖权。

《管子》认为权势最核心的部分是政令与军权。《管子·霸言》中提出："夫明王之所轻者马与玉，其所重者政与军。"同书《版法解》也指出：君主治理国家要掌握三器，这就是"号令也，斧钺也，禄赏也"。同书《重令》对政令的理解是"君国之重器莫重于令。令重则君尊，君尊则国安。""军"或"斧钺"即指军队，君主的权势必须以强大的军队作为后盾，才能对臣民发号施令。

---

① 《国语·齐语》。
② 《史记·廉颇列传》。
③ 《史记·王翦列传》。
④ 《左传》成公十三年。
⑤ 《荀子·议兵》。

《管子·七法》作者认识到军队和战略在治理国家中的重要性："不能治其民，而能强其兵者，未之有也。能治其民矣，而不明于为兵之数，犹之不可。不能强其兵，而能必胜敌国者，未之有也。能强其兵，而不明于胜敌国之理，犹之不胜也。兵不必胜敌国，而能正天下者，未之有也。兵必胜敌国矣，而不明正天下之分，犹之不可。故曰：治民有器，为兵有数，胜敌国有理，正天下有分。"这就是在治理国家中，必须先治理好民众，并且建立起一支强大的军队，且精熟于战略；懂得军队之所以能够战胜敌国的道理，利用军事实力去匡正天下，这样才能使天下有一个各得其所的正常秩序。

二、国力必须以军事实力为后盾

《管子》认为，国与国之间的较量取决于实力，而不是什么仁义道德。《管子·重令》说："凡国之重也，必待兵之胜也，而国乃重。"《管子·兵法》也说："兵虽非备道至德也，然而所以辅王成霸。"通向帝王霸业之路，除了战争之外，别无他途。正如《管子·禁藏》所说："凡有天下者，以情伐者帝，以事伐者王，以政伐者霸。"这种认识是符合春秋战国诸侯国之间兼并、争霸战争的实际情况。

《管子》重视民意民心，也体现在其对民众在战争中作用的论述。《管子·重令》说："凡兵之胜也，必待民之用也，而兵乃胜；凡民之用也，必待令之行也，而民乃用。"《管子·参患》也指出，用兵在用众，用众在得心，"得众而不得其心，则与独行者同实"。民为兵本，不仅表现在要获得本国民众的支持，同时要得到敌国之民的支持。《管子·兵法》指出："得地而国不败者，因其民也。"

韩非也十分注重国家的实力，认为"力"是定乾坤的不二法宝。《韩非子·外储说左上》说："先王所期者利也，所用者力也。"因为"力多则人朝，力寡则朝于人，故明君务力"[①]。至于实力究竟为何？韩非有精辟的见解，认为真正的力量在臣民之中。《韩非子·制分》提出："死力者，民之所有者。"还有，韩非所说的"力"，不是简单指国家的军事力量，其包括劳力，又包括智力，既包括经济实力，又包括军事实力，可谓是综合实力。

战国末期，全国出现了统一的趋势，至于如何才能实现统一呢？《吕氏春秋》批判了墨家的非攻和公孙龙的偃兵，而主张采取武力统一的途径。作者从人的"争斗"本性和国家起源于"争斗"的暴力论观点出发，把战争作为解决

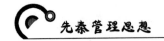

当时诸侯国纷争的唯一办法，"兵不可偃"，如"天下无诛伐，则诸侯之相暴也立见"①。

在治理国家中，《吕氏春秋》作者十分重视以军事作为后盾。《吕氏春秋·荡兵》云："兵之所自来者上矣，与始有民俱。凡兵也者，威也；威也者，力也。民之有威力，性也。""未有蚩尤之时，民固剥林木以战矣，胜者为长。长则犹不足治之，故立君。君又不足以治之，故立天子。天子之立也出于君，君之立也出于长，长之立也出于争。争斗之所自来者久矣，不可禁，不可止。"从这一观点出发，作者主张君主在治理国家中，必须依靠"义兵"来"诛暴君而振苦民"，"攻无道而伐不义，则福莫大焉，黔首利莫厚焉"②。而且，君主只有通过"义兵"，才能获得荣耀与有利的结果。"凡兵之用也，用于利，用于义。攻乱则服，服则攻者利。攻乱则义，义则攻者荣。荣且利，中主犹且为之，况于贤主乎！"③

三、应该慎重使用军事力量

周穆王时，"王道衰微"④。可是周穆王不自量力，仍要征伐北方强大部族犬戎。祭公谋父不赞成征伐，讲了一番德、兵两者关系的道理。他说："先王耀德不观兵。"意思是说先王崇尚德化，不轻易显示兵力动干戈。所谓"耀德"，即"懋正其德而厚其性，阜其财求而利其器用，明利害之乡，以文修之，使务利而避害，怀德而畏威"⑤。祭公谋父认为，用德勉励民众，使其性情淳厚。尽量满足他们的物质要求并利其器用。讲清利害，用礼教化他们，使他们务利而避害，感怀德化而畏惧威慑。祭公谋父并不是不要兵。他主张如有违反王令者要先教育，教而不服者再以兵戎相见。如果用兵，一定要做充分准备，合"时"而"动"，不要耽误农时。兵不动则已，动则要"威"。用武非同游戏，轻举妄动非但无成，反而有损。这就是"观则玩，玩则无震"⑥。

祭公谋父先德而后兵的思想对后世影响深远，贤明的帝王一般都不轻易发动战争，即使在实施严厉管制政策时也尽量避免采取军事行动。因为战争往往会带来惨重的伤亡和巨大的经济损失，不战而胜人之兵一般是最佳的选项。

春秋时期，老子和孙子均对祭公谋父的这一用兵思想进一步予以发展。

① 《吕氏春秋·荡兵》。

② 《吕氏春秋·振乱》。

③ 《韩非子·名类》。

④ 《史记·周本纪》。

⑤⑥ 《国语·周语上》。

《老子》第31章云："兵者不祥之器，非君子之器，不得已而用之，恬淡为上。胜而不美，而美之者，是乐杀人。夫乐杀人者，则不可得志于天下矣。"可见，老子认为武力战争是带来灾难的不祥东西，不是君子所使用的。如万不得已而使用它，最好要淡然处之。胜利了也不要得意扬扬，如果得意扬扬，就是喜欢杀人。喜欢杀人的，就不能在天下得到成功。

当时，不仅主张清静无为的老子如此认为，即使作为杰出的军事家孙子也主张不要轻易发动战争。他在《孙子兵法》开篇就指出："兵者，国之大事，死生之地，存亡之道，不可不察也。"不言而喻，孙子认为战争关系到人民的生死、国家的存亡，因此必须予以十分谨慎的对待，切不可轻举妄动。基于这种思想，他在《谋攻》深刻指出："百战百胜，非善之善者也；不战而屈人之兵，善之善者也。"这就是即使发动战争百战百胜，但胜利一方也要付出沉重的代价，因此不是最佳的选择。只有不发动战争而使对方屈服，这才是最佳的选择。

《管子·参患》指出："君之所以卑尊，国之所以安危者，莫要于兵……兵者，外以诛暴，内以禁邪。故兵者，尊主安国之经也，不可废也。"君主治国，兵不可少，但兵也有致命的负面作用。《管子·法法》说："贫民伤财，莫大于兵；危国忧主，莫速于兵。"能导致人民贫困，资财损耗，没有比军队和战争更厉害的；能促使国家危亡、君主忧患的，没有比军队和战争更迅速的。可见兵是一把"双刃剑"，用兵关键在于"当"。"兵当废而不废，则古今惑也；不（当）废而欲废之，则亦惑也。"[1]

同时，《吕氏春秋》作者也看到军事对君主来说是"双刃剑"，"善用之则为福，不能用之则为祸"[2]。因此，用兵的关键是必须把握善与不善，即"乱则用，治则止。治而攻之，不祥莫大焉；乱而弗讨，害民莫长焉"[3]。可见，发动战争必须考虑是否符合正义原则，是否有利于长治久安，对人民生活有利。

----

① 《管子·法法》。

② 《吕氏春秋·荡兵》。

③ 《吕氏春秋·召数》。

第二节 人口与土地管制思想

一、《尚书·禹贡》按土地类型征收不同贡赋思想

《尚书·禹贡》是先秦时期总结性的地理记载，把当时人们所能达到的疆域算作"天下"，而根据地理来划分区域，希望统治者对于各州的土地都能好好地利用和整治，各地把拥有的特产进贡到中央。田赋则根据各州土地的肥瘠来决定等次。

《禹贡》中根据各州土地的肥瘠来决定等次并征收不同数量贡赋的思想与管子的"相地而衰征"是一脉相承的。作者在文中具体地分别九州土壤种类，田地等级，赋税高下，地方特产，贡物品种等。《禹贡》开宗明义就说："禹别九州，随山浚川，任土作贡。"孔安国注："任土作贡，即任其土地所有，定其贡赋之差。"孔颖达疏曰："郑玄云：'任土谓定其肥饶之所生'，是言用肥瘠多少为差也"，并说："不言作赋而云作贡者，取下供上之义也"①。从《禹贡》文中所述可知，其划分的田地等级虽然主要指土质肥瘠，但还包括九州治水先后次序及地势高下和运输便利情况等。正如司马迁所说的："禹乃行相地宜所有以贡，及山川之便利。"② 以下根据《禹贡》所述九州土壤种类、田地肥瘠等级、赋税高下及贡物品种列表说明当时对全国土地进行管理的思想（见表 3—1）：

表 3—1 《禹贡》中对全国土地的管理

地区	土壤种类	田地肥瘠等级	赋税高下	贡物品种
冀州	白壤	中中	上上，有时上中	入谷不贡
兖州	黑坟	中下	下下	漆丝等
青州	白坟	上下	中上	盐绨等
徐州	赤埴坟	上中	中中	五色土等
扬州	涂泥	下下	下上，有时中下	金三品等
荆州	涂泥	下中	上下	羽毛齿革等

---

① 《尚书·禹贡》，十三经注疏本。

② 《史记·夏本纪》。

地区	土壤种类	田地肥瘠等级	赋税高下	贡物品种
豫州	壤、坟垆	中上	上中，有时上上	漆枲绨纻等
梁州	青黎	下上	下中，有时下上、下下	璆铁银镂砮磬等
雍州	黄壤	上上	中下	球琳琅玕等

从表中我们可以看出，各州赋税高下的等级，与土地肥瘠的等级并不十分一致，有的差别还甚大。如冀州土地只是中等的，而赋税则是最高的；雍州的土地是上等的，而赋税则是中等；荆州的土地是下中等的，而赋税则是上下。对于这种不一致，历代研究者有不同说法。其中比较有代表性的主要有两种：一是各州赋税多少不但取决于土地肥瘠状况，而且还取决于农业劳动力多少、垦田多少和生产总量多少。如宋人夏僎认为："夫田之高下既分九等，则赋亦当称是。今乃有异同者，盖田有高下，地有广狭，民有多少，则其赋税之总数自有不同，不可以田之高下准之。"[①] 二是各州距帝都距离远近与贡赋品类不同也影响赋税高下的等级。如日本学者田崎仁义就认为："冀州田五等，赋一等及二等，豫州田四等，赋二等及一等，以距帝都最近，运输甚便也。雍州田虽一等，但以地远，运送不便，故赋为六等。"[②] 尽管众人对《禹贡》中赋税高下等级与土地肥瘠等级并不一致的解释各不相同，但有一点则是一致的，即《禹贡》中对土地肥瘠划分等级的目的是为赋税高下等级提供一项主要的依据。

二、《周礼》对户籍、土地和赋役管制思想

中国古代很早就注意人口的管理，殷墟卜辞中就有人口数的记载。《国语·周语上》载：周宣王三十九年（公元前789年），"宣王既丧南国之师，乃料民于太原"。"料民"就是调查统计人口数量。据《周礼·司寇上》记载，当时政府设有管理户籍的官员——司民，"掌登万民之数，自生齿以上，皆书于版"。三年大比之期，将民数上报司寇，由小司寇报告天子，存于天府。当时，政府已按行业对人口做了细致的分类。《周礼·冢宰上》云："以九职任万民；一曰三农，生九谷；二曰园圃，毓草木；三曰虞衡，作山泽之材；四曰薮牧，养蕃鸟兽；五曰百工，饬化八材；六曰商贾，阜通货贿；七曰嫔妇，化治丝枲；八曰臣妾，聚敛疏材；九曰闲民，无常职，转移职事。"

① 夏僎《尚书详解》卷6。

② 田崎仁义著：《中国古代经济思想及制度》，王学文译，商务印书馆1926年版，第162页。

　　《周礼·司徒》中《小司徒》、《乡师》、《闾师》、《乡大夫》、《族师》、《闾胥》、《县师》、《媒氏》、《职方氏》以及《司寇》中的《司民》等，从不同角度谈到户籍管理。综合起来，主要有以下 5 个方面的思想值得注意：

　　其一，对户口每年都要进行检查，3 年进行一次普查，并把普查情况汇集于国王。

　　其二，在人口普查中，必须掌握的人口一般情况包括性别、年龄、社会地位（贵贱）、智能情况（贤、能）、健康状况（残病）、生死、族别等。

　　其三，政府掌握户口情况的一个重要目的是征派力役，因此特别关注全国符合服役条件的人数。如国中"自七尺以及六十"，野中"自六尺以及六十有五"皆征之[①]。

　　其四，了解和掌握每家的财产，其财产主要指牲畜、器物。《周礼》中没有把土地作为个人财产的记录。

　　其五，婚姻管理关系到人口的繁衍，《周礼》提倡鼓励男女婚配多育。如提出男子在 30 岁以前，女子在 20 岁以前必须婚配，过时则加重征税；春天男女之会不限，其他时间要进行管理，严禁私通。

　　与户口管理、土地分配相互配套的是纳税和服役。《周礼》中有关收税与征役的方式各处记载也不一致。

　　就土地税而言，凡属受田或受封者，必须交税和进贡。《载贡》规定，场圃交 1/20 税，近郊交 1/10 税，远郊交 3/20 税，甸、稍、县、鄙之田不超过 2/10，漆林交 5/20 税。《司徒·均人》则主张以年成好坏收不同数量的税。《司徒》中的闾师、委人条记载征收实物税，经营什么则交纳什么。

　　关于征派力役，主要包括徭役、师役、田（猎）役三大项。《大司马》中记载："凡令赋，以地与民制之"，即按土地与劳力情况征发。《司徒·均人》则主张征派力役按年成好坏确定天数多少："力政，以岁上下。丰年则公旬用三日焉，中年则公旬用二日焉，无年则公旬用一日焉。凶札则无力政，无财赋。"

　　此外，《周礼》还记载有"口赋"。《太宰》中的"九赋"，《乡大夫》中关于对国中身高 7 尺以上、年龄 60 岁以下；野中身高 6 尺以上、年龄 65 岁以下的人皆征之，指的都是口赋。《载师》、《廛人》、《司关》讲到国中之廛布，指的是征收房屋税；《遂人》则载农民也有受廛收税之事。可见，当时国、野均要征收房屋税。

　　根据巫宝三的研究，《周礼》的租赋思想又较《管子》、《尚书·禹贡》大

────────────

　　① 《周礼·大司徒》。

大发展了，其主要依据有以下 3 个方面：

第一，《周礼》同样认为制定赋税制度，必须辨明土地等次及物产状况。《周礼·大司徒》载："以土均之法，辨五物九等，制天下之地征。"此与管仲的"相地而衰征"，《管子·乘马数》所说的上壤、间壤、下壤，"相壤定籍"，《禹贡》定九州之田为九等，原理完全相同。上文《周礼》中的"五物"指山林、川泽、丘陵、坟衍、原隰 5 地所生之物，"九等"谓骍刚、赤缇等 9 类土壤。上引"土均之法"不仅考虑到土地好坏的因素，还考虑到劳动力多寡的因素。

第二，《周礼》中关于赋税的制度，也考虑到土地位置远近的因素。《周礼·大司徒》载师条规定："国宅无征，廛园二十而一，近郊十一，远郊二十而三，甸稍县都皆无过十二。"此规定虽然是轻近而重远，与《禹贡》重近而轻远相反，但不管如何，毕竟在征收赋税时也已考虑被征地区位置远近因素。据郑玄解释，"周税轻近而重远，近者多役"[1]。

第三，《周礼》已比较详细论述税率问题，是对管仲"相地而衰征"的进一步具体化，而《禹贡》则没有提到税率。如上文所引《载师》职文中，就记载十税一、十税二、二十税一、二十税三等多种税率[2]。

《周礼》中与户口管理相配合的是土地分配思想，书中有关土地分配主要有 4 种方案：

其一，《大司徒》中以"家"为单位的分配法："不易之地，家百亩；一易之地，家二百亩；再易之地，家三百亩。"不易之地即每年都可耕种的好地，一易之地即两年轮耕之地，再易之地即 3 年轮耕之地，总之，每家每年均耕种一百亩田地。

其二，《小司徒》中以"夫"为单位的分配法：一夫百亩，九夫为一井，四井为一邑，四邑为一丘，四丘为一甸，四甸为一县，四县为一都。这里的"夫"即一家之长，其实与以家为单位分配是一样的，不同主要在分配方式上，这种井田式的分配土地方法与行政组织合二为一。

其三，《小司徒》中还有另一种分配法，即按劳动力状况为单位分配："上地，家七人，可任也者家三人；中地，家六人，可任也者二家五人；下地，家五人，可任也者家二人。"这就是 7 口之家有 3 个壮劳动力给上地，6 口之家有 2 个半劳动力给中地，5 口之家有 2 个劳动力给下地。每家中壮劳动力为正卒，其他为"羡卒"。

① 《周礼正义》，《载师》职注。

② 中国社科院经济研究所中国经济思想史组：《中国经济思想史论》，人民出版社 1985 年版，第 30～32 页。

其四，《遂人》中把家庭与劳动力状况统一起来，综合计算分配：上地：每"夫"廛一处，田百亩，莱五十亩，余夫亦如之。中地：每"夫"廛一处，田百亩，莱百亩，余夫亦如之。下地：每"夫"廛一处，田百亩，莱二百亩，余夫亦如之①。这里每"夫"之夫为一家之长，"余夫"则为一家之长之外的劳动力。可见，这种方法与上文第一种以"家"为单位与第二种以"夫"为单位分配土地方法的主要不同在于除作为一家之长的"夫"分配到土地之外，余夫也与"夫"一样分配到土地。此外，分配到的土地更加细化、准确，分为居住地、不用轮耕地、轮耕地3种。

三、孔子、孟子人口土地思想

春秋战国时期的孔子、墨子、孟子、商鞅和管子学派等都认为人多是国富兵强的基础。如孔子到卫国，看到卫国人口众多，称赞说："庶矣哉!"并主张在"庶"的基础上再求"富"。以后，"富庶"成为国家兴盛的标志，"庶"就是指人口众多。

这一时期，儒家学派的代表人物孟子也主张人多为好。他指出："广土众民，君子欲之。"② 即土地广大，人民众多，这是国君们都想要达到的目标。

孔子、孟子人多为好的思想后来在儒家的《大学》中得到了发扬："有德此有人，有人此有土，有土此有财，有财此有用。"其意是说统治者如能以德治国就可以得到人民的拥戴，有了人民就有了土地，有了土地则有了财富，有了财富就有了用武之地。说明人口多少是国家贫富、强弱的关键因素。

在先秦诸子中，孟子是最先把土地问题从国家政策的角度进行思考的。他认为："夫仁政必自经界始。经界不正，井地不均，谷禄不平，是故暴君污吏必慢其经界。经界既正，分田制禄可坐而定也。"③ 孟子把划定各户耕地的疆界作为统治者实行仁政的开始，而把不实行"经界"的统治者斥为"暴君污吏"，其理由是如不划清各户耕地的疆界，就会导致耕田不能平等分配，自然收获物也不能平均。

四、墨子、勾践增殖人口思想

（一）墨子增殖人口思想

墨子针对春秋时期诸侯兼并战争不断、人口急剧减少、土地荒芜的状况，

---

① 《周礼·大司徒》。
② 《孟子·尽心上》。
③ 《孟子·滕公文上》。

提出了增殖人口的措施。如①提倡早婚，"使民蚤处家"①，可以使人口成倍地增加。②实行"非攻"，停止战争，既可降低死亡率，又可提高出生率，使人口增殖。③不聚敛百姓。因为统治者如横征暴敛，"使民劳，其籍敛厚，民财不足，冻饿死者不可胜数"②。如不聚敛百姓，民众基本温饱，人口就会繁殖。④提倡节葬。墨子揭露：当时丧葬"天子杀殉，众者数百，寡者数十。将军大夫杀殉，众者数十，寡者数人"③，造成了劳动力的巨大损失。而且由于丧期太长，居丧名目太烦琐，使得居丧之人"面目陷陬，颜色黧黑，耳目不聪明，手足不劲强"，严重摧残身心健康，以致"作疾病死者不可胜计也，此其为败男女之交多矣"④。因此，墨子认为提倡"节葬"，也有利于人口增殖。⑤节制"蓄私"。墨子云："今今之君，其蓄私也，大国拘女累千，小国累百。是以天下之男多寡无妻，女多拘无夫。男女失时，故民少。""蓄私"造成一方面社会上男多于女，男人找不到妻子；另一方面统治者大量蓄养婢妾，使许多女人不能嫁人。总之，严重妨碍了男女的正常婚嫁，影响了人口的增殖。因此，他提倡学习"上世至圣，必蓄私不以伤行，故民无怨。宫无拘女，故天下无寡夫。内无拘女，外无寡夫，故天下之民众"。因此，"君实欲民之众而恶其寡，当蓄私不可不节"⑤。

（二）勾践增殖人口思想及实践

中国历史上，较早提出鼓励人口增殖思想并予以实践的是越王勾践。《国语·越语上》载："（勾践）命壮者无取老妇，令老者无取壮妻。女子十七不嫁，其父母有罪；丈夫二十不取，其父母有罪。将免者以告，公令医守之。生丈夫，二壶酒，一犬；生女子，二壶酒，一豚。生三人，公与之母；生二人，公与之饩。当室者死，三年释其政；支子死，三月释其政，必哭泣葬埋之如其子。令孤子、寡妇、疾疹、贫病者，纳宦其子。其达士，洁其居，美其服，饱其食，而摩厉之于义。四方之士来者，必庙礼之。"勾践的这些鼓励人口增殖政策是否能全部付诸实施，的确值得怀疑，但其所反映的思想理念值得注意。其一，勾践采取一系列鼓励生育的措施，即规定壮年男子不许娶老妇，老年男子不许娶壮妻，这样可避免许多男女结婚因年龄不般配而无法生育。而且女子17岁、男子20岁到了生育年龄，如还没有嫁娶，那他们的父母就有罪。通过这一规定督促年轻男女早婚早育。同时，政府对已生育者采取奖励措施。勾践为了达到多生育的目标，一反古代重男轻女的习俗，对生育女孩的奖励多于生

---

①② 《墨子·节用上》。

③④ 《墨子·节葬下》。

⑤ 《墨子·辞过》。

育男孩，即生育女孩、男孩同样都奖励 2 壶酒，但另外奖励生女孩的 1 头猪，而生男孩则只奖励 1 只狗。而对于生育多胎的则额外再予以优惠，如生育 3 胎者，官府为之雇乳母；对于生 2 胎者，官府再额外给予粮食津贴。其二，为了提高幼儿成活率和人口质量，国家规定：凡无男性家长照顾或有家长而疾病贫穷者，其子归官府照顾，其中具有才能者对其衣食住特加优待并给予教育。其三，为了招徕国外人口，对四面八方来越国效劳的人，朝廷予以隆重的招待。

五、商鞅对人口、土地管制思想

先秦时期，法家主张对户口实行严密的管制。秦国公元前 375 年建立了"户籍相伍"[1] 的制度，以五家为一伍。公元前 356 年商鞅变法，进一步实行什伍连坐法：五家为伍，十家为什；一家有罪，如不举发，则十家连坐。

商鞅时，已实行户籍制度。其一，对健在的人口实行户籍登记。如《商君书·境内》载："四境之内，丈夫、女子皆有名于上，（生）者著，死者削。"同书《去强》也载："举民众口数，生者著，死者削。"其二，通过户籍管理推行小家庭制。如规定："民有二男以上不分异者，倍其赋。"[2] 其三，在户籍管理中实行性别、年龄、职业统计。如《去强》中提出"强国之十三数"，对全国 13 个项目进行统计，其中很多项目是有关户籍内容的，如户口、壮男、壮女、老者、弱者、官吏、士卒、游士、富民等。同书《垦令》也提出对从事商业人口进行统计："以商之口数，使商，令之厮舆徒重者必当名。"其四，对流动人口的管制。《史记·商君列传》载，商鞅晚年遭贵族迫害逃亡，欲宿客舍，客舍人曰："商君之法，舍人无验者坐之。"可见，投宿客舍之人必须携带有关证件，否则客舍主人如同意让无证件之人投宿，将遭到处罚。

战国时期，商鞅也重视人口按各种类型加以统计，这为政府制定各项政策提供依据，使政策符合本国人口的实际情况。他说："强国之十三数：境内仓、口之数，壮男、壮女之数，老、弱之数，官、士之数，以言说取食者之数，利民之数，马、牛、刍藁之数。"商鞅所谓的要使国家强盛统治者必须掌握的 13 项统计数字中有关各种人口的统计数字占了 9 项。他认为统治者如不掌握这些数字，那治理国家就会陷入盲目性，国势就会削弱。这就是"欲强国，不知国十三数，地虽利，民虽众，国愈弱至削"[3]。

商鞅认为当时秦国人口太少，影响了农业生产和兵力的征发。他说："凡

---

[1] 《史记·秦始皇本纪》。

[2] 《史记·商君列传》。

[3] 《商君书·去强》。

世主之患，用兵者不量力，治草莱者不度地。故有地狭而民众者，民胜其地；地广而民少者，地胜其民。民胜其地，务开；地胜其民者，事徕。"① 商鞅已清楚地认识到当时人地矛盾的两个方面：一是地狭民众；二是地广民少。对此，商鞅提出了"制土分民"的主张，使人口和土地必须保持一定的平衡对比关系。他还对人地的合理比例关系进行量化，指出"先王制土分民之律"是"地方百里者，山陵处什一，薮泽处什一，溪谷、流水处什一，都邑蹊道处什一，恶田处什二，良田处什四，（以）此食作夫五万"②。这就是方圆百里之地，一般良田占 40%，恶田占 20%，山陵占 10%，湖泊占 10%，河流占 10%，城镇、道路占 10%，按当时的生产力水平，可以容纳 5 万个农业劳动力。商鞅以此标准来衡量当时的秦国，得出了秦国地广民少，"地胜其民"的论断，因此主张实行"务徕"政策。他深知"民之情，其所欲者，田宅也"，而田宅，"晋之无有也信，秦之有余也必"③。因此，主张秦国以田宅、免兵役等为诱饵，招徕三晋农民到秦国专务耕织。这就是历史上著名的"徕民"政策。商鞅认为一个国家农业人口应占绝大多数，这个国家就会强大，即所谓"百人农，一人居者王。十人农，一人居者强。半农半居者，危"④。

商鞅认为，人口与土地应有适当比例，过与不及，都有不利之处。他在《商君书·算地》中指出："地狭而民众者，民胜其地；地广而民少者，地胜其民……民过地，则国功寡而兵力少；地过民，则山泽财物不为用……故民众而兵弱，地大而力小。"这就必须对人地比例进行调节平衡，"民胜其地，务开；地胜其民者，事徕"。也就是当人口多田地狭小时，就从事开荒，尽力多垦辟田地；当人口少田地广阔时，就以优厚条件招致其他国家人民前来耕作。在当时的生产技术条件下，商鞅设计了一套国土规划："为国任地者，山林居什一，薮泽居什一，溪谷流水居什一，都邑蹊道居什四（亦当为什一），此先王之正律也。"如文中的"都邑蹊道"与同书《徕民》中所云"都邑蹊道处什一"相同的话，那剩余下的什六土地即为农田。其中"恶田处什二，良田处什四"⑤。如此规划后，"为国分田数小，亩五百，足待一役，此地不任也；方土百里，出战卒万人者，数小也。此其垦田足以食其民；都邑遂路，足以处其民；山林薮泽溪谷，足以供其利；薮泽隄防足以畜。故兵出粮给而财有余，兵休民作而畜长足，此所谓任地待役之律也"⑥。商鞅的兵制是以家庭为单位，所以要"数小"，即鼓励小家庭；每一家庭所受土地，约比以前多 5 倍，故农民生活可

①⑥　《商君书·算地》。

②③⑤　《商君书·徕民》。

④　《商君书·农战》。

以温饱；每家一兵，也可"干戈备具"①，所以说"亩五百，足待一役"。由于商鞅推行小家庭制，"民有二男以上不分异者，倍其赋"②，所以，可使同样的土地，多出1/3士卒，即上文所引"方土百里，出战卒万人者，数小也"。

商鞅主张人尽其力，惩罚懒惰。商鞅对于"怠而贫者，举以为收孥"③。《商君书·垦令》中反复强调对懒惰者采取各种惩罚限制措施，以使他们能从事生产，尤其是努力耕作。如使"辟淫游食之民，无所于食"，"窳惰之农勉矣"；"私交疑农之民不行"，"轻惰之民不游军市"等。

六、《管子》对人口、土地管制思想

管仲对于人口严格管制的一项著名措施就是"四民分业"，提出要用严格的行政制度把士农工商四民分开，用户籍法严格控制。如"制国以为二十一乡"，其中"工商之乡六"，"士（农之）乡十五"。农处田野，规定"三十家为邑"，"十邑为卒"，"十卒为乡"，"三乡为县"，"十县为属"，整个齐国分为"五属"④。

《管子·小匡》亦云："士农工商四民者，国之石民也，不可使杂处，杂处则其言哤，其事乱。是故圣王之处士必于闲燕，处农必就田野，处工必就官府，处商必就市井。"管仲将全国居民按士农工商分成4大类，让同行同业居住在一起，禁止他们相杂而居。在当时交通与信息交流受到极大限制的条件下，四民分业、同业相聚有利于专业分工，有利于同业之间交流生产经验，互相切磋技艺，取长补短，提高生产技术水平和劳动生产率。这就是"相语以事，相示以巧，相陈以功"⑤。而且规定士之子恒为士，农之子恒为农，工之子恒为工，商之子恒为商。各业子孙世世代代相承祖业，不得随意变更自己的行业。父子相承，能使弟子在耳濡目染中学到生产技术。父兄教授，耳提面命，可减少子弟学习的盲目性，少走弯路。古代，许多技术是保密的，传子不传女，父子相承使许多技术不至于失传。

当然，从当代人才培养的角度看，管子的"四民分业"、同业相聚、父子相承主张极大限制了人才的自由发展，对广泛培养各种人才、人尽其用是极其有害的。

这一时期，《管子》所主张的对全国人口的分类调查统计比商鞅的"十三数"更为具体详细，实在令人惊叹！这在中国古代是极为罕见的。《管子·问》

---

① 《汉书·刑法志》。
②③ 《史记·商君列传》。
④⑤ 《国语·齐语》。

提出对人口调查应"问独夫、寡妇、孤寡、疾病者几何人也？……问邑之贫人债而食者几何家？问理园圃而食者几何家？人之开田而耕者几何家？士之身耕者几何家？……士之有田而不使（仕）者几何人？……士之有田而不耕者几何人？身何事？群臣有位而未有田者几何人？外人之来而未有田宅者几何家？国子弟之游于外者几何人？贫士之受责（债）于大夫者几何人？……外人来游在大夫之家者几何人？乡子弟力田为人率者几何人？国子弟之无上事，衣食不节，率子弟不田、弋猎者几何人？……问人之贷粟米有别券者几何家？……问士之有田宅身在陈（阵）列者几何人？余子之胜甲兵有行伍者几何人？问男女有巧技能利备用者几何人？处女操工事者几何人？问国所开口而食者几何人？问一民有几年之食也？"《管子·问》对人口调查所询问的项目虽然有如此之多，但归纳起来大致有以下数项，其目的是针对不同类型人口制定不同的政策。一是调查鳏寡孤独疾病之人的数量，"其不为用者，辄免（免徭役）之；有锢病不可作者，疾（按病人对待）之"①。二是调查社会上贫穷到靠借债为生的人有多少，对于这些人，"可省（少）作者，半事（服半役）之"②。三是调查百姓之家在服兵役的有多少人，"行以定甲士当被兵之数，上其都"③。四是调查有田不耕、游手好闲者有多少人，对于这些人国家将采取行政措施强迫他们从事生产。五是调查开垦田地、从事农耕之人有多少家，对这些人国家应采取鼓励措施。六是调查外来之人在本国的有多少，本国人的儿子兄弟等在外面的有多少，国家应关注这些人的动向。

《管子》在治理国家中，除了提出"四民分业"居住和对全国人口进行分类调查统计之外，还主张对人口与土地进行严密的管制。首先，政府设立严密的户籍，定时登记核查。"分春曰书比，立夏曰月程，秋曰大稽，与民数得亡。"④"常以秋岁末之时阅其民，案家人比地，定什伍口数。"⑤从上述《乘马》所云春季公布税率，夏季核查，秋季归总，然后统计民众增加或减少之数来看，当时对户口的登记核查是与征收赋税密切相关的。其次，政府按一定的组织形式将人口强制编制起来。如有的以家为单位进行组织编制："十家为什，五家为伍，什伍皆有长焉。"⑥"五家而伍，十家而连，五连而暴，五暴而长，命之曰某乡，四乡命之曰都，邑制也。"⑦另外有的以百姓居住的范围或生产活动组织将百姓编制起来："方六里命之曰暴，五暴命之曰部，五部命之曰聚……五聚

---

①②③⑤　《管子·度地》。

④⑦　《管子·乘马》。

⑥　《管子·立政》。

命之曰某乡，四乡命之曰方，官制也"①；"四聚为一离，五离为一制，五制为一田，二田为一夫，三夫为一家，事制也"②。由此可见，《管子》主张广大民众按各种不同组织形式编制起来，以便于政府征收赋税、摊派徭役、组织生产等，其对人口的管制相当严密。再次，用行政、法律的手段禁止民众迁徙、流亡。"（冬）五政曰：禁迁徙，止流民，圉分异"③，"逃徙者刑"④。由此可见，《管子》主张如民众违反禁令随意迁徙、流亡等，那必须受到严厉的惩罚。为了严防民众迁徙、流亡，《管子》提出必须在百姓聚居地修筑围墙，统一出入通道，里门要指定专人看管，定时开关启闭，注意观察出入人等，有发现情况及时报告里尉，严格限制人们的出入，密切监视人们的行动。《立政》规定："审闾闬，慎筦键，筦藏于里尉。置闾有司，以时开闭……凡出入不时，衣服不中，圈属群徒，不顺于常者，闾有司见之，复（里尉）无时。"

《管子》在田地管制方面：首先，主张按"夫"或"户"进行授田。"一农之量，壤百亩也。"⑤ "地量百亩，一夫之力也。"⑥ "百乘为耕田万顷，为户万户"⑦，"方一里，九夫之田也"⑧。其次，为了使所受之田得到国家的保护，《管子》提出设立严密的田界系统。"三岁修封，五岁修界，十岁更制，经正也"⑨；"（春）四政曰：端险阻，修封疆，正千（阡）伯（陌）"⑩。显然，政府应定时组织对田界系统的维持与修正，其目的在于维护一夫一户所受田亩的确定面积。再次，实行"相地而衰其征"⑪，即观测评估土地，以区分土地的肥瘠好坏，评出等级，然后依土地的等级征收赋税。《乘马数》载："有一人耕而五人食者，有一人耕而四人食者，有一人耕而三人食者，有一人耕而二人食者，此齐力而功地。田策相圆，此国策之时守也。""郡县上腴之壤守之若干，间壤守之若干，下壤守之若干，故相壤定籍，而民不移。"由此可见，《管子》学派主张国家必须对不同地区高低不同的劳动生产率加以区分，实行不同的政策。因为不同地区、不同条件收成多少大不相同。有一个劳动力耕种所得可供5人食用的，有可供4人食用的，有可供3人食用的，有只可供2人食用的。善于管理经济的人，必须对各个地区（郡、县）土地肥沃者规定一个征收赋税的定额，中间者规定一个定额，贫瘠者规定一个定额，这样，老百姓就不会都

①②⑧⑨ 《管子·乘马》。

③⑩ 《管子·四时》。

④ 《管子·治国》。

⑤ 《管子·臣乘马》。

⑥ 《管子·山权数》。

⑦ 《管子·揆度》。

⑪ 《管子·小匡》。

往土地较肥沃的地区迁移。总之，正如管仲在当时所精辟概括的："相地而衰征，则民不移"①，即通过区分土地的肥瘠好坏，然后按等级征收赋税，这样农民就会安心耕作而不思迁徙。当时人们已认识到土地之肥力不同，使产量各不相同，而且差别甚大，即同样的劳动力投入，而其产出不同。"故相壤定籍，而民不移。振贫补不足，下乐上。故以上壤之满，补下壤之众，章四时，守诸开阖，民之不移也。"② 上述"相壤定籍"其实与"相地而衰征"都是把土地分等级而征收不同的赋税。但是不同的是"相壤定籍"比"相地衰征"还多了一项措施，即用上等土质地区的盈余补救下等土质地区的亏空，这样，人民便会安居乐业。

这一时期，《管子》认为："地大国富，人众兵强，此霸王之本也。"③ 可见，他们把"地大"、"人众"作为成就霸王之业的条件之一。但是，《管子》还进一步指出：地大、人口多并不一定就是好事，统治者必须对土地、人口进行适当的治理，否则，可能会走向反面，导致国家的败亡。他们说："地大而不为，命曰土满；人众而不理，命曰人满；兵威而不止，命曰武满。三满而不止，国非其国也。"④

《管子》认为土地和人力是财富生产过程中的两个主要因素，这两者必须很好配置，才能使社会经济发展，财富得到增长。他们指出："彼民非谷不食，谷非地不生，地非民不动，民非作力毋以致财。"⑤ 同时，人口与耕地之间必须保持适当的比例关系，否则就会妨碍农业生产的发展，不利于富国富民。地广人稀和地狭人稠都同样使资源得不到很好配置，对生产不利："地大而不耕，非其地也"，"无土而欲富者忧"⑥。《管子》根据当时的生产力水平，对人地两者的比例做了估计：

> 夫民之所生，衣与食也……所以富民有要，食民有率，率三十亩，而足于卒岁。岁兼美恶，亩取一石，则人有三十石；果蓏素食当十石，糠秕六畜当十石，则人有五十石；布帛麻丝，旁入奇利，未在其中也。故国有余藏，民有余食⑦。

由此可见，《管子》认为人均30亩耕地是当时人口与土地比例适当，两者得到较好配置的结合点，就能达到"国有余藏，民有余食"，从而实现富国

---

① 《国语·齐语》。
② 《管子·乘马数》。
③ 《管子·重令》。
④⑥ 《管子·霸言》。
⑤ 《管子·八观》。
⑦ 《管子·禁藏》。

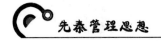

富民。

管子学派认为生产是富民富国的基础，因此，把"强本事"即发展生产放在治国的首位。他们认为：生产发展了，产品丰富了，百姓的生活自然就富足了；"务五谷则食足，养桑麻育六畜则民富"①。同时，生产也是国家财政的来源，生产发展了，社会财富增长了，国家的财政收入就有了充足的来源。这就等于国家财政"积于不涸之仓，藏于不竭之府"②，富国有了可靠的基础。

七、老子、韩非对人口过度增殖的批判

但是，在先秦思想家中也有少数人对人多持批判的态度。老子就不主张人多，以"小国寡民"为理想社会。还有法家之集大成者韩非在这一问题上的认识与其前辈商鞅也不一致。他认为："古者，丈夫不耕，草木之实足食也；妇人不织，禽兽之皮足衣也。不事力而养足，人民少而财有余，故民不争。是以厚赏不行，重罚不用，而民自治。今人有五子不为多，子又有五子，大父（祖父）未死而有二十五孙。是以人民众而货财寡，事力劳而供养薄，故民争。虽倍赏累罚而不免于乱。"③ 韩非将人口增长与生活资料的增长联系起来，认为人口的增长快于生活资料的增长，故形成当时人口多、财富少的现象，这是人与人之间争斗屡禁不止，社会动乱的原因。韩非的论述虽不够科学严谨，但却相当深刻，在当时可谓独树一帜。

第三节 货币与粮食管制思想

一、单旗、孙叔敖的货币价值论

单旗在中国历史上第一次较为清楚地阐明了古代关于货币问题的两对基本范畴——轻重和子母的含义。所谓轻重有两层意思：一是指货币与商品交换时的相对价值，如当时一旦"天灾降庚"，农业歉收，农产品的价值就会升高，同样的货币就会表现于比原来较少的"资"上，货币的相对价值就显得低了，因此出现"民患轻"的情况。二是指货币金属本身所具有的价值，如他批评周景王铸大钱"废轻而作重"，这里的废轻作重就是指铸铜币重量大、价值高的

---

① ② 《管子·牧民》。

③ 《韩非子·五蠹》。

钱来代替原来重量小、价值低的钱。所谓子母其意则是重币、大币称为母，而轻币、小币称为子。其中"子权母而行"，指在铸造轻币后，以原来流通的重币作为标准衡量轻币，把轻币作为重币的一定成数来行使；而"母权子而行"，则是指铸造重币后，以原来的轻币为标准，把重币折合为轻币的一定倍数来行使。

当时，周景王之所以要铸重币，是为了"实王府"，即解决周王室的财政困难。单旗反对这种做法，认为国家是否增铸货币，是铸重币还是轻币，必须根据商品、货币流通的实际需要。如果"民患轻"，则"为之作重币以行之"；"若不堪重"，则"多作轻（币）而行之"。如为了解决财政困难而滥发货币，这是搜刮民财以充实国库，"绝民用以实王府"，结果只会是破坏财政基础，使财政危机更加深，最终必将导致一个"民离而财匮，灾至而备亡"的危亡局面①。

孙叔敖在经济方面制订和推行各项政策措施时，始终遵循百姓"各得其所便"②的原则。如他主张政府对商品交换和货币流通的管制必须按照市场的实际情况办事，反对违背经济规律人为地加以干扰。楚庄王曾认为楚国的货币价值太低，"更小以为大"，结果使"民莫安其处，次行不定"。孙叔敖发现这一情况后，立即请求楚庄王"遂令复如故"③，即废除大钱而恢复小钱。3 日后，市场秩序恢复正常。

二、计然、李悝的粮价跌涨及影响思想

春秋末年，计然看到粮价的跌涨如超出了一定的范围就会对社会不同行业的人造成很大的负面影响，从而不利于社会经济的发展。他指出在丰收之年，如粮价跌到每石 20 钱以下，就会"病农"，"农病则草不辟"，即粮价太低使农民收入减少，从事农业赚不到钱，农民自然就没有了种田的积极性；而歉收之年，如粮价涨到每石 90 钱，那就会"病末"，"末病则财不出"，即粮价太高使一般手工业者、商人买不起粮食，不利于手工业生产和商品的流通。因此，他主张由国家进行干预，调节粮食价格，即丰收之年收购粮食，歉收之年抛售粮食，使粮价每石"上不过八十，下不减三十，则农末俱利"。由于古代粮食在各种商品中具有特别重要的地位，关系到国计民生，粮价稳定会带来其他商品价格的稳定，供求平衡，促进社会经济平衡有序发展，因此计然认为："平粜

---

① 《国语·周语下》。
②③ 《史记·循吏列传》。

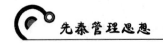

齐物，关市不乏，治国之道也。"①

战国初，魏国李悝分析了粮食价格过贵或过贱的严重后果，指出："籴甚贵伤民，甚贱伤农；民伤则离散，农伤则国贫。故甚贵或甚贱，其伤一也。"②李悝的这一思想与春秋末年计然的粮价低"病农"、粮价高"病末"思想基本相同，他把"病末"改为"伤民"，把对工商业者不利扩大为对非农业人口均不利，似乎更符合当时现实。并且李悝对粮价过贵过贱的后果在认识上更深入一层，即粮价过贵伤害到非农业人口，会使他们流离失所；而粮价过贱伤害到农民，不仅会影响他们生产积极性，而且会进一步使国家贫穷。对此，李悝设计了一个"平籴"方案。这套方案中虽然有些数字问题重重，但其反映的理念还是值得注意："善平籴者，必谨观岁有上中下孰。上孰其收自四，余四百石；中孰自三，余三百石；下孰自倍，余百石。小饥则收百石，中饥七十石，大饥三十石。故大孰则上籴三而舍一，中孰则籴二，下孰则籴一，使民适足，贾平则止。小饥则发小孰之所敛，中饥则发中孰之所敛，大饥则发大孰之所敛，而籴之。故虽遇饥馑水旱，籴不贵而民不散，取有余以补不足也。行之魏国，国以富强。"③根据《汉书·食货上》的记载我们大致可了解李悝平籴思想的 4 个特征：一是"平籴"方案是在年景假设为上中下（或大中小）熟和大中小饥 6 种情况下实施；二是政府根据上中下熟不同情况收购不同数量的粮食，然后将其储备，待发生大中小饥年份时，再根据受灾程度不同出售储备粮；三是由于上熟储粮以备大饥之年，中熟储粮以备中饥之年，小熟储粮以备小饥之年，所以基本上能达到"取有余以补不足"、"籴不贵而民不散"的效果；四是这一方案曾在魏国实施，取得较好的效果，使社会经济发展，国家走向富强。

三、《管子》的粮食为"司命"、货币为"通施"思想

《管子》在对国家经济的治理中，把粮食和货币作为控制工商业和整个国民经济最主要的对象。《管子·国蓄》云："五谷食米，民之司命也；黄金刀币，民之通施也。"在中国古代社会，农业是最基本的生产部门，粮食是人们最根本的生活资料，是生存之本。在商品流通中，货币作为一切商品的等价物，比任何其他商品都更重要。国家如掌握了这两种商品，不但能控制市场，而且对支配整个社会经济生活、安定社会秩序，都将起到关键的作用。因此，《管子》把粮食视为"司命"，即命运的支配者；把货币视为"通施"，即通用

---

① 《史记·货殖列传》。
②③ 《汉书·食货上》。

的流通手段。从而把粮食和货币作为"以轻重御天下"①的两个主要对象，正是基于上述的认识。

《管子》在以粮食和货币为治理国家经济活动主要对象中，通过以粮食和货币比价变化的关系、货币与各种商品的相互关系、粮食与其他商品的相互关系、供求决定价格、价格影响供求等手段，对工商业乃至整个社会经济进行管制、控制和调节。

《管子》认识到："粟重黄金轻，黄金重而粟轻"②，其意为处于流通中的粮食数量减少而货币相对数量增多，则表现为粮食价格上涨而货币购买力降低；相反，如果处于流通中的货币数量减少而粮食相对数量增多，那则表现为货币购买力提高而谷物价格下跌。

在此基础上，《管子》还进一步认识到："币重而万物轻，币轻而万物重"③；"谷重而万物轻，谷轻而万物重"④。这就是作为一般等价物的货币同各种商品之间的比价，以及作为最基本生活资料的粮食同其他各种商品之间的比价共同表现出轻重、贵贱相反的关系，其变化是此消彼长或彼消此长。

由于在社会经济生活中，粮食和货币起决定性的作用，因此，国家如能够通过操纵、调节和改变这两者的比价关系，就能控制、影响其他各种商品的价格和供求。《管子》提出"执其通施，以御其司命"⑤，作为管制、控制和调节全国经济的总原则。也就是说，国家首先必须掌握作为流通手段的货币，利用它来控制和调节作为民众最基本生活资料的粮食的价格和供求，进而影响一切商品的价格和供求。这样，既可平抑物价，使"贵贱可调"⑥，又能把剩余产品集中到国家手中，增加国家的财政收入，"民力可得而尽"，"而君得其利"⑦。总之，政府通过控制货币和谷物这两种关系重大的商品来取得和保持在经济领域中的举足轻重之势，"人君操谷、币、金衡而天下可定也，此守天下之数也"⑧。

《管子》的所谓"执其通施"，就是由国家掌握货币的铸造和发行，即"人君铸钱立币"⑨。所谓"御其司命"，就是国家必须在全国范围内控制粮食的价格和供求。其具体措施是"布币于国"⑩，乘百姓青黄不接之时，春借秋还，把粮食收集到国家手中。

《管子》还提出国家通过货币可以调节不同商品的价格："谷贱则以币予

---

① ③ ⑧ ⑩　《管子·山至数》。

② 　《管子·轻重甲》。

④ 　《管子·乘马数》。

⑤ ⑥ ⑦ ⑨　《管子·国蓄》。

食，布帛贱则以币予衣，视物之轻重而御之以准，故贵贱可调而君得其利。"①
另外，必须指出的是《管子》为了国君"得其利"，通过行政手段人为地制造物价波动，对国民经济和人民生活造成严重的后果，有时甚至是对民众的掠夺。如他主张国家通过"发号出令"，使"物之轻重相什而相伯"②，造成物价成十倍百倍地上涨，从而获利。如政府下令征收货币赋税，"令曰十日而具，则财物之贾什去一。令曰八日而具，则财物之贾什去二。令曰五日而具，则财物之贾什去半。朝令而夕具，则财物之贾什去九"③。可见，货币赋税征收的期限越短，农民就会越急于出卖农产品而换取货币纳税，这就使农产品的价格下跌越严重。

《管子》作者认识到货币的作用并不仅限于经济，同时还有政治上的意义，即"以守财物，以御民事，而平天下也"④。这就是君主如果垄断了货币，就能据有财货物资，控制人民从事的各项活动，并使物价平稳。因此，作者主张国家必须垄断货币的铸造与发行。《管子·国蓄》一再强调君主必须掌握铸币权："人君铸钱立币"，君主"自为铸币"。《管子·山权数》则从历史角度强调铸币权要由君主垄断："汤以庄山之金铸币……禹以历山之金铸币"，所以当时"君有山，山有金，以立币"⑤。这是自夏、商朝开始即如此，君主垄断铸币权，天经地义。国家掌握了铸币权其实也就掌握了发行权。《管子·乘马数》说："布币于国"，即国家掌握了货币发行，也就能控制利途。正如《管子·国蓄》所云："黄金刀币，民之通施也。故善者执其通施，以御其司命，故民力可得而尽也。"《管子》作者还提出，国家在垄断货币过程中，关键要把握住币值。《管子·揆度》说："币重则民死利，币轻则决而不用，故轻重调于数而止。"这里币重指货币购买力高，币轻指货币购买力低。作者认为过高或过低都有弊病，币值上扬，人们会为得到货币而不惜性命；货币贬值，购买力下降，不值钱了，人们就会弃而不用。因此，君主在治理国家中必须把物资和币值的上涨或下降都调整到合适的水平上。

---

①③④　《管子·国蓄》。

②　《管子·轻重乙》。

⑤　《管子·山至数》。

第四节　重农抑商思想

一、李悝"尽地力"和"禁技巧"思想

战国初期，法家先驱者李悝，曾相魏文侯和武侯，提出了"尽地力之教"的国策①。他建议，一方面"治田勤谨"，即发挥农业生产者的积极性，提高单位面积产量；另一方面"禁技巧"，认为"雕文刻镂，害农事者也，锦绣纂组，伤女工者也，农事害则饥之本也，女工伤则寒之原也……故上不禁技巧则国贫民侈"②。在这里，"尽地力"就是指要重视农业，充分发挥土地的潜力；而"禁技巧"则是指抑制当时华而不实的手工业，而这些产品基本上是作为奢侈品出售的，因此就必然抑制商业。李悝虽然没有明显提出重农抑商的概念，但从其"尽地力"和"禁技巧"可以推断，重农抑商的思想在战国初期已有了雏形。

二、商鞅"事本禁末"思想

先秦时代第一个比较明确提出重本抑末并予以实践的是战国时期秦国的商鞅。商鞅在变法令中规定："大小僇力本业，耕织致粟帛多者复其身；事末利及怠而贫者，举以为收孥。"③ 这是我国古代文献中比较早记载的"本业"与"末利"作为相对应的一对概念。尔后在后人编纂的《商君书》一书中，商鞅进一步提出"事本禁末"："治国能持民力而壹民务者强，能事本而禁末者富。"④ 商鞅所说的"本业"与"事本"，可以比较肯定地说指的是农业，而这里的"末利"、"禁末"的"末"则必须予以具体分析。

商鞅是中国经济思想史上最先提出本末概念的人。他比墨翟更明确地把当时男耕女织的农业称为"事本"、"本业"，而他对于"末业"没有明确的界定。商鞅虽有时也把游谈、辩说之士称作末，但从他禁末的做法"苟能令商贾技巧之人无繁"来看，其所谓"末业"显然主要是指工商业。

---

① 《汉书·食货志》。
② 《说苑·反质》。
③ 《史记·商君列传》。
④ 《商君书·壹言》。

　　商鞅也是最先明确提出"事本禁末"口号的人，认为"能事本而禁末者富"①。在中国封建社会延续了两千多年"重本抑末"的政府主导治理思想，商鞅的影响是极其深远的。

　　商鞅禁末，并不意味着他真的对商业的作用一概否定。他把商人和农民、官吏相提并论，认为是"国之常官也"②。对于社会生活来说，农、商、官各有不同的作用："农辟地，商致物，官法民"③。商鞅之所以禁末，主要是他认为从事工商业的"商贾、技巧之人"是妨碍贯彻农战政策的人，故必须予以限制打击。商鞅把一切不从事农耕的人都看作白吃饭的人，只会耗费国家的粮食财富，因此只有使农民多而工商业者少，国家才会富起来，相反，"苟能令商贾、技巧之人无繁，则欲国之无富，不可得也"④。

　　商鞅的"事本禁末"也并非完全禁止工商业，而主要是限制工商业的规模及工商业者的人数，就是使"今商贾、技巧之人无繁"。这种做法在当时的历史条件下，有一定的合理性。从理论上说，当时的社会生产力还相当低，农业的发展主要还是靠众多的劳动力的投入，如太多的人脱离农业而去从事工商业，将会影响农业，减少国家粮食的生产，从而妨碍农战政策的实施，就难以达到富国强兵。他认为农业和非农业人口的比例决定国家的贫富，农业人口在国家总人口的比例越大越好："百人农，一人居者，王；十人农，一人居者，强；半农半居者，危。"⑤他甚至认为非农业人口是农业的害虫："今夫螟螣蚼蠋，春生秋死，一出而民数年不食。今一人耕而百人食之，此其为螟螣蚼蠋亦大矣。"⑥因此，千方百计压缩非农业人口。从实践上说，当时的秦国按照商鞅的农战政策的确达到了富国强兵，最终打败六国，统一了中国。但是从长远的眼光看，事本禁末政策没有充分正确地估计商业对社会经济发展的重大促进作用，甚至错误地把商业与农业对立起来，认为："金生而粟死，粟死而金生……国好生金于竟（境）内，则金粟两死，仓府两虚，国弱；国好生粟于竟（境）内，则金粟两生，仓府两实，国强。"⑦在这种认识指导下，政府过分极端地打击工商业，对封建社会经济的发展又带来了严重的负面影响。

　　商鞅等法家之所以重农，除经济原因外，还有一部分是政治原因，一部分是军事原因。政治上农民淳朴而易于统治；军事上是把农民束缚在土地上，使他们不易迁徙，平时务农，战时出征，为战争出物、出力。

---

　　① 《商君书·壹言》。
　　②⑦ 《商君书·去强》。
　　③ 《商君书·弱民》。
　　④ 《商君书·外内》。
　　⑤⑥ 《商君书·农战》。

法家霸道尚力，商鞅指出："国之所以重，主之所以尊者，力也"①；"治国能令贫者富，富者贫，则国多力，多力者王"②。韩非则以进化的史观说明当时社会"尚力"的必然性："上古竞于道德，中世逐于智谋，当今争于气力。"③ 他认为治国必须尚力，因为"力多则人朝，力寡则朝于人，故明君务力"④。可见，实力决定一个国家的地位，即实力强者接受别国的朝贡，而实力弱者则要朝贡强国。

　　商鞅霸道尚力的具体政策措施是耕战，即通过耕战而增加国力。他说：耕战"二者，力本，而世主莫能致力者，何也？使民之所苦者无耕，危者无战。"⑤可见，商鞅看到由于人民害怕吃苦所以不去耕田，害怕危险所以不去打仗，要改变人民恶农畏战的局面，必须用名利诱使人民务农作战。他提出："犯其所苦，行其所危者，计也。故民生则计利，死则虑名，名利之所出，不可不审也。利出于地，则民尽力；名出于战，则民致死。"⑥ 一旦人民从事农战，其结果是"入使民尽力，则草不荒；出使民致死，则胜敌。胜敌而草不荒，富强之功，可坐而致也"⑦。

　　总之，商鞅制定政策的目标是政府使用权力遏制其他职业，使人民无所选择，要想获得名利，只能通过耕战这一途径。他观点鲜明地指出："故吾教令：民之欲利者，非耕不得；避害者，非战不免。境内之民，莫不先务耕战，而后得其所乐……能行二者于境内，则霸王之道毕矣。"⑧而且就耕战二者来说，首先是要使人民务农，因为务农才能使国家富强，才能为战争尊定雄厚的物质基础；务农才能使农民淳朴，容易听从国家的指挥参加战斗。这就是"明君修政作壹，去无用，止浮学事淫之民，壹之农，然后国家可富，而民力可抟也"⑨。

　　商鞅治国的核心思想是农战，把农战作为国家富强的基本国策，要求全国人民把力量都动员起来，集中到农业生产与战争，因此，提出"利出一孔"，人们求名求利都只有通过农战这"一孔"。"利出于地"，"利出于战"，利用人们对名利追求的本性，"先行其所恶"，从事辛苦的农和危险的战。在农与战两者之间，商鞅更强调战，而把农看作是为战服务的。他认为为了加强战斗力和保证战争的供给，必须重视农业生产："国不农，则与诸侯争权，不能自持也，则众力不足也。"⑩这是商鞅重农思想的一个突出特点。

①⑤⑧　《商君书·慎法》。

②　《商君书·去强》。

③　《韩非子·五蠹》。

④　《韩非子·显学》。

⑥⑦　《商君书·算地》。

⑨⑩　《商君书·农战》。

在一般的情况下，商鞅主张治理国家不提倡奖赏，而注重用刑罚："治国刑多而赏少，故王者刑九而赏一，削国赏九而刑一。"① 但是，为了鼓励农战，他不仅主张奖赏，而且还强调"壹赏"，即只对在农战两方面有建树的人给予奖赏。如商鞅建议用法令的形式鼓励与保障从事农战有功的人对土地和其他财物以及依附农民的所有权。如商鞅变法规定在战争中"能得爵首（敌军中有爵位的人的头颅）一者，赏爵一级，益田一顷，益宅九亩一，除庶子（农奴或依附农民）一人"②。

商鞅的农战论是一种封建时代的国民经济军事化的政策和理论。国民经济军事化总是具有破坏社会分工各领域的正常关系，造成国民经济畸形发展的消极作用的。商鞅的"利出一孔"论对农业以外的其他行业均强调加以限制和打击，这对工商业及文化发展的不利影响自不必说；即使对农业本身来说，这种理论也是过分狭隘的。商鞅强调重农，但他关于农业的概念，只限于"粟帛"，其他农作物以及林、牧、渔业都不包括在内。他提出了"壹山泽"，即由国家垄断山泽禁限人们采伐的主张，垄断的目的不是像汉代以后那样为了增加财政收入，更不是为了保护自然资源防止滥加采伐，而是为了堵塞农战以外的其他谋生之路，使民除农战而外"无所于食"。

另外，商鞅主张采取一些限制与强制手段，防止民众脱离农业生产。其一，颁布法令，规定："事末利及怠而贫者，举以为收孥"③，即从事工商业及怠于农业以至于贫穷者，收以为官奴。

其二，提出："无以外权爵任与官，则民不贵学问又不贱农……民不贱农……勉农而不偷，则草必垦。"④ 战国时代，有学问的人常常通过游说诸侯，依靠外国的势力获得官爵。商鞅反对授予这些人官爵，因为如果这样就会使人民重视学问而轻贱农业。民众不轻贱农业，则土地必得到开垦。

其三，主张："声服无通于百县，则民行作不顾，休居不听。休居不听，则气不淫；行作不顾，则意必壹。意壹而气不淫，则草必垦矣。"商鞅主张禁止各县声色娱乐，使民众精神不游荡，心意专一，则土地就能得到开垦。

其四，主张："废逆旅……逆旅之民无所于食，则必农。农，则草必垦矣。"他认为废旅店，使游历之人无所寄食，那他们就得回乡务农。

其五，认为："使民无得擅徙，则诛愚……农静、诛愚，则草必垦矣。"这

① 《商君书·开塞》。
② 《商君书·境内》。
③ 《史记·商君列传》。
④ 《商君书·垦令》，以上至"其七"，引文均见于此。

就是禁止农民随意迁徙，那他们就会安土重迁，愚昧无知，一心务农。

其六，认为："国之大臣诸大夫，博闻、辨慧、游居之事，皆无得为，无得居游于百县，则农民无所闻变见方……愚农不知，不好学问，则务疾农。"他建议达官贵人、文人学士不得游居各县，那农民就不会听到什么奇谈怪论了。农民愚昧无知，不喜欢学习知识，就会致力于农业。

其七，提出："令军市无有女子……轻惰之民不游军市，则农民不淫，国粟不劳，则草必垦矣。"这就是命令军内集市不许游女、流氓等逗留，以避免农民变得荒淫，那土地就会得到开垦。

商鞅着眼于农战政策，把从事工商业的"商贾、技巧之人"看作是妨碍贯彻农战政策的人，应加以限制打击。在商鞅看来，工商业之所以妨碍农战政策的贯彻，不仅在于工商业者不生产粮食，却要消耗粮食，还在于工商业者的存在，会诱使农民脱离农战。因为农业"用力最苦而赢利少"，而工商业则容易致富，农民见"商贾之可以富家也，技艺之足以糊口"，"则必避农"①。避农，"则民轻其居。轻其居，则必不为上守战也"②。

商鞅对工商业采取抑制政策，主要措施有 4 个方面：

其一，用赋税、徭役手段加以抑制。对在从事农战方面有较大作用的人，给予减免赋税、徭役作为鼓励。如对努力从事农业生产"耕织致粟帛多者复其身"；对三晋来秦国开荒务农的人"利其田宅，而复之三世"和"不起十年（之征）"③；对立有军功的人免除他们一部分"庶子"对国家的徭役等。另外对不从事农战的人则以重税、重役加以限制、打击。如在赋税方面"不农之征必多，市利之租必重"④，"重关市之赋"⑤。在徭役方面使"农逸而商劳"⑥。对农尽量"征不烦，民不劳"，使"农多日"以垦草务农；对商则"以商之口数使商，令之斯舆徒重者必当名"⑦。

其二，运用价格政策使民众弃商事农。商鞅认为"食贱则农贫，钱重则商富"⑧，因此主张政府应提高粮价而降低货币的购买力，这样就会"食贵则田者利，田者利则事者众。食贵，籴食不利，而又加重征，则民不得无去其商贾、技巧，而事地利矣"⑨。

其三，限制商人的经营范围，尤其禁止商人经营粮食，"使商无得籴"⑩，以抑制商业对封建农业的分解作用。

---

①②　《商君书·农战》。

③　《商君书·徕民》。

④⑧⑨　《商君书·外内》。

⑤⑥⑦⑩　《商君书·垦令》。

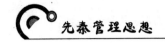

其四，给商人设置经营的障碍，如"废逆旅"、"贵酒肉之价"①，使商人外出做买卖遇到住宿与饮食的困难。

三、《管子》事农禁末思想

《管子》亦主张重农抑商，其思想与商鞅相类似。其一，把重农作为富国安民强兵的治国战略。他说："农事胜则入粟多，入粟多则国富，国富则安乡重家。"相反，如"上不利农则粟少，粟少而人贫，人贫则轻家，轻家则易去，易去则上令不能必行，上令不能必行则禁不能必止，禁不能必止则战不必胜，守不必固矣"②。

其二，把"禁末"作为重农的必要手段。《管子·治国》指出："末产不禁则野不辟"，"末作文巧禁，则民无所游食，民无所游食，则必农。民事农则田垦，田垦则粟多，粟多则国富。国富者兵强，兵强者战胜，战胜者地广"。可见，不禁末就无法达到重农国富兵强。

其三，禁末并不意味着完全取缔商业。商鞅虽然主张抑商，但并不否认商业的作用，而且把商与农、官并列为国家3种不可少的职能。《管子》亦肯定商业在社会经济中的作用，因为商业可以"起本事"，即促进农业的发展，还可以满足人们日常生活的需要，否则"无市则民乏"。因此，要实现社会经济的全面协调发展，农工商不可偏废，"农夫不失其时，百工不失其功，商无废利，民无游日，财无砥滞"③。

《管子》重视农业生产，因为他们认为粮食是人们赖以生存的最基本条件，"民非谷不食"④；增加粮食是国家财政的重要收入，"积于不涸之仓者，务五谷也"⑤；粮食又是决定战争胜负的关键因素："地之守在城，城之守在兵，兵之守在人，人之守在粟"⑥。同时，《管子》也看到工商业在社会经济生活中是不可或缺的。他们认为，手工业者生产的劳动工具和生活用品，有利于农业生产，能够使人们"毋乏耕织之器"⑦；商业则可以互通有无、广泛交流，"以其所有易其所无，买贱鬻贵。是以羽旄不求而至，竹箭有余于国，奇怪时来，珍

---

① 《商君书·垦令》。

② 《管子·治国》。

③ 《管子·法法》。

④ 《管子·八观》。

⑤ 《管子·牧民》。

⑥ 《管子·权修》。

⑦ 《管子·幼官》。

异物聚"①。如果没有市场流通，商品物质就会缺乏，即"无市则民乏"②，人们的需求就难以得到满足。

鉴于这种认识，《管子》主张首先必须保证农业生产，然后在不妨碍农业生产的前提下发挥工商业的作用。《管子》针对当时人们"悦商贩而不务本货"的情况，又提出了"务本去末"或"强本禁末"的政策。他们主张从政治上和社会风气上抑商，禁限"商贾之人"③做官，不使"百工商贾"④穿羔皮和貂皮做的衣服等。而且从经济上使"百货贱"，使商人不能获得高额利润，对工商加以限制。这样，弃农经商的人少了，满足农业对劳动力的需求，农业就会得到发展，"百利不得则百事治"⑤。他们甚至认为，维护自给自足的自然经济是国家治理之道："市不成肆，家用足也……治之至也"⑥。

由于《管子》看到一般工商业在社会经济生活中的作用，因此他们的务本去末或强本禁末政策打击的对象主要是奢侈品工商业。他们在《管子·重令》中指出："菽粟不足，末生不禁，民必有饥饿之色，而工以雕文刻镂相稚也，谓之逆。布帛不足，衣服毋度，民必有冻寒之伤，而女以美衣锦绣纂组相稚也，谓之逆。"显然，在这里《管子》主要把"雕文刻镂"、"美衣锦绣纂组"之类奢侈品的生产与流通当作"末"。由于奢侈品的生产比一般生活生产用品的生产要投入更多的人力、物力和财力，因此会严重影响社会人力、物力和财力对农业生产的投入。"今工以巧矣，而民不足于备用者，其悦在玩好；农以劳矣，而天下饥者，其悦在珍怪方丈陈于前；女以巧矣，而天下寒者，其悦在文绣。"⑦同时奢侈品的生产与消费，会使社会形成竞相侈靡的风气，并产生贫困奸邪等问题。"主上无积而宫室美，氓家无积而衣服修，乘车者饰观望，步行者杂文采"⑧，其结果是"国侈则用费，用费则民贫，民贫则奸智生，奸智生则邪巧作"⑨。不言而喻，奢侈品工商业必须予以禁止限制，以保证农业生产不受影响，从而达到富国富民。

先秦法家多数主张凭借国家的政权力量，运用行政手段，实行严刑峻法，对国家经济进行管制、控制。同时，先秦法家在思想理论上轻视乃至否定工商业在国家经济中的作用与地位，因而在实践中不主张国家自身直接经营工商业。《管子》继承了法家对国家经济实行严格管制与控制的思想，但在具体的

---

① 《管子·小匡》。

②⑤　《管子·乘马》。

③⑧⑨　《管子·八观》。

④　《管子·立政》。

⑥　《管子·权修》。

⑦　《管子·五辅》。

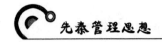

操作手段上与法家又有所不同。他们不仅重视行政、法律手段的运用，更重视通过经济手段，把经济手段和行政、法律手段密切配合，对国家经济实行管制与协调。所谓经济手段指国家进入商品流通领域乃至部分商品的生产领域，充分研究和利用商品货币流通规律，直接参与经营工商业与市场经济活动，以控制工商业，并进而对整个国家经济实行管制、控制和调节，在社会经济活动中取得举足轻重的支配地位，巩固君主专制政权。

《管子》认为，封建国家不仅在政治上要实行专制，而且在经济上也要实行管制，掌握控制、支配经济上的轻重之势，君主专制统治才能得以真正强大巩固。《管子》一书中多处表达了这种思想。如《管子·山至数》云："圣人理之以徐疾，守之以决塞，夺之以轻重，行之以仁义，故与天壤同数，此王者之大辔也。"同书《国蓄》云："国有十年之蓄，而民不足于食……是皆以其事业交接于君上也。故人君挟其食，守其用，据有余而制不足，故民无不累于上也。"同书《乘马数》则云："出准之令，守地用、人策，故开阖皆在上。"由此可见，《管子》把国家对经济活动的控制与支配看作是"王者之大辔"，是能使"开阖皆在上"、"民无不累于上"的"国权"、"君柄"，君主只有在经济上掌握了控制、支配大权，在政治上的统治才能得以巩固。国君只有支配了广大民众的生活命脉，形成"予之在君，夺之在君，贫之在君，富之在君"① 的态势，广大民众为了生活，就不得不服从国家的意志，服服帖帖听从君主的驱使。这就是《管子·揆度》所指出的："善为天下者，毋曰使之，使不得不使；毋口用之，使不得不用。"显而易见，这种经济上的强制，要比政治上直接的暴力强制更少遭到民众的反抗，更少遇到阻力，因此其结果更有实效。

《管子》认为，国家在实行经济管制中，首当其冲的对象是富商大贾。富商大贾是国家经济的主要破坏力量。他们囤积居奇、操纵市场，"物适贱，则半力而无予，民事不偿其本；物适贵，则十倍而不可得，民失其用"②；直接剥削和兼并农民，"蓄贾游市，乘民之不给，百倍其本"③。结果造成"贫者失其财"，"农夫失其五谷"④。总之，富商大贾凭借自己的巨额财富，控制和操纵工商业活动，严重威胁政府的统治："万乘之国有万金之贾，千乘之国有千金之贾，然者何也？国多失利，则臣不尽其忠，士不尽其死。"⑤为了抑制、打击富商大贾的势力，《管子》主张国家要依靠行政权力，从他们手中夺取对经济的控制权："故豫夺其途则民无遵，君守其流则民失其高（下）。故守四方之

---

① ② ③ ⑤　《管子·国蓄》。
④　《管子·轻重甲》。

高下，国无游贸，贵贱相当，此谓国衡。以利相守，则数归于君。"① 甚至《管子》还进一步要求"杀正商贾之利"②，在用国家权力限制富商大贾的同时，由政府直接进入商品流通过程，参与市场活动并经营工商业，对"大贾蓄家"进行排挤，使"大贾蓄家不得豪夺吾民"③，才能确保国家的轻重之势。总之，《管子》不止是依靠政治、法律手段，而是主要使用经济手段；不止是消极地抑制富商大贾，而是积极地发展官商来排挤私商，分割富商大贾的商业利润。这体现了《管子》对国家经济活动已不像法家所主张的一味地依靠政治、法律手段实行严厉的管制，而是更多地依靠经济手段和官商的直接参与来控制、排挤或分割。

　　《管子》认为国君在治理国家中，如对富商大贾不加以控制、排挤或分割，那么经济大权将会旁落，并使国家财源枯竭，"委积则虚"，"下富而君贫"。并且还会进一步损害国计民生，造成贫富分化严重，富者为富不仁，贫者饥饿困穷。其后果是"民富则不可以禄使也，贫则不可以罚威也"④。这就是国家的赏罚在富人与穷人面前作用都很有限，因为很富有的人不会把国家的一点奖赏看在眼里，不肯为得到俸禄、赏赐而为国家卖力效命；反之，过于贫穷而无法生存的，会为生计而被迫铤而走险，干出违法乱纪的事来。因此对于这些很富有的人，国家的奖赏很难起到劝勉的作用；而对于那些贫困之人，国家的刑罚不容易起到禁戒的作用。总之，贫富分化太严重，形成太富或太贫的阶层，就会影响政府对社会的治理，从而造成社会的动荡不安，动摇国家的统治。这就是"法令之不行，万民之不治，贫富之不齐也"⑤。因此，国家必须通过对富商大贾的控制、排挤或分割，做到"调通民利"，防止贫富悬殊太严重，从而使赏罚发挥作用，达到长治久安。

　　《管子》对先秦法家的"利出一孔"之说有重大的发展，虽然他们也说："利出于一孔者，其国无敌；出二孔者，其兵不诎；出三孔者，不可以举兵；出四孔者，其国必亡。"⑥但是，这里的"利出一孔"不是法家所主张的通过赏罚手段驱使人民从事农战这条唯一途径获取名利，而是要求国家对社会经济活动进行直接干预和严格的控制，"塞民之养，隘其利途"⑦，使人民只能在国家绝对控制、支配下的经济领域从事经济活动，获得财富或生产资料，而不得经由国家不允许的"利途"。这就是所谓的"为笼以守民"⑧，这里的"笼"特指经济领域的"牢笼"，因此《管子》指出，治理国家者如"不通于轻重，不可

①　《管子·揆度》。

②　《管子·轻重乙》。

③④⑤⑥⑦⑧　《管子·国蓄》。

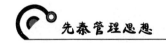

为笼以守民"①。换言之，治理国家者必须精通商品流通和市场活动的情况，熟悉商业经营之道，才能很好地在经济领域管理民众。

商鞅与《管子》事本禁末思想的异同主要有：商鞅与《管子》都主张把重本、务本或强本作为富国的基本方略，把发展农业生产放在富国的首要位置。但在采取的政策工具上两者则大不相同。商鞅强调国家政权对社会经济活动的管制和干预，较多地采用行政、法律的手段；《管子》则主张国家政权尽量"无为"，对社会经济活动少人为地控制、干涉，较多地顺应人的自利、求利本性。

在重农的同时，商鞅与《管子》都主张抑末，但其程度有所不同。商鞅主要通过重税、重役、严刑以及其他行政手段强行禁限，打击工商业，削弱商人的经济力量，迫使他们"归心于农"②。《管子》在肯定一般工商业对社会经济作用的条件下，主要对奢侈品工商业予以禁止、限制，并在不影响农业生产的前提下，对一般工商业发展给予一定的鼓励和保护。

四、韩非的农本工商末思想

法家的集大成者韩非明确提出了农本工商末的概念。他在《韩非子·诡使》中说："仓廪之所以实者，耕农之本务也，而綦组锦绣刻画为末作者富。"他在同书《五蠹》中又说："夫明王治国之政，使其商工游食之民少而名卑，以寡趣（舍）本务而趋末作。"由此可见，韩非把农业作为"本务"，而把手工业、商业作为"末作"。更有甚者，他还把"工商之民"与讲仁义的学士、纵横家、侠士、侍从之臣等统称为"五蠹"，即危害社会的五种害虫，必去之而后安。

韩非作为法家的集大成者，继承了商鞅的耕战思想，并且亦从名利观点谈耕战。他说："仓廪之所以实者，耕农之本务也……名之所以成，城池之所以广者，战士也。"③ 韩非也认为，耕战是国家富强的途径："能越（趋）力于地者富，能起力于敌者强。"④ 其方式仍是使人民无事在家务农，战时应征作战。其结果是"无事则国富，有事则兵强"⑤。

韩非与他之前的法家一样，都主张对国家的治理主要应采取刑赏的手段。他说："明于治之数，则国虽小，富；赏罚敬信，民虽寡，强。赏罚无度，国

① 《管子·国蓄》。
② 《商君书·农战》。
③ 《韩非子·诡使》。
④ 《韩非子·心度》。
⑤ 《韩非子·五蠹》。

虽大兵弱者，地非其地，民非其民也。"① 因此，他主张通过刑赏来"显耕战之士"，使耕战之士在财富和地位方面都高于社会上的各色人等。这就是通过刑赏使耕战之士得以富贵："夫耕之用力也劳，而民为之者，曰可得以富也；战之为事也危，而民为之者，曰可得以贵也。"② 只有励行法治，信赏必罚，"使民以力得富，以事致贵，以过受罪，以功致赏"③，才能使百姓愿意投入耕战，连原来脱离耕战的人也会回到耕战上来，即"官行法，则浮萌（氓）趋于耕农，而游士危于战阵"④。

韩非认为当时耕战的政策之所以收获不大，是因为社会上还存在着"无耕之劳而有富之实，无战之危而有贵之尊"⑤ 的途径，因此，他发展了商鞅"利也一空"的思想，主张堵塞除农战之外一切可能得到富贵的途径。他在《五蠹》中列举了 5 种无益耕战而可能得富贵的人："学者"、"言谈者"、"带剑者"、"患（串）御者"和"商工之民"，称他们为"五蠹"，如"人主不除此五蠹之民，不养耿介之士，则海内虽有破亡之国，削灭之朝，亦勿怪矣"。

韩非与商鞅都主张通过刑赏、"利出一空"使民众趋于耕战，从而国富兵强，但是韩非在具体制定奖赏政策上与商鞅有所不同。商鞅主张对有战功的人既可赏给爵位，也可赏给官职，即"斩一首者爵一位，欲为官者为五十石之官；斩二首者爵二级，欲为官者为百石之官"⑥。但韩非则反对以官职作为奖赏战功，认为这种政策"未尽善也"⑦。因为他认为从事战争的勇敢和能力，同从事国家管理的知识与才干是性质不同的两种事物，让有战功的人担任文官，让军功大的人做大官，未必能够胜任："今有法曰：'斩首者令为医、匠'，则屋不成而病不已。夫匠者手巧也，而医者齐药也，而以斩首之功为之，则不当其能。今治官者，智能也；而斩首者，勇力之所加也。以勇力之所加而治智能之官，是以斩首之功为医、匠也。"⑧

韩非反对徭役多和重："徭役多则民苦，民苦则权势起，权势起则复除重，复除重则贵人富。苦民以富贵人起势，以藉人臣，非天下长利也。故曰：'徭役少则民安，民安则下无重权，下无重权则权势灭，权势灭则德在上矣。'"⑨ 韩非主张轻徭役，这在先秦法家思想中是比较少见的。因为先秦法家均主张农战政策，在不断对外战争的情况下，兵役和战争供给等是最主要的徭役，因此

① 《韩非子·饰邪》。
②⑤ 《韩非子·五蠹》。
③ 《韩非子·六反》。
④ 《韩非子·和氏》。
⑥⑦⑧ 《韩非子·定法》。
⑨ 《韩非子·备内》。

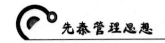

主张轻徭役是不可能做到的。韩非在谈到轻徭役时回避其与耕战政策的关系，而把它与"权势"、"贵人"联系在一起，则未免脱离了当时的现实情况，因此也就无法提出任何施行轻徭役的具体做法。

韩非继承了商鞅的重本抑末论，并在某些方面有所继承或改造。一是商鞅规定"大小僇力本业，耕织致粟帛多者复其身"，把本业同农户耕织连在一起，比较广义地指男耕女织的自给自足的自然经济农业，而韩非的"本"则比商鞅更集中地指农业中的粮食生产，"重农"就意味着"贵粟"。二是商鞅虽然强调商贾、技艺同"本业"的对立，但始终未明确、直截了当也称工商业为"末"，而韩非则明确把工商称作"末"，并主张予以抑末；"夫明王治国之政，使其商工游食之民少而名卑，以寡趣（舍）本务而趋末作"①。三是商鞅的"事本禁末"既从经济方面也从军事方面寻找依据：从经济上看，农民用力苦而获利少，工商业者尤其是商人用力少而得利多，因此国家如任其自然发展，人们将纷纷弃农从事工商业，那势必影响农业生产；从军事上看，农民安土重迁、朴实听话，国家易于驱使征调，而商人见多识广、复杂灵活，不易驱使征调。因此，只有实行"事本禁末"，国家的农战政策才能得以推行。韩非的重本抑末则主要从经济方面寻求依据：首先，他指责商人和手工业者对农民的剥削和掠夺；"其商工之民，修治苦窳之器，聚弗（浮）靡之财，蓄积待时而侔农夫之利"，因此，主张对一切"无耕之劳而有富之实"②的行业加以限制，也就是实行商鞅的"利出一空"政策。其次，他把工商业者比作"磐石"和"象人"，认为不能给国家带来富强："磐石千里，不可谓富，象人百万，不可谓强。石非不大，数非不众也，而不可谓富强者，磐不生粟，象人不可使距敌也。今商官技艺之士，亦不垦而食，是地不垦与磐石一贯也。"③ 因此，如果"商官技艺之士"越多，社会上的不生产劳动者就越多，社会财富的生产就会越少，从而使国家越来越贫弱，所以，国家必须重本抑末，"使商工游食之民少而名卑"，社会财富的生产就会越多，从而使国家越来越富强。

---

①② 《韩非子·五蠹》。
③ 《韩非子·显学》。

第五节　市场管制与垄断经营盐铁思想

一、《周礼》对市场管理思想

《周礼·司徒下》①中已有十分详尽严密的市场管理思想。政府设司市之官，"掌市之治教政刑量度禁令，以次叙分地而经市，以陈肆辨物而平市，以政令禁物靡而均市，以商贾阜货而行布，以量度成贾而征价，以质剂结信而止讼，以贾民禁伪而除诈，以刑罚禁虣而去盗，以泉府同货而敛赊，大市日昃而市，百族为主；朝市朝时而市，商贾为主；夕市夕时而市，贩夫贩妇为主。凡市入，则胥执鞭度守门，市之群吏，平肆，展成，奠贾……凡万民之期于市者，辟布者，量度者，刑戮者各于其地之叙……凡治市之货贿六畜珍异，亡者使有，利者使阜，害者使亡，靡者使微"。司市作为管理市场的最高长官，对管理市场负有总的责任：掌理市场的治、教、政、刑以及量度与禁令。根据次序的方位分划土地，作为市的经界。按照货物的种类，分别陈列在肆中，容易区别比较，以平定货物的价格。用禁令禁止奢侈细巧的物品在市中买卖，以稳定一般货物的行情，招致商贾充实市中的货品，而使货币大量流通；依照度量标定货物的价格，以招徕顾客；用券书作为信用的凭证以免除争讼，用胥师、贾师等市吏以防止出售伪假的货物与虚诈。以刑罚禁止凶暴，去除盗贼；以泉府的货币，用敛赊的方式，调节货物的供需。大市在午后开始交易，以百姓为主；朝市在早晨交易，以商贾为主；夕市在下午交易，以贩夫贩妇为主。每当市场开始交易，人们进入的时候，胥手里拿着鞭杖守在肆门，市中群吏要检查肆中的货物是否名实相符，成交的货物价格是否与规定的相合。凡百姓约定日期在市中交易的，或有商场上银钱纠纷的，或量度上有争执的，都要在叙中解决。司市在整治市中六畜珍异货物的方法是：增加那些有实用而利于民的货物，去除品质低劣而不堪用的货物，尽量减少奢侈细巧的货物。总而言之，司市主要负责稳定市场货物价格，维护市场交易秩序，解决市场交易中的纠纷等。

司市之下还设有一些下属官吏，协助其管理市场。如"质人，掌成市之货

---

① 本目以下引文未注出处者，均见于此。

贿、人民、牛马、兵器、珍异。凡卖价者质剂焉，大市以质，小市以剂。掌稽市之书契，同其度量，壹其淳制，巡而考之。犯禁者，举而罚之"。质人掌理市中货物、奴婢、牛马、兵器、车辇用器以及珍奇稀有货物的估价。凡货物的买卖，以券书作为凭证，大宗买卖用长券，小宗买卖用短券。稽查市中取予货物的书契，划一度量，规定布匹的广长，随时巡行加以稽查。如果有不合规定违反禁令的，那就没收他们的货物，并处罚他们。由此可见，质人主要协助司市管理市场物价的估定以及交易中的券书凭证。

"胥师，各掌其次之政令，而平其货贿，宪刑禁焉。察其诈伪饰行价慝者而诛罚之，听其小治、小讼而断之。"胥师掌理均平各肆的货物，并在市门公布市中的刑罚与禁令。如发现有以伪劣品假冒良货出售而欺骗顾客的，就要加以处罚；市肆中有小纠纷小争讼，可以直接处理。由此可见，胥师主要协助司市处理出售伪劣假冒商品和交易中的小纠纷。

"贾师，各掌其次之货贿之治，辨其物而均平之，展其成而奠其贾，然后令市。凡天患，禁贵价者，使有恒贾。四时之珍异，亦如之。凡国之卖价，各帅其属而嗣掌其月。"贾师掌理市肆货物的整治，并分别货物的种类等级使其均平，展示成交的货物，核定它们的价格，然后使他们完成交易。如遇天灾，禁止抬高货物的价格，维持平时的价格。四时所产珍奇异物也是一样。官府有剩余物资出卖，贾师主要协助司市分别市场货物的种类等级并核定价格。

"司虣，掌宪市之禁令，禁其斗嚣者，与其虣乱者，出入相陵犯者，以属游饮食于市者。若不可禁，则搏而戮之。"司虣掌理公布市中的禁令，禁止争斗与大声吵闹，使用暴力而扰乱市场秩序，出入市场互相侵犯，以及在市场聚众闲游与饮食。若是有不听禁止的，那就逮捕他们加以惩罚。由此可见，司虣主要协助司市维持市场秩序，对扰乱者予以逮捕处罚。

"司稽，掌巡市，而察其犯禁者，与其不物者而搏之。掌执市之盗贼以徇，且刑之。胥各掌其所治之政，执鞭度而巡其前，掌其坐作出入之禁令，袭其不正者。凡有罪者，挞戮而罚之。"司稽掌理巡行市中察有触犯禁令的，或穿着奇装而持有怪物的，加以逮捕。并负责拘捕市中盗贼，按其情节，巡行示众，或再加以刑罚。胥掌理所属二肆的政务，拿着鞭杖巡行肆前近市门的地方，取缔那些不按时交易与流动的小贩，即时拘捕不守法度的人。凡有犯罪的，挞击他们并处以罚金。由此可见，司稽主要协助司市逮捕市场上的盗贼以及触犯禁令者，并加以处罚。

"肆长，各掌其肆之政令，陈其货贿，名相近者相远也，实相近者相尔也，而平正之，敛其总布，掌其戒禁。"肆长掌理本肆的政令，陈列肆中的货物。名称相近而实质不同的，不陈列在一起；实质相同的，可以陈列在一起。代收肆中的货物税，掌理肆中的戒禁。由此可见，肆长主要协助司市管理市场货物的排列，并代收货物税。

廛人负责征收商税，如对有店肆的坐商征收"絘布"，对摆摊的小商征收"緫布"，对违反契约及其他商业管理法规的征收"质布"、"罚布"等。泉府利用从廛人转来的商税和罚款用于收购滞销的货物，以原价购进，然后把这些货物贴上标签，再待机售出，即"泉府掌以市之征布，敛市之不售，货之滞于民用者，以其价买之物楬而书之，以待不时而买者"。另外，泉府也把商税和罚款用于贷款："凡赊者，祭祀无过旬日，丧纪无过三月。"这是一种短期借款给贫民，不用于经营求利，故一般不收利息，只规定还本期限，祭祀用的不能超过 10 天，丧事用的不能超过 3 个月。还有一种是用于生产或经营的贷款，"凡民之贷者，与其有司辨而授之，以国服为之息"。用于生产或经营求利的贷款则要会同他们的地方长官验明品质与数目，然后发给他们，按为国服事的各种税率收取利息，如漆林之征"二十而五"，就是向泉府借款经营漆林，要纳 25％的利息。由此可见，泉府主要协助司市调节市场物品的供求，并负责赊买和借贷事务。

总之，从《周礼》中司市以及其属官质人、胥师、贾师、司虣、司稽、肆长、廛人、泉府等职掌可以看出，先秦时期对市场管理的思想已相当细致严密，从政策工具的视角来看，其主要应用管制性的工具。在市场管理中，首先要维护市场交易秩序的稳定有序，这样交易才能正常进行。当时对市场的开放时间分为午后、早晨与傍晚，分别形成大市、朝市与夕市，对不同的交易者开放。当时规定市场上出售的货物，必须按不同种类和等级摆放清楚，有利于人们的挑选和购买。市场严禁出售假冒伪劣商品，严禁扰乱市场，对违反禁令、盗贼等犯罪分子予以拘捕和严厉惩罚。其次市场交易中的一个关键环节是货物价格的制定，政府派专官对货物进行估价，然后又派专官对价格进行核定，严禁随意改变价格，对擅自改变货物价格者必须予以惩罚。最后重视对商业信用的管理。政府派专官对交易中的券书凭证等进行管理，还派专官负责赊买、借贷等信用交易，严格规定贷款、赊买的还款日期，并收取一定的利息。西周管理市场的法令规定："凡治市之货贿六畜珍异……靡者使微"，也就是对于那些重要商品，带有奢侈性的要使其减少。由此可以推测，西周时期社会上奢侈风气比较严重，因此政府察觉到单纯依靠口头上倡导节俭反对奢侈收效甚微，倒不如在市场上就限制出售奢侈品，断绝了买主，也就没有人再生产这些奢侈品，即通过市场限制手段促成禁奢崇俭。

政府除在市场管理中主要采取管制性的工具之外，还部分采取协调性的工具进行治理，如派专官协调市场中货物的供求关系，政府收购滞销商品，抛售

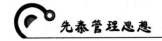

供不应求的一些商品，以达到供求平衡。又如派专官协调市场交易中出现的一些小纠纷、小诉讼等。

二、《礼记·王制》对市场出售商品管制思想

《礼记·王制》十分注意对市场出售商品的管理："有圭璧、金璋，不粥于市；命服命车，不粥于市；宗庙之器，不粥于市；牺牲不粥于市；戎器不粥于市；用器不中度，不粥于市；兵车不中度，不粥于市；布帛精粗不中数，幅广狭不中量，不粥于市；奸色乱正色，不粥于市；锦文珠玉成器，不粥于市；衣服饮食，不粥于市；五谷不时，果实未孰（熟），不粥于市；木不中伐，不粥于市；禽兽鱼鳖不中杀，不粥于市。"这些禁卖规定，反映了如下 4 个方面的思想：

其一，禁止出售礼制物品。先秦礼制中有森严的等级制度，圭璧金璋、命服命车、宗庙之器、祭祀牺牲等代表着帝王贵族不同的身份、地位，不能随便僭越。因此，为维护这种等级制度的尊严，保护帝王贵族的专用权，国家规定不能在市场出售这些物品，只能由官府手工业或其他官府机构生产和供给。

其二，禁止出售伪劣商品。《礼记·王制》重视出售商品的质量，民间日常所用的布帛、用器等必须合乎质量要求，即"中度"、"中数"、"中量"才允许出售，而那些"不中度"、"不中数"、"不中量"的劣质商品是禁止上市的。

其三，禁止出售衣服饮食。国家为防止广大民众脱离生产劳动，对人们所需的最基本消费品"衣服饮食"禁止在市场上出售，以促使普通百姓必须自己动手生产劳动，才能达到丰衣足食。

其四，禁止出售属于滥捕猎滥采伐的动植物。国家为保护自然动植物资源，从源头上制止滥捕猎滥采伐现象的发生，禁止市场出售未成熟的果实、五谷，未达到砍伐标准的树木，未达到捕杀标准的幼小禽兽鱼鳖等。

三、《管子》政府垄断经营盐铁思想

《管子》除了主张国家必须控制粮食、货币外，还强调国家应对一些重要的自然资源加以垄断。他们认为对山海的垄断关系到一个国家的兴亡成败。"为人君而不能谨守其山森、菹泽、草莱，不可以立为天下王。"① 因此，一再呼吁国家对山海资源要"谨封而为禁"，绝不容许百姓染指，"使乘者下行，行者趋"，"有动封山者，罪死而不赦；有犯令者，左足入左足断，右足入右足

---

① 《管子·轻重甲》。

断，然则其与犯之远矣，此天财、地利之所在也"①。

在中国古代社会，自然经济占统治地位，男耕女织，自给自足，只有盐铁等少数物品，农民无法自己生产，必须依靠市场上的商品交换来获得。因此《管子》认为"官山海"②、"官天财"③ 的主要对象应是盐和铁。国家通过垄断盐铁资源，就可以"去其田赋，以租其山"④，通过加价的办法寓税于价，以增加国家的财政收入。

《管子》提出国家实行"官山海"政策，即对盐铁进行专卖，其理由主要有两个方面：一是盐铁是人们生活的必需品，需求量很大，政府如经营盐铁，可以增加很多财政收入。如"十口之家十人食盐，百口之家百人食盐"，政府只要略微加一点价，积少成多，加起来就是一笔很可观的收入。《管子》算了一笔账，一个 1000 万人口的万乘大国，每天要消费盐 1000 钟（1 钟为 1000升），如每升加价两钱，每天就可多收入 200 万钱，一个月就增收 6000 万钱。而对成年男子征收的人头税，每人每月征 30 钱，以应征人口 100 万计算，总共也只有 3000 万钱，只抵食盐加价收入的一半。二是政府如果采取提高税收的办法增加财政收入，那会遭到人民的强烈反对，而如实行食盐加价的办法，人人都要吃盐，"无以避此者"⑤，无形中等于每人都加了税，财政收入会更多，又不易被民众觉察。而且政府直接垄断经营盐铁，把富商大贾排除在外，这是对他们势力的极大削弱和沉重打击。

《管子》所主张的盐铁专卖，并不是由国家直接全过程垄断经营。国家不直接从事盐铁的生产，而是通过对盐铁生产的组织及对产品的统一销售，严禁私人经营，来获取超额利润。《管子》根据盐铁生产、销售的各自特点，采取了不同的垄断经营方式。对于盐，政府不仅垄断其流通、销售，还控制其生产，由政府组织人力"伐菹薪煮沸水以籍于天下"⑥，然后由官府"征而积之"⑦。即由政府组织民众砍伐柴草，煮海水为盐，尔后征购积存起来，再进行统一销售，而禁止百姓自行"聚庸而煮盐"⑧。这种专卖形式既可以调动食盐生产者的积极性，又能把售盐利润全部控制在政府手中。对于铁，政府只在流通、销售领域进行垄断，而不直接垄断铁的生产。因为政府如垄断铁的生产，管理困难，生产者不是逃亡就是怨声载道，生产效益差。由于铁矿的开采、冶炼劳动强度大、危险性高，如征发刑徒、奴隶开采、冶炼，会造成刑徒、奴隶的大批逃亡；如征发民众开采、冶炼，则会使他们产生怨恨，一旦有

①⑥⑦⑧　《管子·地数》。
②⑤　《管子·海王》。
③④　《管子·山国轨》。

战争爆发，这些人是很危险的因素。正如《管子·轻重乙》所云："今发徒隶而作之，则逃亡而不守；发民则下疾怨上，边境有兵，则怀宿怨而不战。未见山铁之利而内败矣。"因此，《管子》主张，让私人自行开矿和制作铁器，政府既能通过与生产者分成来获取财政收入，又能发挥生产者的劳动积极性："善者不如与民量其重，计其赢，民得其十（七），君得其三，有（又）杂之以轻重，守之以高下。若此，则民疾作而为上虏矣"[①]。

《管子》提出官营工商业，官山海、官天财等，为后世许多封建王朝所仿效。纵观古代中国历史，其效果差强人意。官营工商业必然带来高投入、高成本和低效率、低质量，浪费、损公肥私和腐败寻租等现象严重，并出现官府依靠权力强买强卖，破坏了市场经济的正常运作，给民众带来灾难。

---

① 《管子·轻重乙》。

第四章　先秦法术势管制思想

第一节　政府立法管制思想

一、夏商立法管制思想

中国古代自出现国家开始，就有了制定刑法对全国进行严厉管制的思想。《左传》昭公六年载："夏有乱政，而作禹刑；商有乱政，而作汤刑；周有乱政，而作九刑。"由此可见，中国最早刑法的出现，是基于对"乱政"的治理，刑法主要体现了管制性政策工具的导向。

据古籍记载，舜继位后，命皋陶作刑。《左传》昭公十四年载："己恶而掠美为昏，贪以败官为墨，杀人不忌为贼。《夏书》曰：'昏、墨、贼，杀。'皋陶之刑也。"可见，中国从出现第一个奴隶制国家——夏朝开始，国王就把刑法作为管制性政策工具的一个重要手段，对官吏进行严格的管理。当时如果官吏犯有作恶还要以美德掩饰、贪污腐败、杀人而不害怕三项中的一项，就要遭到处以死刑的惩罚。

商朝时，商王实行重法，对全国实行严厉的管制。如《尚书·盘庚中》载：不管任何人，如"不吉不迪"、"颠越不恭"或"暂遇奸宄"等，"我（指商王盘庚）乃劓殄灭之无遗育，无俾易种于兹新邑"。意思是说，如有人行为不善，不按正道行事；狂妄放肆，违法乱纪，不服从国王的命令；诈伪、奸邪，犯法作乱者，都将遭到处以死刑、灭绝其全家的严酷处罚。

《吕氏春秋·孝行》引《商书》说："刑三百，罪莫重于不孝。"商朝重祭祀，讲究宗法，因而刑法以不孝罪为最重者。孝的内容即要求孝顺父母，从此加以引申就是要尊祖敬宗，维护宗法制度，最终目的达到巩固商王的统治。

总之，从《尚书·盘庚中》和《吕氏春秋·孝行》的记载可知，商朝时立法、执法的指导思想之一是对犯上作乱、威胁王权的一切行为予以残酷的惩

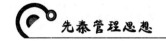

罚，动辄处死，灭绝全家。

《尚书·伊训》载：商代曾"制官刑，儆于有位：曰敢有恒舞于宫，酣歌于室，时谓巫风；敢有殉于货色，恒于游畋，时谓淫风；敢有侮圣言，逆忠直，远耆德，比顽童，时谓乱风。惟此三风十愆，卿士有一于身，家必丧；邦君有一于身，国必亡。臣下不匡，其刑墨，具训于蒙士"。可见，商朝已专门制定了惩治官吏有关生活作风奢靡、道德品质败坏的刑法。卿士、诸侯君只要触犯其中的一条，就有亡国丧家的危险。臣下不予匡正，也要受到面或额刺上黑色标记的墨刑。

《尚书·盘庚上》还透露商代的另一重要治国思想是"正法度"。该篇文中云："先王有服"，意为先王的旧制度；"以常旧服，正法度"，即日常遵循旧制度，统治者行为要规范化，不可任意行事。

二、西周立法管制思想

西周时，把刑法作为国家管制性政策工具的手段又有进一步的发展。其一，与商朝一样，臣民不从王命或造谣惑众等对王权构成威胁的犯罪行为均要遭到严酷的惩处。如《尚书·多方》载周公代表成王发布诰令："乃有不用我降尔命，我乃其大罚殛之。"《国语·周语上》载，周宣王时，樊仲山父曰："犯王命必诛，故出令不可不顺。"总之，臣民不服从王命，就一定会遭到诛杀的严厉惩罚。还有，臣民如通过讹言惑众，或另搞一套政策，欺骗民众及下属官吏，也要依法处以死刑。如《尚书·康诰》载，周公诫说：对于"乃别播敷，造民大誉"的大臣官吏，"乃其速由兹义率杀"。

其二，重惩盗窃罪。《尚书·康诰》："凡民自得罪，寇攘奸宄。"对于这类侵犯财产所有权的重罪，国家往往予以重惩，动辄处死。

其三，重惩杀人越货罪。《尚书·康诰》："凡民自得罪……杀越人于货。"这是杀人并抢夺财物，是侵犯生命与财产安全的重罪，一般都处以死刑。

其四，重惩群饮罪。周朝统治者吸取商朝饮酒作乐、终致亡国的教训，禁止周人聚众饮酒。法律规定：如有聚众饮酒者，不要放纵他们，要把他们尽行逮捕处死。《尚书·酒诰》载："群饮。汝勿佚，尽执拘以归于周，予其杀。"

周代，在立法、执法上强调慎刑罚，周公对此有了比较系统的认识。

其一，强调要依据成法成典用刑。《尚书·康诰》说："敬哉！无作怨，勿用非谋非彝。"其大意是周公反对采用不属于"常典"、"正刑"的刑罚，以防招致民怨民叛。

其二，提出用刑要注意犯罪者的态度。《尚书·康诰》说："人有小罪，非眚，乃惟终，自作不典，式尔，有厥罪小，乃不可不杀。"其大意是说，一个人犯小罪，但他还不反省，坚持不改，继续干下去，这样即使罪不大，也必须把他杀掉。反之，一个人犯了大罪，但不坚持，并且悔罪，而且又不是故意的，便可饶恕不死。这就是"乃有大罪，非终，乃惟眚灾，适尔，既道极厥辜，时乃不可杀"①。

其三，指出用刑之心要出于善，且不可借机肆虐。《尚书·康诰》云："乃大明服，惟民其敕懋和"，其意为用刑必须能使民心诚服，民就会安于本分，勤劳从事，不敢轻易犯法；"若有疾，惟民其毕弃咎"，大意是民有罪，就像自己有过错一样，居官者也有责任，民被感动就会自动改正；"若保赤子，惟民其康乂"，大意为对民如保赤子，民被感化，就会得到治理。如果对民怀着这种爱护之情，即使统治者杀人、割人鼻子，民众也会理解，因为这不是出于私怨，而是这个人罪不容赦，非杀非割不可。

其四，判决罪犯时切忌匆忙草率。《尚书·康诰》说："要囚，服念五六日，至于旬、时，丕蔽要囚"，其意为判决罪犯时，谨慎思考五六天，乃至10天、3个月，以免错判。

其五，在强调慎刑的同时主张对一些犯罪要严厉予以惩处。如"凡民自得罪，寇攘奸宄，杀越人于货，暋不畏死，罔弗憝"②。大意为凡民众犯有强盗抢劫、杀人取货之罪者，强横不怕死，民愤极大，要坚决处死。此外，对于不孝不友、不从王命者以及违法乱纪的官吏，也都要严加处罚。

总之，周公在商周朝代更替中，鉴于商代乱罚招致民怨民叛的历史教训，提出了用刑必须慎而不滥，以德施刑，重视民心向背等思想，其对后世的影响是相当深远的③。

三、李悝《法经》管制思想

战国时期，魏国李悝进行变法，著《法经》。《法经》共有《盗》、《贼》、《囚》、《捕》、《杂》、《具》6篇。《法经》已佚，其详细内容目前不得而知，但从《七国考·魏刑法》中可知，李悝主张严刑重罚，通过管制性政策工具治理国家。《法经》中主张予以严惩的犯罪有以下6类：

其一，《杂律》规定："盗符者诛，籍其家；盗玺者诛；议国法令者诛，籍其家及其妻氏，曰狡禁。越城，一人则诛，自十人以上夷其乡及族，曰城禁。"这里盗符者、盗玺者、议国法令者、越城者（尤其是10人以上集体越城者）都有谋反不轨之嫌疑，因此必须予以严惩，不仅当事人要处死，有的甚至还要

---

①②　《尚书·康诰》。

③　刘泽华：《中国政治思想史集》第1卷，人民出版社2008年版，第28～29页。

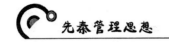

连坐家属，更甚者连坐同族、同乡。

其二，《法经》规定："杀人者诛，籍其家，及其妻氏；杀二人，及其母氏。大盗戍为守卒，重则诛。窥宫者膑，拾遗者刖，曰为盗心焉。"当时除谋反罪外，其次就是杀人、盗贼之罪了。因此，杀人者必须偿命，必须处以死刑；如果情节严重，杀的不止1人，那还要连坐妻子、母亲家族。一般的强盗罪罚去戍守边疆，如罪行严重的，也要处死。即使是窥视别人的宫室，拾到别人遗失的东西不还，也作为有盗窃之心论处，前者处以膑刑（削去髌骨的酷刑），后者处以刖刑（砍掉脚的酷刑）。

其三，《杂律》规定："丞相受金，左右伏诛；犀首以下受金则诛；金自镒以下罚，不诛也，曰金禁。"《法经》已十分重视对官员受贿的惩罚，丞相接受贿赂，其左右侍从要处死；犀首（将军）以下受贿，则当事人要处死；如数量少于一镒以下，虽然不处死，但要接受其他形式的惩罚。

其四，《杂律》规定："博戏罚金三市，太子博戏则笞，不止则特笞，不止则更立，曰嬉禁。"其大意是法律禁止赌博，如参与赌博者必须罚款，如是太子参与赌博那要加重处罚，必须遭到鞭笞的刑罚。

其五，《杂律》规定："群相居一日以上则问，三日、四日、五日则诛，曰徒禁。"由此可知，《法经》对民众的日常行为予以严密的控制，禁止民众聚在一起。如群聚在一起1天，就要遭到盘问；如群聚达3日以上，就有图谋不轨的嫌疑，那就要处以死刑。

其六，《杂律》规定："夫有一妻二妾"，就要受到割去耳朵的肉刑，"夫有二妻则诛；妻有外夫则宫，曰淫禁"。由此可知，《法经》主张一夫一妻制，多妻多夫则被视为淫乱，必须受到割去耳朵或阉割生殖器的酷刑，直至处以死刑。

从《法经》残存的内容可知，李悝的立法体现了法家重刑主义的思想原则，主张通过严厉的管制对国家进行治理。首先，凡属于威胁君主统治的行为，如盗符、盗玺、越城、群相居等，不仅当事人动辄处死，甚至要夷族夷乡。其次，"王者之政莫急于盗贼"，杀人盗窃罪严重威胁人们的生命财产安全，影响社会的稳定有序，故对于杀人盗贼之罪亦予以重惩。再次，官吏受贿之罪，这是吏治腐败的主要表现，严重者影响国家政权的稳定。因此，对于此类犯罪，必须根据受贿数额大小予以不同惩处，重者也要处死。最后，即使一些轻微的犯罪，如赌博、拾遗、一夫多妻等，有的也要受到重罚，如一夫二妻就要处死，拾遗则要受到砍掉脚的酷刑。

李悝的重刑主义思想对于以后的商鞅、韩非都产生了很大的影响，以致成为法家理论的重要组成部分。如商鞅就将这种思想发展成"以刑去刑"的理论。韩非曾对此加以诠释说："且夫重刑者，非为罪人也，明主之法揆也"①，"重一奸之罪，而止境内之邪，此所以为治也。重罚者，盗贼也；而悼惧者，良民也。欲治者奚疑于重刑！"②正如后人所云："卫鞅受之（即李悝《法经》），入相于秦。是以秦、魏二国，深文峻法相近。"③

第二节　商鞅法治思想

一、法治是政治管理思想的核心

"法治"是商鞅政治管理思想的核心。他认为"仁义之不足以治天下也"，既反对以仁义治天下，也对儒家所谓"文武之政，布在方策，其人存，则其政举；其人亡，则其政息"④ 这种"人治"的观点，持摒弃的态度。他一再强调："明王任法"⑤，"法制不明，而求民之行令也，不可得也。""故明主慎法制。言不中法者，不听也；行不中法者，不高也；事不中法者，不为也。"⑥可见，商鞅把"法治"看成是治理国家、维护统治秩序的大政方针。

商鞅在"法治"中坚持有法必依，赏罚分明，无论何人一旦作奸犯科，即行治罪。无论是任何人，即使是"有功于前"，只要"有不从王令，犯国禁、乱上制者"⑦，便绝不赦免。正由于他"罚不讳强大，赏不私亲近，法及太子，黥劓其傅"，遂使秦国出现了"道不拾遗，民不妄取，兵革大强，诸侯畏惧"⑧的局面。

商鞅在这种"法治"思想的指导下，对广大民众实行严格的管制。如为了把尽可能多的人束缚在土地上，专心致志地从事农业，他颁布了一些禁令：其一，"废逆旅"，禁止开设旅店，让流亡人口无所居留；其二，"使民无得迁徙"，禁止民众自由搬迁，尤其是从农村迁往城镇；其三，"声、服无通于百

---

①②　《韩非子·六反》。

③　董说《七国考》引桓谭《新书》。

④　《礼记·中庸》。

⑤　《商君书·修权》。

⑥　《商君书·君臣》。

⑦　《七国考·魏刑法》。

⑧　《战国策·秦策一》。

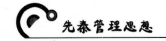

县",禁止县以下的各种声色娱乐活动,避免农民分心影响农业生产①。

但是,由于商鞅过分强调严刑酷法,百姓动辄触禁,身陷囹圄,不可避免地导致了社会矛盾的尖锐和激化。正如汉代刘歆在《新序论》中所指出的:"今卫鞅内刻刀、锯之刑,外深鈇、钺之诛,步过六尺者有罚,弃灰于道者被刑。一日临渭而论囚七百余人,渭水尽赤,号哭之声动于天地。畜怨积仇比于丘山,所逃莫之隐,所归莫之容,身死车裂,灭族无姓,其去霸、王之佐亦远矣。"②

二、民众知法才能守法

商鞅还提出,要实行以法治国,必须让官民都知道法律的内容和要求,这样官吏才能依法执法,民众才能知法守法,达到法治的目的。他说:"吏民(欲)知法令者,皆问法官。故天下之吏民无不知法者。吏明知民知法令也,故吏不敢以非法遇民,民不敢犯法以干法官也。遇民不修法,则问法官。法官即以法之罪告之。民即以法官之言正告之吏。吏知其如此,故吏不敢以非法遇民,民又不敢犯法。如此,天下之吏民虽有贤良辩慧,不能开一言以枉法;虽有千金,不能以用一铢。故知诈贤能者皆作而为善,皆务自治奉公。"③ 这里,商鞅主张官吏与民众要知道法令的内容,可以求教于法官。所以普天之下的官吏和民众都知晓法令。官吏知道民众懂法律,就不敢用非法的手段对待人民,人民自己也不敢犯法。一旦遇到官吏以非法手段对待人民,人民可以问法官;法官要把法令规定的罪名告诉人民,人民就会用法官的话警告官吏。这样,官吏就不能用非法的手段对待人民了。官吏和人民中虽然有贤良善辩和智慧的人,也不能说一句违背法令的话;虽然有的人钱财很多,也不能使用金钱达到违法的目的。无论是狡诈之徒,还是贤能的人,都会努力自治,奉公守法。

商鞅进一步提出,要使臣民都能够知法守法,还必须具有两个条件:一是法律条文本身必须明确易懂。"故圣人为法,必使之明白易知,名正,愚知遍能知之。"④即法律条文要简明易懂到让最愚钝的民众也能理解,这才算达到全体臣民知晓。二是要培养一批熟知法律的官吏普及法律。"为置法官,吏为之师,以道之知。"⑤商鞅认为,做官吏的首要条件是熟悉法律条文,能够做民众学习法律的老师,同时,向民众宣传普及法律又是官吏的职责,做不到这点便是失职。

---

① 《商君书·垦令》。
② 《西汉文纪》卷22。
③④⑤ 《商君书·定分》。

总而言之，商鞅认为，法律公开，是使法治能够公正实现的根本保证，因为如民众人人都知晓法律，那么官吏在民众的监督下，就不敢明目张胆地徇私枉法；同时，民众知法也使他们更好地守法，不敢轻易以身试法。

三、法律在治国中的作用

商鞅重视法治，主张通过以法治国而达到天下大治。他认为治理国家不可一日无法，法是治国的根本。"法令者，民之命也，为治之本也，所以备民也。为治而去法令，犹欲无饥而去食也，欲无寒而去衣也，欲东而西行也。"① 具体而言，法律在治国中主要有以下3个方面的作用。

其一，法律能够定分。《商君书·定分》说："一兔走，百人逐之，非以兔（为可分以为百，由名之未定）也。夫卖（兔）者满市，而盗不敢取，由名分已定也。故名分未定，尧、舜、禹、汤皆如骛焉而逐之；名分已定，贪盗不取。今法令不明，其名不定，天下之人得议之。其议，人异而无定……故夫名分定，势治之道也；名分不定，势乱之道也。"商鞅这里所说的名分，用现代的话来说就是产权。商鞅认为，之所以产生百人逐兔的现象，根本原因在于所追逐的对象，其所有权不确定。因此，制止社会动乱的根本途径是通过法律来确定每个人的产权，即定分。所以，商鞅主张"立法明分"②，而反对以私害法。

《商君书·定分》引用了慎到百人逐兔的例子来论述"明分"的重要："名分未定，尧、舜、禹、汤且皆如骛（乱跑）焉而逐之；名分已定，贪盗不取。""名分定，则大诈贞信，民皆愿悫（诚实）"。由此可见，作者把"定分"视为治国的不二法门，即使尧、舜、禹、汤那样的圣明君主，如在"名分未定"的情况下，也不可能把国家治理好。"名分定，势治之道也；名分不定，势乱之道也。"这就是如所有权得到确定，国家就得到治理，安定有序；所有权得不到确定，国家就难以治理，陷入混乱无序。

其二，法能够胜民。商鞅明确指出："民胜法，国乱；法胜民，兵强。"③其意是法律如能起到管制民众的作用，国家就会强盛；相反，法律如不能起到管制民众的作用，国家就会混乱。他的这一见解，是基于所有的臣民都是奸民的认识，所以"以良民治，必乱至削；以奸民治，必治至强"④。如果君主把臣民都当作良民来治理，不采取严厉的管制，那么国家必然混乱而至削弱；如

---

① 《商君书·定分》。
② 《商君书·修权》。
③④ 《商君书·说民》。

果君主把臣民都当作奸民来治理，严厉进行管制，那么国家必然安定而至强大。

其三，法律是实行富国强兵政策的保证。在《商君书》中，法律常常是与耕战紧密联系的。《商君书·壹言》说："治法明则官无邪，国务壹则民应用，事本抟则民喜农而乐战。夫圣人之立法化俗，而使民朝夕从事于农也，不可不知也。"商鞅认为专制国家设立法制的目的，就是为了使民众服从于国家通过耕战而达到富国强兵的需要。"故圣人之为国也，入令民以属农，出令民以计战……民生则计利，死则虑名。名利之所出，不可不审。利出于地，则民尽力；名出于战，则民致死。入使民尽力，则草不荒；出使民致死，则胜敌。胜敌而草不荒，富强之功可坐而致也。"①

四、以法治国应遵循的原则

在以法治国中，商鞅主张必须遵循以下 3 条原则：

其一，要刑无等级。商鞅认为，法律的基本精神是公，不以私害法是国家达到治理的根本保证。因此，他强调"刑无等级，自卿相将军以至于大夫庶人，有不从王令、犯国禁、乱上制者，罪死不赦"②。由于法律至公的性质，法律必须为全体臣民所共守。在执行法律的过程中，除君主外，任何人都不能逃脱法律的制裁，爵禄不得抵刑，功不得抵过，善不可当恶。"有功于前，有败于后，不为损刑；有善于前，有过于后，不为亏法。"如果国家的执法官吏在执法过程中有违法行为，则要加重处罚，"罪死不赦，刑及三族"③。

其二，要明法利民。商鞅认为，实行法治，就必须公布法律条文，让全体臣民知晓，以便于他们遵守。"古之明君，错法而民无邪，举事而材自练，赏行而兵强。此三者，治之本也，夫错法而民无邪者，法明而民利之也。"④ 这里的"错法"，也就是明法。将法律公之于众，使"天下吏民无不知法"，民众就能够"知所避就"，"避祸就福，而皆以自治也"。这样，"吏不敢以非法遇民，民不敢犯法以干法官也"⑤，从而使全国臣民都成为知法守法者。

其三，要轻罪重罚。商鞅是法家中主张重刑最给力的一派，主要反映在 3 个方面：一是主张轻罪重罚。《商君书·说民》云："行刑重其轻（罪）者，轻者不生，则重者无从至矣。此谓治之于其治也。"《商君书·画策》亦云：国家

①　《商君书·算地》。

②③　《商君书·赏刑》。

④　《商君书·错法》。

⑤　《商君书·定分》。

有了法之后所以还有犯法者，是由于"轻刑"造成的。"轻刑"等于无法。作者的理由是，轻罪重罚使人不敢犯轻罪，那自然不敢犯重罪了。二是国家在立法中罚要多于赏。商鞅主张在治理国家中赏罚并用："夫人情好爵禄而恶刑罚，人君设二者以御民之志，而立所欲焉。"① 但是他又提出，在赏与罚两者中，主张应多使用罚的手段，而少用赏的手段。《商君书·去强》云："王者刑九赏一；强国刑七赏三，削国刑五赏五。"《商君书·开塞》更是提出："治国刑多而赏少，故王者刑九而赏一，削国赏九而刑一。"其理由是"夫刑者所以禁邪也，而赏者所以助禁也"②，赏是罚的补充，主要应通过罚来禁止不法行为，这是强国的重要手段。三是刑于将过，即只要有犯罪的征兆就应刑罚。《商君书·开塞》说："刑加于罪所终，则奸不去。赏施于民所义，则过不止。刑不能去奸，而赏不能止过者，必乱。故王者刑用于将过，则大邪不生；赏施于告奸，则细过不失。"将惩罚加于即将犯罪，对告奸者予以奖赏，其目的是将犯罪消灭于萌芽状态，防患于未然。

商鞅之所以主张重刑，其目的是轻罪重罚，还未犯罪先罚，人民就不敢犯罪了；人民不敢犯罪，自然就无须用刑了，这就叫作"以刑去刑，刑去事成"③。《商君书·画策》也说："不刑而民善，刑重也。刑重者，民不敢犯，故无刑也，而民莫敢为非，是一国皆善也。"因此，"以战去战，虽战可也；以杀去杀，虽杀可也；以刑去刑，虽重刑可也"。商鞅的这一理论对后世影响很大，历朝主张严刑、重刑者均从此寻找依据。但是历史证明，仅通过严厉管制、残酷镇压往往会适得其反，引起更尖锐的社会矛盾，爆发更猛烈的武装冲突，最终导致王朝的覆灭。

五、重视法、信、权关系和法、君主、官吏关系

在以法治国中，商鞅十分重视法与信、权的关系。他指出："国之所治者三：一曰法；二曰信；三曰权"，"法者，君臣之所共操也；信者，君臣之所共立也；权者，君之所独制也。人主失守则危，君臣释法任私必乱。故立法明分，而不以私害法，则治"④。由此可见，商鞅认为一个国家之所以能得到很好的治理，取决于法、信、权三个方面。其中法是君臣所共同遵守的，信是君臣共同建立的，而权则是国君所独有。君臣抛弃法律，而听任个人意志办事，国家必

---

① 《商君书·错法》。
② 《商君书·算地》。
③ 《商君书·靳令》。
④ 《商君书·修权》。

定混乱。所以立法必须明确，而不能以个人意志损害法律，那么国家就会治理好。

商鞅认为人性的核心是追名逐利："民之性，饥而求食，劳而求佚，苦则索乐，辱则求荣，此百姓之情也。"人们追求名利是无所顾忌的，"今夫盗贼上犯君上之所禁，而下失臣民之礼，故名辱而身危，犹不止者，利也。其上世之士，衣不暖肤，食不满肠，苦其志意，劳其四肢，伤其五脏，而益裕广耳。非生之常也，而为之者，名也"①。这种追名逐利导致了人与人之间的矛盾冲突和纷争，"亲亲则别，爱私则险。民众，而以别险为务，则民乱"②。商鞅认为从古至今都在设法解决这样的"乱"。但是道德规范却不能消灭人的自私本性，"民众而无制，久而相出为道，则有乱"。在这种情况下，只有通过设立君主、职官、国家以及法令制度等予以规范、禁止。

《商君书·开塞》云："天地设而民生之。当此之时也，民知其母而不知其父，其道亲亲而爱私。亲亲则别，爱私则险。民众，而以别险为务，则民乱。当此时也，民务胜而力征。务胜则争，力征则讼，讼而无正，则莫得其性也。故贤者立中正，设无私，而民说仁。当此时也，亲亲废，上贤立矣。凡仁者以爱利为务，而贤者以相出为道，民众而无制，久而相出为道，则有乱。故圣人承之，作为土地、货财、男女之分。分定而无制，不可，故立禁；禁立而莫之司，不可，故立官；官设而莫之一，不可，故立君。既立君，则上贤废而贵贵立矣。"《商君书》作者的观点与荀子有相似之处，即人类社会纷争、混乱而使国家产生成为必要；《商君书》提出了"分"的概念，但其认为单"分定"还不足以使社会秩序安定，必须制定法律予以禁戒；但有了法律如果没有官员进行管理，还是不足以使国家治理好，因此必须设置官员进行管理；但是如果有了官员而没有君主进行统治，那官员的行动很难统一，因此必须在官员之上立君主进行统领。

第三节　申不害和慎到的术、势思想

一、申不害驭臣之术思想

申不害之所以特别重视君主统驭臣下之术，是因为他认为威胁君主地位的

---

① 《商君书·算地》。
② 《商君书·开塞》。

主要危险来自左右大臣。"妒妻不难破家，乱臣不难破国。"① 申不害的驭臣之术主要有以下 2 个方面：

其一，正名责实之术。申不害指出："昔者尧之治天下也以名，其名正则天下治；桀之治天下亦以名，其名倚而天下乱，是以圣人贵名之正也。主处其大，臣处其细，以其名听之，以其名视之，以其名命之。"② 这里，申不害强调君主治理国家应注意两个方面：一是君主要正名，即凡事要有明确具体规定，有章可循；二是君主要抓大事，抓住了大事，就能控制小的，控制住臣下。申不害还认为君主不应把精力放在论人忠奸上，重要的是按规定对官吏进行检查、考察和评估。"为人君者，操契以责其名。名者，天地之纲，圣人之符。张天地之纲，用圣人之符，则万物之情无所逃之矣。"③

其二，静因无为之术。申不害认为国君治理国家要"示天下以无为"④。"无为"的关键就是国君要把自己深藏起来，对任何事情都不要在事情未决断之前表示自己的好和恶、是和非、知与不知。因为君主只要有任何倾向性的表示，臣下都会钻空子投机。他说："上明见，人备之；其不明见，人惑之。其知见，人饰之；不知见，人匿之。其无欲见，人司（伺）之；其有欲见，人饵之。"如果君主不动声色，没有任何表示，臣下便无机可乘，君主也不会受臣子的左右和利用。君主如果能做到"无为"，就可以洞察一切，即"惟无为可以规（窥）之"⑤。

二、慎到君主权势论

慎到对所谓"势"的解释就是政治上足资凭借的权势、势位："腾蛇游雾，飞龙乘云。云罢雾霁，与蚯蚓同，则失其所乘也。故贤而屈于不肖者，权轻也。不肖而服于贤者，位尊也。尧为匹夫，不能使其邻家；而南面而王，则令行禁止。由此观之，贤不足以服不肖，而势位足以屈贤矣。"⑥

慎到从历史和现实的角度认识到：在政治上谁服从谁，不是以才能、是非和道德为标准，而是要看权势的大小。贤人之所以屈服于不肖者，是因为贤人权势轻也；不肖者能使贤人服从其统治，是因为势位尊贵也。尧为平民时，不能使唤其邻家；到他南面称王时，则令行禁止。由此观之，贤人的才德不足以使不肖服从，而不肖者的势位足以使贤人屈服。从理论上看，慎到的思想是权

① 《意林》卷 2《申子三卷》。

②③④ 《申子·大体》。

⑤ 《韩非子·外储说右上》。

⑥ 《慎子·威德篇》钱熙祚本。

力决定论，权力高于一切，未免太绝对化，具有片面性。但在当时现实中，这种说法是符合历史实际的。纵观中国古代，臣民中，无论是才能、道德哪一方面都超过君主的，大有人在。然而他们仍然必须服从君主，君主所依恃的就是权势。所以慎到说，这种权势是不可须臾离开君主的。正如腾蛇、飞龙不可离开云雾一样，一旦云消雾散，失去依靠，就会立刻掉下来，只能与蚯蚓同类。君主也是一样，一旦失去权势，只能与匹夫为伍。

正是由于权势对于君主如此重要，因此，慎到对君主如何确保权势提出了自己的看法。他认为，权力的平等不能并存，"两贵不相事，两贱不相使"①。如果有并行的权力，那么在其上则要有一个更高的权力加以统领。"臣有两位者国必乱。臣两位（而）国不乱者君在也，恃君（而）不乱矣。"② 一国之内只能有一个君主，"多贤不可以多君，无贤不可以无君"③。在政治体制上，慎到主张一元化的君主专制，反对二元化或多元化，即同一种权力有"两"，因为"两则争，杂则相伤"④。

君主要实现专制统治，最关键的是自己的权势一定要超过一切臣属。"君臣之间犹权衡也。权左轻则右重，右重则左轻。轻重迭相橛，天地之理也。"⑤君主要使自己的权势大于臣下，必须"得助于众"⑥。他说："民杂处而各有所能。所能者不同，此民之情也。""下之所能不同，而皆上之用也。是以大君因民之能为资，尽包而畜之，无能去取焉。是故不设一方以求于人，故所求者无不足也。大君不择其下故足。不择其下则易为下矣。易为下，则莫不容。莫不容，故多下。多下之谓太上。"⑦ 这里，他提出的两种看法值得注意：一是处理好"民能"与"君用"的关系。民各有所长，各有其短，君主要善用其长处，兼蓄而择其能用之。二是处理好"上"与"下"的关系。君主作为"上"，应善于兼容各种各样的"下"，这样"下"就多。因为君主拥有作为"下"的臣民越多，那他作为"上"的权势就越大，地位也就越稳固，故"多下之谓太上"。

总之，慎到一方面特别强调权势要集中于君主之手，君主要大权独揽；另一方面又指出君主应善于使用臣民之所长，努力拥有尽可能多的臣民。这样，就能拥有绝对优势的权势，从而巩固自己对国家的治理地位。

慎到认为，君主要巩固自己的权势，必须采取以下 3 个方面的措施：

①③⑤ 《慎子·佚文》。

②④ 《慎子·德立》。

⑥ 《慎子·威德》。

⑦ 《慎子·民杂》。

其一，不尊贤。慎到一反先秦诸子中儒家、墨家的尊贤、尚贤主张，提出不尊贤："立君而尊贤，是贤与君争，其乱甚于无君。"① 因为如果君主尚贤，其结果必然是使贤人在民众中养成声望，在客观上为君主自己树立了一个敌手，那样，人民将只知有贤人而不知有君主，只知尊贤而不知尊君，贤与君争的结果是不如无君。

其二，君主应该获得民众的支持。《慎子·威德》说："爱赤子者，不慢于保；绝险历远者，不慢于御。"民众对于君主来说，就像赤子的保姆与驾车的御夫一样重要，只有得助于民众，君主的统治地位才能稳固。君主要使自己手中的权力不至于旁落，很重要的一点是设法使自己在民众中树立威信，通过得到民众的支持来制约臣下。

其三，君主无为以治臣下。慎到认为，君主为了巩固自己的权力，必须善于运用权术驾驭臣下。慎到所说的权术，即君逸乐而臣任劳的统治术。也就是说，君主治理国家，自己应该处于安逸清闲的境况，坐收其利；而尽量发挥臣下的作用，让臣下操劳，办理各种繁杂事务。相反，"人君自任而务为善以先下，则是代下负任蒙劳也，臣反逸也"②。这就是如果君主事必躬亲，包揽一切事务，这并不说明君主的勤政和精明强干，反而是君主治国无能的表现。因为君主如代替臣下处理各种事务，臣下就会没有事情可做，这样，君主无形中便降到臣下的位置上，即代替臣下操劳，而且如果处理事务出现差错，还要替臣下承担责任；另外，臣下无事可做，却在暗中观察君主的一举一动，甚至幸灾乐祸于君主处事出差错。总之，君臣如此易位，难免出现祸乱。

三、慎到反对"身治"思想

慎到在治理国家中主张实行法治，反对"身治"（即人治）。他指出"身治"有两大弊端：一是"身治"无一定标准，主观随意性大，赏罚不公。"君人者，舍法而以身治，则诛赏予夺，从君心出矣。"君主以主观好恶进行赏罚，结果"受赏者虽当，望多无穷；受罚者虽当，望轻无已"。那将使臣属对君主赏罚抱着一种侥幸的心理，因为凭主观好恶赏罚，只要一转念，其赏罚可能会差之千里。这就会造成"君舍法而以心裁轻重，则同功殊赏，同罪殊罚矣"。赏罚不公，"怨之所由而生也"③。二是人治使国家政事系于一人是危险的。慎到认

---

① 《慎子·佚文》。

② 《慎子·民杂》。

③ 《慎子·君人》。

为，人治使"国家之政要在一人之心矣"①，一个人无论多么英明，其对世上纷繁复杂的事物的认识也是有限的。"一人之识识天下，谁子之识能足焉?"②因此，把国家政事系于一人是危险的。

第四节　《管子》法治思想

一、法在治国中的作用

法的最基本的规定性在于"分"。君主行法就要紧紧抓住这个"分"字。《管子·乘马》说："圣人之所以为圣人者，善分民也。圣人不能分民，则犹百姓也。于己不足，安得名圣。"圣人之所以与一般百姓不同，正是由于他善于"分"。《管子·明法解》也提出，"察于分职"是明君的标志之一。

《管子》书中对"法"之先后界说不一，虽含义不尽相同，归纳概括起来，大致包括以下4个方面：

其一，"法"是规范臣民行为的准则："法者，上之所以一民使下也"③；"尺寸也，绳墨也，规矩也，衡石也，斗斛也，角量也，谓之法"④。

其二，"法"是判断臣民行为是非曲直的标准："法者，天下之仪也，所以决疑而明是非也。"⑤

其三，"法"是君主对臣民进行赏罚的依据："法者，所以兴功惧暴也"⑥；"法制不议"，"刑杀毋赦"，"爵禄毋假"，"三者藏于官则为法"⑦。"制断五刑，各当其名，罪人不怨，善人不惊，曰刑"⑧。

其四，"法"是君主用于规定社会各阶层的职责与义务、协调社会关系的法律条文："律者，所以定分止争也；令者，所以令人知事也。"⑨

尽管《管子》以上对"法"4个方面的界定含义不尽相同，但相同之处是

---

① 《慎子·威德》。
② 《慎子·佚文》。
③ 《管子·任法》。
④ 《管子·七法》。
⑤ 《管子·禁藏》。
⑥⑨ 《管子·七臣七主》。
⑦ 《管子·法禁》。
⑧ 《管子·正第》。

都从"法"的作用、功能方面着眼。正由于"法"有这4个方面的主要功能，因此，君主治理国家必须依靠"法"，才能使社会安定有序；相反如"不法法则事毋常"①，社会就会陷于混乱，国家必然衰亡。

《管子》主张法治，其有关以法治国的理念与论述，在先秦诸子百家中是相当突出的。

《管子》认为，法是治理国家的主要凭借和规范上下的基本依据。"法者，天下之程式也，万事之仪表也。"②"法者，不可恒也，存亡治乱之所从出，圣君所以为天下大仪也。"③管子学派主张以法治国要贯穿于君、臣、民之中。《管子·任法》云："夫生法者，君也；守法者，臣也；法于法者，民也。君臣上下贵贱皆从法，此谓为大治。"可见，《管子》认为：法是由君主制定产生的，这不仅包括公之于众的法律，还包括君主决策性质的号令等。君主握有立法权，国家权力由君主掌握，高度集中。从中央到地方的各级官吏的职责是守法，即通过遵守君主制定的法律来统治、管理人民。广大民众必须服从由国君制定、由各级官吏执行的各项法令政策，不准违抗。总之，如能达到"君臣上下贵贱皆从法"，就是天下大治了。

先秦时期，各诸侯国君主可以根据自己需要随意立法或废法，因此，虽然各国颁布有法律，但仍是人治而不是法治。对此，商鞅深刻指出："国皆有法，而无使法必行之法。"④

二、法的特征

《管子》在强调法在治国的重要性的基础上，认为法有4大特征：其一，法具有规范性。《管子·禁藏》认为："法者，天下之仪也，所以决疑而明是非也，百姓所悬命也。"《管子·七法》也认为："尺寸也，绳墨也，规矩也，衡石也，斗斛也，角量也，谓之法。"《管子》从法律的3种职能强调了法作为规范的意义："夫法者，所以兴功惧暴也；律者，所以定分止争也；令者，所以令人知事也。法律政令者，吏民规矩绳墨也。"⑤《管子》认为法不仅对人民、官吏有规范作用，而且对君主也有约束作用，这是十分难能可贵的。"夫矩不正，不可以求方；绳不信，不可以求直。法令者，君臣之所共立也。"⑥

---

① 《管子·法法》。
② 《管子·明法解》。
③ 《管子·任法》。
④ 《商君书·画策》。
⑤⑥ 《管子·七臣七主》。

其二，法具有公正性。《管子》认为："宪律制度必法道……此正民之经也。"① 这里所谓的"道"，指的是天地自然、天常地则，无亲疏厚薄，公正无私，一视同仁。他们主张：圣君"任公而不任私……不知亲疏远近，贵贱美恶，以度量断之……以法制行之，如天地之无私也……上以公正论，以法制断，故任天下而不重也"②。如果所有的社会阶层及国家的活动都能置于法律的约束之下，从法的公正性出发，即使是君主也不例外，那么天地万物、平民百姓都会得到好处。这就是"天不为一物枉其时，明君圣人亦不为一人枉其法。天行其所行，而万物被其利；圣人亦行其所行，而百姓被其利"③。否则，如"为人君者，倍道弃法而好行私，谓之乱"④；"行法不道，众民不能顺"⑤；"舍公而好私，故民离法而妄行"⑥。可见，国君如违背了法的公正性，就会招致民众的反对，社会上出现违法乱纪的行为，甚至引发祸乱。

其三，法具有公开性。《管子》认为，法律必须让老百姓家喻户晓，才能要求广大民众遵守，真正起到约束民众的作用。《管子》指出："宪律制度必法道，号令必著明，赏罚必信，此正民之经也。"⑦ "凡将举事，令必先出，曰事将为，其赏罚之数，必先明之。立事者谨守令以行赏罚，计事致令，复赏罚之所加。有不合于令之所谓者，虽有功利，则谓之专制，罪死不赦。首事既布，然后可以举事。"⑧ 这里，《管子》特别强调，凡是开展一项较重大的工作，开始实施前必须公布有关的政策法令。说明事件将怎样具体进行，明确有功必赏、有过必罚的具体标准。这样，就能使主持工作的人能严格遵循规定进行赏罚。如果法令上是怎样说的，实际上并没有照办，行事与法令不相符合，即使也有一定成绩，仍然应称之"专制"，是犯了不可宽赦的死罪。开展某项工作的第一道法令公布以后，方可以按照法令实施行动。

其四，法具有功用性。《管子》认识到，法是约束规范人们的行为、维护社会制度、君主用于治理国家的工具。"凡人主莫不欲其民之用也。使民用者必法立而令行也，故治国使众莫如法，禁淫止暴莫如刑。"⑨《管子》还进一步比较了以法治国和不以法治国的利弊，以及所带来的截然不同的两种结果："圣君任法而不任智，任数而不任说，任公而不任私，任大道而不任小物，然

①⑦ 《管子·法法》。
②⑥ 《管子·任法》。
③ 《管子·白心》。
④ 《管子·君臣》。
⑤ 《管子·禁藏》。
⑧ 《管子·立政》。
⑨ 《管子·明法解》。

后身佚而天下治。失君则不然，舍法而任智，故民舍事而好誉；舍数而任说，故民舍实而好言；舍公而好私，故民离法而妄行；舍大道而任小物，故上劳烦，百姓迷惑，而国家不治。"①

三、法的原则

《管子》作者认为，君主制定、实施法制，必须坚持必信、有常、无私 3 项原则。所谓必信原则，《管子·七臣七主》指出："民信其法则亲"，也就是人民如信赖法度律令则能紧密团结而不致涣散。正因为"民信其法"如此重要，因此"明主知其然，故见必然之政，立必胜之罚。故民知所必就而知所必去，推则往，召则来，如坠重于高，如渎水于地"。这就是说，英明的君主很懂得必须使民相信法的道理，所以总是凡颁布政令下面便必须推行，确立刑罚便一定实施。让人民知道什么事情可以做什么事情不能做，推之则往，招之必来，就像是悬在高处的重物必然往下坠落，把水泼在地上必然会渗透开那样。

所谓有常原则，《管子·法法》指出："号令已出又易之，礼义已行又止之，度量已制又迁之，刑法已措又移之；如是，则庆赏虽重民不劝也，杀戮虽繁民不畏也。故曰：上无固植，下有疑心，国无常经，民力必竭，数也。"如果君主制定颁布法律朝令夕改，号令已经发出又任意更改，礼法规范已在推行又忽然停止，制度标准已经确定又加以变动，刑罚法律已经制定却又游移动摇。这样，即使奖赏再重，人民也不会自我勉励；杀戮再频繁，人民也不会畏惧。所以说，上层缺乏坚定明确的意志，下层存在着疑惑犹豫的心理，朝廷没有正常稳定的法制，民力必将枯竭，乃是必然的趋势。不言而喻，朝廷必须有正常稳定的法制，坚持不懈地予以执行，持之以恒，才能把国家治理好。

所谓无私原则，就是君主在实行法治时，必须公正无私。《管子》作者指出："天不为一物枉其时，明君圣人亦不为一人枉其法"②，"不知亲疏、远近、贵贱、美恶，以度量断之。其杀戮人者不怨也，其赏赐人者不德也，以法制行之，如天地之无私也"③。其大意是天不会因为于某一事物有利或有害而改变其运行规律；明君圣人也如同天道那样，不会因为于某个人有利或有害而不执行正常法度。治世的明君对人对事从来不会因亲疏、远近、贵贱、美恶不同而有所区别，一律以法制法度为是非标准而作出判断，因罪而被判处死刑的人也不会有怨恨，因功而获得赏赐的人也不会认为那是君主个人对他的私恩。按法制行事，就如同天地对待万物那样，一视同仁，不偏无私。

---

①③　《管子·任法》。

②　《管子·白心》。

相反，如果"为人上者释法而行私，则为人臣者援私以为公"①。君主"离法而听贵臣，此所谓贵而戚之也。富人用金玉事主而来焉，主离法而听之，此所谓富而禄之也。贱人以服约卑敬悲色告朔其主，主因离法而听之，（此）所谓贱而事之也。近者以逼近亲爱有求其主，主因离法而听之，此所谓近而亲之也。美者以巧言令色请其主，主因离法而听之，此所谓美而淫之也"。"此五者不禁于身，是以群臣百姓人挟其私而幸其主。彼幸而得之则主日侵，彼幸而不得则怨日产"②。这就是君主在治理国家中抛开法制而行私，那就有可能听从贵臣；富人用金玉一类财富来奉承讨好君主，君主就可能抛开法度而听从富人；贱人装出一副谦卑恭敬的可怜相向君主诉苦，君主就可能抛开法度而听从贱人；左右亲信及宠爱的人对君主提出不正当的要求，君主就可能抛开法度而听从他们；外貌美丽的人运用花言巧语和妖冶媚态迷惑君主，君主就可能抛开法度而听从美者。这五个方面，君主自己不能自觉预防和禁止，于是令群臣和百姓有机可乘，大家都怀着私心而去接近君主，向他邀宠。倘若他们有求必得，达到了目的，那么，君主的权柄地位便会日益遭到侵蚀；倘若他们有求而不得，没有达到目的，那么，对君主的怨恨便会日益增长。

在此基础上，《管子》作者进一步指出，大凡曲法行私，多在贵近之臣。然而"令之行也，必待近者之胜也，而令乃行。故禁不胜于亲贵，罚不行于便嬖，法禁不诛于严重而害于疏远，庆赏不施于卑贱，而求令之必行，不可得也"③。要做到有令必行，就必须坚持该禁止的即使是亲属权贵也必须禁止，该惩罚的即使是亲信近臣也必须惩罚。如果诛戮只限于疏远而奖赏则把卑贱排除在外，法令就推行不开。不言而喻，明君之治必以去私为务，而且必须从君主的亲属权贵、亲信近臣做起，才能做到有令必行，真正把法治落到实处。这就是"君臣上下贵贱皆从法，此谓为大治"④。

四、赏罚并举

《管子·君臣》云："古者未有君臣上下之别，未有夫妇妃匹之合，兽处群居，以力相征。于是智者诈愚，强者凌弱，老幼孤独，不得其所。故智者假众力以禁强虐而暴人止……是故国之所以为国者，民体以为国；君之所以为君者，赏罚以为君。"《管子》作者认为，国家和君主的产生是为了制止社会上机巧的欺诈愚笨的，强壮的凌虐弱小的，使老幼孤独之人有容身之地。所谓的国家是由

---

① 《管子·君臣上》。

②④ 《管子·任法》。

③ 《管子·重令》。

人们结合而成的整体，所谓的君主即是在人群整体中实施赏善罚恶的人。

《管子》主张治国必须赏罚并举：治国有三器，"曰号令也，斧钺也，禄赏也"①。他们认识到刑罚本可以使人产生畏惧而退却不前，但过于严厉的刑罚却容易让人走向反面，铤而走险，那就是"刑罚不足以畏其意，杀戮不足以服其心"②。因此，必须赏罚结合，相辅相成："明主之道，立民所欲以求其功，故为爵禄以劝之。立民所恶以禁其邪，故为刑罚以畏之。故案其功而行赏，案其罪而行罚。"③

《管子》作者也主张赏罚须重而必信，乃能生效。"赏薄则民不利，禁轻则邪人不畏"④，故赏罚宜重也。"见必然之政，立必胜之罚，故民知所必就而知所必去"⑤，"用赏者贵诚，用刑者贵必"⑥，故赏罚贵必也。尤其是刑罚，如能"正法直度，罪杀不赦，杀僇必信，民畏而惧"⑦。

《管子》作者主张明赏罚，即在法令执行前，必须先让民众知晓；在实施过程中，必须严格按照法令规定执行。《管子·立政》云："凡将举事，令必先出，曰事将为，其赏罚之数，必先明之。立事者谨守令以行赏罚，计事致令，复赏罚之所加。有不合于令之所谓者，虽有功利，则谓之专制，罪死不赦。首事既布，然后可以举事。"其大意是凡是开展一项较重大的工作，实施行动之前都必须公布有关的政策法令。主持工作的人应严格遵循规定实行赏罚；在向上级报告工作进展情况及法令执行情况时，也应包括赏罚情况。如行事与法令不相符合，即使也有一定成绩，仍然叫做"专制"，是犯了不可宽赦的死罪。

《管子》也主张对人民实行管制，国君对民众可通过 6 种手段进行掌控。《管子·任法》云："明王之所操者六：生之，杀之；富之，贫之；贵之，贱之。"《管子·国蓄》亦云："先王知其然，故塞民之养，隘其利途，故予之在君，夺之在君，贫之在君，富之在君。"在此，生、富、贵、予是赏，杀、贫、贱、夺是罚，归根结底，8 种手段仍然是遵循赏罚并举。

五、法治必须以君主意志为转移

《管子》主张在对民众管制中，必须以君主的意志为转移："御民之辔，在

①　《管子·重令》。
②　《管子·牧民》。
③　《管子·明法解》。
④　《管子·正世》。
⑤　《管子·七臣七主》。
⑥　《管子·九守》。
⑦　《管子·版法》。

上之所贵；道民之门，在上之所先；召民之路，在上之所好恶。故君求之，则臣得之；君嗜之，则臣食之；君好之，则臣服之；君恶之，则臣匿之。"① 他们认为，国君统治人民的权柄，就如同驾驭马的缰绳；人民往哪边走取决于统治者所重视的是什么，所轻视的是什么。引导人民朝哪个方向努力，取决于统治者把什么放在优先的地位，把什么放在次要的地位。促使人民走什么样的道路，取决于统治者喜好什么，厌恶什么。凡为君主所孜孜追求的，臣也会希望能得到；君主所喜欢吃的，臣也会想尝一尝；君主有怎样的爱好，臣也会有怎样的爱好。君主所厌恶的，臣即使原本并不厌恶，也会设法加以隐瞒，不敢在君主面前公开表露出来。总之，一切以君主为马首是瞻。

《管子》还主张在对人民的管制中，必须重视统一民众的思想，即以国君一人之思想，要求臣民和同之，服从之。他们说："昔者，圣王之治人也，不贵其人博学也，欲其人之和同以听令也。《泰誓》曰：纣有臣亿万人，亦有亿万之心。武王有臣三千而一心。故纣以亿万之心亡，武王以一心存。故有国之君苟不能同人心、一国威、齐士义，通上之治以为下法，则虽有广地众民，犹不能以为安也。"② 其意是说以前的圣王对待人才，所最重视的并非是博学，而是看他是否善于与旁人和睦同心，行动是否与当今正在施行的法度一致。就像《泰誓》上所说的那样，纣王有亿万人，但没有统一的思想，所以灭亡了；武王只有臣 3000 人，但却有共同思想，结果便胜利了。所以说，统治国家的君主倘若不能使人心统一，使国家的权威集中于君主一身，使臣民有共同的是非标准，上面怎么行事下面就遵奉为规范，那么，国土虽广，人口虽多，仍然未必是高枕无忧的。这里必须指出的是，上引《泰誓》中武王的所谓"一心"，是以民意统一思想，而非以统治者己意统一思想，所以众心是同于德，同于义，而非"和同以听"统治者之"令"也。《管子》之"一心"，是出自君主的发号施令，辅以威胁利诱使之服从，"非号令毋以使下，非斧钺毋以威众，非禄赏毋以劝民"③。可见，春秋战国时的国君即使在统一思想中也是一手执斧钺，一手持禄赏，大有"顺我者昌，逆我者亡"之势！

《管子·形势解》说："人主之所以令则行、禁则止者，必令于民之所好，而禁于民之所恶也。"《管子·明法解》也说："明主之道，立民所欲，以求其功……立民所恶，以禁其邪。"法令的制定与执行，必须顺应人民的好恶，符合民心的向背，才能得到顺利地贯彻。如果违背了民情，法令虽然十分威重，

---

① 《管子·牧民》。

② 《管子·法禁》。

③ 《管子·重令》。

但失去执法的基础，就很难得到贯彻。《管子·权修》就指出："赋敛厚，则下怨上矣；民力竭，则令不行矣。"《管子·版法》也指出："民不足，令乃辱；民苦殃，令不行。"

《管子·七法》指出："言是而不能立，言非而不能废，有功而不能赏，有罪而不能诛，若是而能治民者，未之有也。是必立，非必废，有功必赏，有罪必诛，若是安治矣？未也。是何也？曰：形势器械未具，犹之不治也。形势器械具，四者备，治矣。"《管子》作者认为，正确的不能采纳，错误的不能抛弃，有功劳的得不到奖赏，犯罪的得不到诛罚，像这样的想治理好民众，是不可能的。只有把正确的树立起来，把错误的抛弃，有功劳的能得到奖赏，有罪的能得到惩罚，再加上有利的发展条件和充足的武器装备，那么就可以真正安治了。由此可见，《管子》作者把是非观，信赏必罚法制看作是治国的基础，如果是非观混乱，民众对什么是对的什么是错的都搞不清，而且该奖赏的不奖赏，该受到惩罚的没有得到惩罚，那这样的国家肯定是一片混乱，迟早要亡国的。

六、人人都要守法

《管子》提出法一经制定颁布，所有的人（包括君主）都必须遵守。"法令者，君臣之所共立也。"[①] 只要人人都守法，就可使社会秩序安定，国家长治久安。正如《管子·任法》中所说的："君臣上下、贵贱皆从法，此谓为大治。"《管子》认为法是规范化了的规定，君主的命令是行使权力的表现，由于君主也要守法，因此，法应高于命令，君主的命令应以法为依据。《管子·君臣上》提出："君据法而出令，有司奉命而行事，百姓顺上而成俗。"更为难能可贵的是，《管子》为了使法能得到顺利实施，特别强调君主要以身作则，从自身做起，做事以法为准，而不凭自己的好恶。《管子·法法》指出："明君知民之必以上为心也，故置法以自治，立仪以自正也。故上不行，则民不从彼。民不服法死制，则国必乱矣。是以有道之君，行法修制先民服也"，"禁胜于身则令行于民矣"。可见，《管子》作者认为君主如能做出守法的表率，那民众就会纷纷仿效而守法。

《管子》认为，法的基本作用在于"分"，如用现代人的语言说，就是明确规定社会各阶层人的社会地位、权利与义务等。《管子·君臣上》说："上有法制，下有分职。"《管子·小问》指出："明分任职则治而不乱，明而不蔽矣。"

---

① 《管子·七臣七主》。

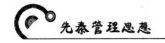

具体而言，法在以下 4 个方面做了明确规定，让人遵守，而使国家得到治理，不致产生混乱。即法"立朝廷者"，以分贵贱；法"用民力者也"，以重禄赏，加有功；法"用民能者也"，以授官通理；法"用民之死命者也"，以审刑罚①。

七、量刑要适中

在《管子》一书中，对量刑的轻重大体有 3 种不同的看法：其一，主张"轻刑"，反对重禁。如《管子·霸刑》就主张轻刑、轻税。《管子·七臣七主》也提出："刑法繁则奸不禁，主严诛则失民心。"意为刑法太烦琐则奸邪更禁止不了，太严厉的诛罚则会失去民心。

其二，主张严刑重罚。《管子·重令》指出："行令在乎严罚。罚严令行，则百吏皆恐。"持这种观点的作者特别强调不能赦小过，因此"上赦小过，则民多重罪，积之所生也"②。即对小过进行惩罚，可防止民众犯大罪；如对小过不进行惩罚，其实是害了民众，纵容他们今后犯大罪。正如《管子·法法》所说的："赦出则民不敬，惠行则过日益，惠赦加于民而囹圄虽实，杀戮虽繁，奸不胜矣，故曰邪莫如早禁之"，"凡赦者，小利而大害者也，故久而不胜其祸"。

其三，主张用刑要"平和"。《管子·形势解》云："明主犹羿也，平和其法，审其废置而坚守之，有必治之道，故能多举而多当。"作者认为，英明的君主应如同古代善射者后羿调节弓弦和箭杆一样，把法度调整得非常和平公正，认真仔细地审定什么是应该提倡的，什么是应该反对的，就能合乎治国的道理，兴办多种事业并能获得成功。至于如何才算达到"平和其法"，作者没有具体说明。

八、君主要拥有权势

《管子》指出，君之所以为君，在于有势："凡人君之所以为君者，势也。"③如果失去权势，也就不称其为君主了，"故人君失势则臣制之矣……故君臣之易位，势在下也"④。在此认识的基础上，《管子》进一步揭示维持君臣之间关系不是靠忠孝、信义，而是以权势为转移。臣"非爱主也，以畏主之威势也"，"百姓之争用，非以爱主也，以畏主之法令也"⑤。因此，君主在治理

---

① 《管子·权修》。
②③④ 《管子·法法》。
⑤ 《管子·明法解》。

国家中，权势不可假人，必须牢牢掌握在自己手中。《管子·七臣七主》说："法令者，君臣之所共立也；权势者，人主之所独守也……罪决于吏则治，权断于主则威。"《管子·明法》也指出："威不两错，政不二门，以法治国"，"君臣共道则乱"。

君主一方面要有权势，另一方面还必须有"必治之势"。《管子·明法解》指出："明主操必胜之数，以治必用之民；处必尊之势，以制必服之臣。"所谓"必治之势"就是君主对于臣民，要使自己的权势必定有效，令行禁止，臣民绝对服从。

第五节　荀子法治思想

一、良法与君子

荀子重视法治，认为："公平者，职之衡也；中和者，听之绳也。其有法者以法行，无法者以类举。"[①] 他把"法"看成和"公平"、"中和"一样，认为公平可以权衡政事的轻重，宽严得当可以成为听察的准绳。有法令规定者，就必须依法办事；没有法令规定的，就按照法律的规定加以类推。凡是法律制定得不公平，以及法令没有规定到的地方，就会造成社会秩序的混乱。

荀子还认为，有了好的法律，还必须靠好的执法者来贯彻执行。虽有良法，如不得人而执行之，亦属无效。因为法律再好再严密公正，也要靠人来执行，如执行的人营私舞弊、徇私枉法，再好的法律也难发挥作用。他说："羿之法非亡也，而羿不世中；禹之法犹存，而夏不世王。故法不能独立，类不能自行。得其人则存，失其人则亡……有君子，则法虽省，足以遍矣。无君子，则法虽具，失先后之施矣，不能应事之变，足以乱矣。"[②] 如果有法不依，执法不严，再好的制度也会形同虚设，国家就得不到治理，社会秩序将遭到破坏。因此，他主张实行法治要"正法以齐官"[③]，"庆赏刑罚，欲必以信"[④]，即必须把法律制定公正，选好执法官吏，赏罚分明，信赏必罚。

---

① 《荀子·王制》。
② 《荀子·君道》。
③ 《荀子·富国》。
④ 《荀子·议兵》。

二、教、诛、赏、类并举

在治理国家中，荀子对管制性政策工具与协调性政策工具两者的关系做了深刻的论述。他把两种政策性工具具体分为教、诛、赏、类 4 项，它们之间的关系是："不教而诛，则刑繁而邪不胜；教而不诛，则奸民不惩；诛而不赏，则勤励之民不劝；诛赏而不类，则下疑、俗俭（险）而百姓不一。"① 这里有两层意思：其一，教、诛、赏在治国中缺一不可，三者相互为用。如果不教育人民，而单单用刑罚，那刑罚就会趋于繁乱，而奸邪之事也会越来越多；如果只教育人民，而不用刑罚，那犯法的奸民就得不到惩罚；如果只用刑罚，而不用赏赐，那勤恳的人民就得不到劝勉奖励。其二，刑罚、赏赐必须适当。如果刑罚、赏赐不适当，就会使下层民众感到疑惑，无所适从，习俗险邪，那么百姓的行为就得不到统一。

三、处胜人之势，行胜人之道

法家把权势看得高于一切，认为权势可以指挥一切。荀子也重视权势，但他认为权势须与道理结合在一起使用，才能处于不败之地。他一方面指出，君主之所以为君主，首先因权势在握，"人主者，天下之利势也"②。另一方面又认为，君主权势固然不可松手，但更重要的是必须以善服人："聪明君子者，善服人者也。人服而势从之，人不服而势去之。"③荀子根据是非曲直，把权威分为 3 种："威有三：有道德之威者，有暴察之威者，有狂妄之威者。"3 种威有 3 种不同后果，前者王，中者危，后者亡；不能恰当使用权威，只能为自己的垮台创造条件④。荀子还举了历史事例进行说明。他说："处胜人之势，行胜人之道，天下莫忿，汤武是也。处胜人之势，不以胜人之道，厚于有天下之势，索为匹夫不可得也，桀纣是也。然则得胜人之势者，其不如胜人之道远矣。"⑤可见，荀子虽然看重权势，但更看重道义，道义高于权势。

四、从道不从君

法家认为君臣关系是虎狼关系、利害关系，荀子则认为君臣关系应以提倡道义为上。当道义和君主发生矛盾时，"从道不从君"⑥。臣在君主面前绝不可

---

① 《荀子·富国》。

②③ 《荀子·王霸》。

④⑤ 《荀子·强国》。

⑥ 《荀子·臣道》。

以顺为上，要敢于表明自己的观点，"君子立志如穷，虽天子三公问正（政），以是非对"①。

基于对君臣关系的这种认识，荀子提倡臣下要力做谏臣、争臣、辅臣、拂臣："君有过谋过事，将危国家殉社稷之惧也，大臣、父兄有能进言于君，用则可，不用则去，谓之谏；有能进言于君，用则可，不用则死，谓之争；有能比知同力，率群臣百吏而相与强君挢君，君虽不安，不能不听，遂以解国之大患，除国之大害，成于尊君安国，谓之辅；有能抗君之命，窃君之重，反君之事，以安国之危，除君之辱，功伐足以成国之大利，谓之拂。故谏、争、辅、拂之人，社稷之臣也，国君之宝也，明君之所尊厚也，而暗主惑之以为己贼也。"② 但是，荀子也清醒地意识到，在君主专制主义统治之下，臣下要成为谏臣、争臣、辅臣、拂臣是很难的，有时要付出沉重的代价，甚至身家性命。面对残酷的现实，他又不得不提出忠告："事圣君者，有听从无谏争；事中君者，有谏争无谄谀；事暴君者，有补削无挢拂。迫胁于乱时，穷居于暴国，而无所避之，则崇其美，扬其善，违（讳）其恶，隐其败，言其所长，不称其所短，以为成俗。"③这里，荀子提出了臣子保护自身之术：首先，对各种君主应采取不同的态度。事奉圣明之君的，有听从，没有谏诤；事奉中流之君的，有谏诤，没有谄媚；事奉残暴之君的，有修治，没有纠正。其次，如臣子身处残暴之国，那就说好话，不要说坏话。即迫胁在昏乱的时代，穷居在残暴的国家，可是无所逃身，那就尊崇这个国家的美好，宣扬这个国家的善良，避讳这个国家的丑恶，隐蔽这个国家的腐败，谈论这个国家的长处，不揭露这个国家的短处，作为自己的经常习惯。

第六节　韩非子法、术、势思想

一、治国必须实行法治

《韩非子·难三》给法的明确定义为："法者，编著之图籍，设之于官府，而布之于百姓者也……故法莫如显。"据此，韩非所理解的法律有如下 3 个特征：其一，法律是用文字形式肯定下来的成文法；其二，法律统治的对象是民

---

① 《荀子·大略》。
②③ 《荀子·臣道》。

众；其三，法律要公开，使人人知晓。

韩非认为，法律对于治理国家来说，是十分重要的。首先，法律是全体臣民的行为规范，"一民之轨莫如法"①。只有在法律的规范限制下，全体人民才能有统一的行动。其次，法律是制止社会动乱的有力工具，只有实行法治，才会避免人与人之间的争夺。《韩非子·守道》指出："法分明，则贤不得夺不肖，强不得侵弱，众不得暴寡。托天下于尧之法，则贞士不失分，奸人不侥幸。"再次，法律是惩治犯罪行为的准绳。韩非认为，以法律为准绳惩治犯罪，即使是受到法律制裁的人也心服口服，"以罪受诛，人不怨上"②。如不按法律办事，则将导致罚罪不当，滥杀无辜，民众怨恨，即"释法制而妄怒，虽杀戮而奸人不恐。罪生甲，祸归乙，伏怨乃结"③。

韩非反对贤人政治，以为"人存政举，人亡政息"不是长治久安之策。他说："且夫尧舜桀纣，千世而一出……中者上不及尧舜，而下亦不为桀纣。抱法处势则治，背法去势则乱。今废势背法而待尧舜，尧舜至乃治，是千世乱而一治也。抱法处势而待桀纣，桀纣至乃乱，是千世治而一乱也。"④

基于上述认识，韩非认为，治理国家必须实行法治。如果以法治国，任何事情都能办好，"以法治国，举措而已矣"⑤。如果把治国的希望寄托于贤人身上，难免要发生社会动乱，"废常上贤，则乱"⑥。而且，如离开法律，即使是贤人也无法治国："释法术而心治，尧不能正一国；去规矩而妄意度，奚仲不能成一轮；废尺寸而差短长，王尔不能半中。使中主守法术，拙匠守规矩尺寸，则万不失矣。"⑦如果按法律办事，国有常法，即使是中等能力的人也可以治国。

二、以法治国的原则

韩非认为，君主在实行以法治国中，必须遵循以下 5 点原则：

其一，法一而固。由于法律是全体臣民的行为准则，因此，韩非认为，法律必须统一，全国只能有一个法律；同时，法律要有相对的稳定性："法莫如一而固。"⑧ 如果法律彼此矛盾，朝令夕改，民众将无所适从，也就无法收到治理国家的效果。韩非在评论申不害时，就阐述了法不如一而固的弊端："申

①⑤ 《韩非子·有度》。

② 《韩非子·外储说左下》。

③⑦ 《韩非子·用人》。

④ 《韩非子·难势》。

⑥ 《韩非子·忠孝》。

⑧ 《韩非子·五蠹》。

不害，韩昭侯之佐也。韩者，晋之别国也。晋之故法未息，而韩之新法又生；先君之令未收，而后君之令又下。申不害不擅其法，不一其宪令，则奸多……故托万乘之劲韩，七十年而不至于霸王者，虽用术于上，法不勤饰于官之患也。"①

其二，以其所重禁其所轻。韩非认为，实行严刑峻法，符合人民趋利避害的本性，使人们不敢以身试法，就可以禁止违法奸邪，使国家安宁。"夫严刑者，民之所畏也；重罚者，民之所恶也。故圣人陈其所畏以禁其邪，设其所恶以防其奸，是以国安而暴乱不起。"② 因此，实行严刑峻法，以其所重禁其所轻是治国的根本途径："古之善守者，以其所重禁其所轻，以其所难止其所易，故君子与小人俱正，盗跖与曾史俱廉。何以知之？夫贪盗不赴溪而掇金，赴溪而掇金则身不全。贲、育不量敌而无勇名，盗跖不计可则利不成。"③

其三，法要公平合理。韩非对孔子下述的话是赞赏的："善为吏者树德，不能为吏者树怨。概者，平量者也；吏者，平法者也。治国者不可失平也。"④ 由此可见，他主张在法律面前，全体臣民都是平等的，任何人都必须守法，不得枉法。国家官吏的根本任务，就是公平地去执行国家的法令，公平或不公平，对于国家的治与乱是至关重要的。官吏对于法律来说，只能是因循而不得有任何的主观能动性。"法也者，官之所以师也。"⑤ 要做到执法公平，首先，必须坚持"法不阿贵"，这就是"法之所加，智者弗能辞，勇者弗敢争。刑过不避大臣，赏善不遗匹夫"⑥。其次，在用人上要"其任官者当能"⑦，"官贤者量其能，赋禄者称其功"⑧。他反对任人唯亲，主张用人唯贤，认为"亲臣进而故人退，不肖用事而贤良伏。无功贵而劳苦贱，如是则下怨，下怨者可亡也"⑨。

其四，法要信赏必罚。先秦法家都主张信赏必罚，韩非亦如此，而且有过之而无不及，走到了一个极端。《韩非子·外储说右下》载："秦大饥。应侯请曰：五苑之草著、蔬菜、橡果、枣栗，足以活民，请发之。昭襄王曰：吾秦法，使民有功而受赏，有罪而受诛。今发五苑之蔬果者，使民有功与无功俱赏

① 《韩非子·定法》。
② 《韩非子·奸劫弑臣》。
③ 《韩非子·守道》。
④ 《韩非子·外储说左下》。
⑤ 《韩非子·说疑》。
⑥ 《韩非子·有度》。
⑦ 《韩非子·六反》。
⑧ 《韩非子·八奸》。
⑨ 《韩非子·亡征》。

也。夫使民有功与无功俱赏者，此乱之道也。夫发五苑而乱，不如弃枣蔬而治。一曰：令发五苑之菇蔬枣栗，足以活民，是使民有功与无功争取也。夫生而乱，不如死而治，大夫其释之。"在大饥荒之年，秦昭襄王为维护君主的信赏必罚、赏罚分明的治国原则，宁可让货弃于地，而不愿以此救济饥民，并说"生而乱，不如死而治"，为了巩固自己的统治，宁可让老百姓饿死也在所不惜，这是何等的残忍与愚昧！

韩非认为在对民众的严厉管制中，刑重并不一定能制止百姓的违法乱纪行为，有罪必罚比刑重更为有威慑力，因为当人铤而走险进行犯罪时，总抱着侥幸的心理，希望能逃避政府的追捕惩罚。只有对一切犯罪都能毫无遗漏地进行严惩，才能有巨大的威慑力量，使民众不敢以身试法。《韩非子·内储说上》载："荆南之地，丽水之中生金，人多窃采金。采金之禁，得而辄辜磔于市。甚众，雍离其水也，而人窃金不止。夫罪莫重辜磔于市，犹不止者，不必得也。"韩非以此来说明，私自采金，其处罚已达到最重的"磔"刑，但仍禁止不了私采，主要原因是好多私采者并没有被抓到处死。因此，他最后得出这样结论："予汝天下而杀汝身，庸人不为也！夫有天下，大利也，犹不为者，知必死；故不必得也，则虽辜磔，窃金不止。"

其五，法因人情，法不两适。韩非认为立法还必须遵循两条原则：一是立法必须考虑人情。他说："凡治天下，必因人情。人情者，有好恶，故赏罚可用；赏罚可用，则禁令可立；禁令可立，而治道具矣。"[1] 这是因为人的天性是自利、自为的，只有制定顺应人性自为、好利恶害和制约君臣异利、君民异利的法律，才能起到治理臣民、治好国家的目的。二是法律不能同时迎合公私双方。韩非提出"法不两适"[2]，即在君民异利、君臣异利时，法律不能等同维护对立双方的利益，法律应首先保护以君主为代表的国家利益，对侵犯国家利益的则予以制裁。

三、法的特征

韩非重视法治，对立法、执法、守法中的一些特性有较深刻的认识，其中主要者有以下6点：

其一，公开性。韩非说："法者，编著之图籍，设之于官府，而布之于百姓者也……故法莫如显……是以明主言法，则境内卑贱莫不闻知也。"[3] 可见，

---

① 《韩非子·八经》。
② 《韩非子·问辩》。
③ 《韩非子·难三》。

韩非主张国家制定法律条文，必须在官府存档，向全国百姓公布，大张旗鼓地宣传，做到家喻户晓，深入人心，这样法律就能最广泛地发挥其治民治国的作用。

其二，公平性。韩非说："法平，则吏无奸。"① "吏者，平法者也。治国者不可失平也。"② 这里韩非指出，法治公平无偏，那么官吏就难以违法乱纪、营私舞弊。另外，各级官吏是执法者，法律的公平要靠他们得到执行。总之，立法执法公平，才能把国家治理好。

其三，两面性。韩非认为："法有立而有难，权其难而事成，则立之；事成而有害，权其害而功多，则为之。无难之法，无害之功，天下无有也。"③ 这就是说立法有时是有困难的，因为某条法律或某项事业往往有两面性，既有利也有弊。因此，他主张拟定的法律即使有害，但是权衡之后如利大于弊，能够成就某项事业，那就把它定下来并加以执行。事实上没有弊端的法律，没有害处的事业，世界上是不存在的。

其四，易行性。韩非指出："法省而民讼简……明主之法必详事。"④意思是说法令简洁明了，民众的诉讼就会减少，条令要详细完备，文字没有歧义，准确无误，这样在实践中就容易操作执行。

其五，稳定性。韩非主张："法莫如一而固，使民知之。"⑤ 这就是法令不可朝令夕改，使人失去规范行为的准则，应该让人民知道统一而相对稳定的法，以保持社会安定和国家政权的稳固。

其六，适时性。韩非说："法与时转则治，治与世宜则有功。故民朴，而禁之以名，则治；世知（智），维之以刑，则从。时移而治不易者乱，能治众而禁不变者削。"⑥ 可见，韩非具有朴素的辩证法思想，以变化发展的观点看：法随时代的发展而变化，治理国家的方略与社会情况相适宜，就能达到民众淳朴，天下大治；如有世人智巧奸诈，那就必须用刑罚予以制裁，才能使之服从。所以时代发展了，仍然墨守旧法不变革，智巧奸诈的人多了不予惩罚，社会一定混乱，国家必然削弱。

四、实行三禁，以法为本

韩非主张对人民实行严厉的管制，采用残酷的高压手段，以小罪诛民，把

---

① 《韩非子·饬令》。

② 《韩非子·外储说左下》。

③④ 《韩非子·八说》。

⑤ 《韩非子·五蠹》。

⑥ 《韩非子·心度》。

一切威胁君主统治的犯罪，消灭在萌芽状态，而不至于使之酿成大的祸患。他说："明君见小奸于微，故民无大谋；行小诛于细，故民无大乱。此谓图难者于其所易也，为大者于其所细也。今有功者必赏，赏者不得（德）君，力之所致也；有罪者必诛，诛者不怨上，罪之所生也。民知诛罚之皆起于身也，故疾功利于业，而不受赐于君。"①

韩非为了达到对人民的严厉管制，还提出三禁："太上禁其心，其次禁其言，其次禁其事。"② 其一，所谓"禁其心"，就是禁止思想自由，主张通过"教"、"训"，使人民以统治者之心为心："期而致，使而往，百姓舍己，以上为心者，教之所期也……一人服之，万人从之，训之所期也。"③ 为了达到这一目的，他认为具体的措施是"明主之国，无书简之文，以法为教；无先王之语，以吏为师；无私剑之捍，以斩首为勇"④。即不要学习历史、文化，只要以当代官吏为师，学习法律政令就行。

其二，所谓"禁其言"，就是禁止人民言论上的自由，主张"境内之民，其言谈者必轨于法"⑤；要求民众少说话多做事，"境内之民皆言治，藏商管之法者家有之，而国愈贫；言耕者众，执末者寡也。境内皆言兵，藏孙吴之书者家有之，而兵愈弱；言战者多，被甲者少也。故明主用其力不听其言，赏其功必禁无用"⑥。韩非尤其主张禁止那些与国家法令、君主思想不相符合的言论，称其为"乱国之俗"，"其学者则称先王之道，以藉仁义，盛容服，而饰辩说，以疑当世之法，而贰人主之心"⑦。

其三，所谓"禁其事"，则是大致上对人民的就业及行为的限制，其中最主要的当指去除"五蠹"之民。"五蠹"之民中第一蠹即上引"学者"，其余四蠹是："其言古者，为设诈称，借于外力，以成其私，而遗社稷之利。其带剑者，聚徒属，立节操，以显其名，而犯五官之禁。其患御者，积于私门，尽货赂，而用重人之谒，退汗马之劳。其商工之民，修治苦窳之器，聚弗靡之财，蓄积待时，而侔农夫之利。此五者，邦之蠹也。人主不除此五蠹之民，不养耿介之士，则海内虽有破亡之国，削灭之朝，亦勿怪矣！"⑧ 这"五蠹"之中的"学者"，似指儒墨之徒；"言古者"似应为"言谈者"，指纵横家；"带剑者"则是武人；"患御者"应作"近御者"，即接近权力中心者，再连同"工商之

---

① 《韩非子·难三》。
② 《韩非子·说疑》。
③ 《管子·立政》。
④⑤⑥⑦⑧ 《韩非子·五蠹》。

民",依韩非主张,悉须禁止其行为①。

为了维护封建专制统治,韩非主张必须把全国人的言论和思想统一到法令上来。他提出:"境内之民,其言谈者必轨于法"②,"言行而不轨于法令者,必禁"③。韩非之所以要把人民的言论与思想统一到法令上来,是因为他认为在治理国家中"禁奸之法,太上禁其心,其次禁其言,其次禁其事"④。

为了让全国人民所有的思想与行为都"以法为本"⑤,他认为政府不仅要颁布法令,还要宣传法令,使妇孺皆知。"法者,编著之图籍,设之于官府,而布之于百姓者也。"⑥ 这样,就能做到"明主言法,则境内卑贱莫不闻知也"⑦。而且,为了使法令深入人心,韩非主张把遵守法令与学习结合为一体,民众接受教育应"以吏为师"⑧。

韩非认为法家之学与诸子之学,特别是儒、墨之学,视为不可两立、不可并存的两种思想体系。因此,对儒、墨进行了猛烈的抨击,主张予以禁绝。

总之,韩非的言轨于法、以吏为师、禁绝百家的思想把以法治国的法家学说推向了一个极端,从根本上扼杀了人们的精神生产活动,把教育沦为政治驯化的工具,窒息了人们对知识的追求与探讨,把政府管制性政策工具推向非常严酷的专制主义。

五、君主要善于用术驭臣

《韩非子·定法》给术的明确定义为:"术者,因任而授官,循名而责实,操杀生之柄,课群臣之能者也。此人主之所执也。"这里,韩非所谓的"术"主要是指君主对官吏的选任、监督、考核以及进行赏罚。有关这方面的内容,本书在第八章先秦人才选任、监察、考核思想中阐述,兹略。

法与术同为君主统治臣下的工具,但在运用中有较大的差别:首先,法是用来统治全体臣民的,而术的对象仅限于官吏,是君主驾驭官吏的手段。其次,法律向全体臣民公布,让人知晓,具有公开性;而术藏于君主胸中,是驾驭群臣的秘诀,不可以让任何人窥视知道,使臣下无法揣度,具有隐秘性。所以韩非说:"术者,藏之于胸中,以偶众端而潜御群臣者也。故法莫如显,而

① 侯家驹:《先秦法家统制经济思想》,联经出版事业公司 1985 年版,第 204 页。

②⑧ 《韩非子·五蠹》。

③ 《韩非子·问辩》。

④ 《韩非子·说疑》。

⑤ 《韩非子·饰邪》。

⑥⑦ 《韩非子·难三》。

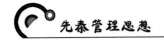

术不欲见"，"则亲爱近习莫之得闻也"①。

韩非告诫君主说，君主最危险的敌人是左右近习、后妃、大臣以及弟兄、显贵。"乱之所生六也：主母、后姬、子姓、弟兄、大臣、显贤。"② 这些人无时无刻不在觊觎君主的权势，最有可能做出弑君篡权的事来。《韩非子·难四》指出："臣主之间，非兄弟之亲也。劫杀之功，制万乘而享大利，则群臣孰非阳虎也？事以微巧成，以疏拙败。群臣之未起难也，其备未具也。群臣皆有阳虎之心。"在韩非看来，臣下都是犯上作乱的阳虎一类的人，群臣如果不犯上作乱，也是由于"备未具"，如果时机成熟，人人都有犯上作乱的可能。所以，"知臣主之异利者王，以异为同者劫，与共事者杀"③。君主对于臣下绝对不能信任，信人就是受制于人的前提。"人主之患在于信人，信人则制于人。"④ 唯一可行的办法，就是用术愚弄臣下⑤。由此可见，在君主专制制度下，"术"又必然包含着君主驾驭臣下的权术。

另外，韩非又认为要治理好国家，除了用法与势之外，还要善于用术。首先，他认为：凡术也者，"人主之所执也"⑥。这就明确界定了术是君主专有的统治权术，人臣不得与闻。其次，韩非深刻揭示出君主用术的特点是深深地藏在君主心中而不表露，即使是自己身边的亲信也不让知晓。最后，韩非提出君主要"观人，不使人观己"⑦，对群臣下属的言行进行细致缜密的观察，其忠直奸邪、功过是非也就了解得清清楚楚了；反之，要使自己隐蔽诡秘、变幻莫测，不使人观己，使臣下无法揣度，不能觉察。杜绝臣下或部属投上之所好而弄虚作假，使"道在不可见，用在不可知。虚静无事，以暗见疵"⑧。

在君主权术的具体应用上，韩非提出了六微、七术、八奸。所谓六微是指君主必须审察的6种隐蔽而微妙的情况，如"权借在下"，即不能使臣下借用君主的权势；"利异外借"，即禁止臣下借助外国的势力谋取私利；"托于似类"，即不许臣下依托类似的事情欺骗君主；"利害有反"，即从利害关系观察和思考问题；"参疑内争"，即君主应关注臣下的争权夺利；"敌国废置"，即君主应警惕敌对国家插手大臣的任免。

韩非的所谓七术是指君主统治臣下的7种策略，如"众端参观"，即观察

① 《韩非子·难三》。

②③ 《韩非子·八经》。

④ 《韩非子·备内》。

⑤ 曹德本：《中国政治思想史》，高等教育出版社2004年版，第108～109页。

⑥ 《韩非子·定法》。

⑦ 《韩非子·观行》。

⑧ 《韩非子·主道》。

证验臣下言行；"必罚明威"，即对于犯罪一定要予以惩罚，就可树立威严；"信赏尽能"，即一定要兑现奖赏，就可让人尽力发挥才能；"一听责下"，即要一一听取臣下意见并予以督责；"疑诏诡使"，发出猜疑的命令和诡诈的差遣，以迷惑敌人；"挟知而问"，即故意拿自己已知道的事来询问臣下，以考察部属是否忠诚，并进一步弄清事实；"倒言反事"，即故意说与本意相反的话，做与本意相反的事，来验证臣下对某事的真实态度。

韩非的所谓八奸是揭露奸邪之臣的8种阴谋手段和诡计，如"同床"指奸邪之臣利用美女、枕边风等手段，"在旁"指奸邪之臣利用君主身边的侍从和亲信，"父兄"指奸邪之臣利用君主的兄弟、儿子、权贵大臣等，"养殃"指奸邪之臣通过满足君主的淫乐奢靡来达到目的，"民萌"指奸邪之臣通过挥霍国家财物来讨好民众，"流行"指奸邪之臣通过说客的花言巧语向君主进言，"威强"指奸邪之臣通过豢养一批亡命之徒为自己效劳，"四方"指小国、弱国的奸邪之臣通过勾结大国来诱惑或恐吓自己的君主。

郭沫若在其所著的《十批判书》中，对韩非的"术"做了如下的概括，可供参考。其一，多设耳目；其二，权势不可假人；其三，深藏不露；其四，把人当成坏蛋；其五，毁坏一切伦理价值；其六，厉行愚民政策；其七，罚须严峻，赏需审慎；其八，必要时不择手段。要打个浅近的比喻时，人君就得像一只蜘蛛。耳目的特种网是蜘蛛网，这个网便是人君权势所借。有了这张网，做人君的还须像蜘蛛一样藏匿起来，待有饵物时而继之以不容情的宰割。

六、明主治国任其势

韩非认为人的天性是自利的，是谓人性自为。人人都在谋划自身的利益，甚至于"父母之于子也，犹用计算之心以相待也，而况无父子之泽乎?"[1] 所以韩非提出"圣人之治国也，固有使人不得不爱我之道，而不恃人之以爱为我也。恃人之以爱为我者危矣，恃吾不可不为者安矣"[2]，告诫人们"恃人不如自恃"，"明于人之为己者不如己之自为也"[3]，从而形成韩非的管理臣民自恃尚力论，主张"明君务力"，"力多则人朝，力寡则朝于人"[4]。

对于势，韩非从不同侧面加以比喻和说明："威势者，人主之筋力也"；

①　《韩非子·六反》。

②　《韩非子·奸劫弑臣》。

③　《韩非子·外储说右下》。

④　《韩非子·显学》。

"势重者，人主之爪牙也"①；"国者，君之车也；势者，君之马也"②。归根结底，"势者，胜众之资也"③，即制伏臣民和战胜对手的凭借。所以，古今中外的各种政治、军事斗争，无一不是为了"得势位"④，以赢得"胜众之资"，从而实现自己的治国理念与施政纲领。因此，韩非认为在治国中"势"非常重要，是管好民众、治理国家的必要条件。他说："凡明主之治国也，任其势。势不可害，则虽强天下无奈何也……其势可害也，则不肖如如耳、魏齐，及韩、魏犹能害之。"⑤ 这就是说英明的君主治理国家，凭借的是势位和掌握的权力。自己的势位如果不可侵犯，那么，即使是强大的各国联盟对我也无可奈何；反之，如果自己的势位可以侵犯，那么即使是无能之辈及弱国，也能侵害我。

在势、法、术三者之中，韩非更注重势。因为他认为君主之所以能统治整个国家，是由于他拥有势："凡明主之治国也，任其势。"⑥ 君主如失去了势，也就失去了统治国家的权力："主失势而臣得国。"⑦ "有材而无势，虽贤不能制不肖。"⑧ 不言而喻，君主如失去了统治国家的权力，那么法、术也无由说起。

韩非十分重视"势"，认为"势"是国君进行统治的必要条件，如果失去"势"，其统治就不可能进行，他指出："无威严之势，赏罚之法，虽尧、舜不能以为治"⑨；"尧为匹夫，不能治三人，而桀为天子能乱天下，吾以此知势位之足恃，而贤智之不足慕也"⑩。这是因为"民者固服于势，势诚易以服人"⑪，民众之所以服从君主的统治，是君主拥有"势"而使人民被迫服从。

韩非重"势"的结果，是导致君主专制的建立。一是君主要求臣民绝对地服从。"先王之法曰：臣毋或作威，毋或作利，从王之指；毋或作恶，从王之路。"⑫ 二是君主必须铲除异己。"君所以治臣者有三。势不足以化，则除之。"⑬ 这里，"势不足以化"指的是"赏之，誉之，不劝；罚之，毁之，不畏。四者加

① 《韩非子·人主》。
② 《韩非子·外储说右下》。
③ 《韩非子·八经》。
④ 《韩非子·功名》。
⑤⑥ 《韩非子·难三》。
⑦ 《韩非子·孤愤》。
⑧ 《韩非子·功名》。
⑨ 《韩非子·奸劫弑臣》。
⑩ 《韩非子·难势》。
⑪ 《韩非子·五蠹》。
⑫ 《韩非子·有度》。
⑬ 《韩非子·外储说右上》。

焉不变，则其除之"①。换言之，君主的赏罚如对某人不起作用，那他就是一位独立特行之士，是对君主至高无上威势的严重挑战，必须予以铲除。正如《韩非子·外储说右上》所载姜太公诛狂矞兄弟："太公望东封于齐，齐东海上有居士，曰狂矞、华士昆弟二人者。立议曰：吾不臣天子，不友诸侯，耕作而食之，掘井而饮之，吾无求于人也。无上之名，无君之禄，不事仕而事力。太公望至于营丘，使吏执杀之，以为首诛。周公旦从鲁闻之，发急传而问之曰：夫二子贤者也。今日飨国而杀贤者，何也？太公望曰……彼不臣天子者，是望不得而臣也；不友诸侯者，是望不得而使也；耕作而食之，掘井而饮之，无求于人者，是望不得以赏罚劝禁也；且无上名，虽知不为望用；不仰君禄，虽贤不为望功。不仕则不治，不任则不忠，且先王之所以使其臣民者，非爵禄则刑罚也。今四者不足以使之，则望当谁为君乎？不服兵革而显，不亲耕耨而名，又非所以教于国也……自谓以为世之贤士，而不为主用，行极贤而不用于君，此非明主之所臣也，亦骥之不可左右矣，是以诛之。"

在如何应用好势来治理国家方面，韩非有两点看法：其一，要善于任势。他说："善任势者国安，不知因其势者国危。"② 这就是善于运用自己的权势，使其发挥最佳效应，国家就长治久安；如不知道运用自己的权势，国家就会处于危险之中。其二，要"抱法处势"。他说："抱法处势则治，背法去势则乱。"③ 韩非指出：君主依既定的法律办事，不随心所欲，滥用权力，稳固地保有自己的权势，国家就得到治理。如果君主违背既定的法律行事，背离或抛弃自己的势力，那国家必将动乱。

韩非发展了慎到的学说，按获取势位的途径不同，把势分为"自然之势"和"人之所得势"，即人为之势。自然之势指来自世袭或其他形式的授权所拥有的职位及权势，即客观既成条件之下对权力的掌握；人为之势则指运用各种手段造成的新权势，即可能条件下能动地对权力的掌握。《韩非子·难势》云："势必于自然，则无为言于势矣。吾所为言势者，言人之所设也。今日尧、舜得势而治，桀、纣得势而乱，吾非以尧、舜为不然也。虽然，非一人之所得设也。夫尧、舜生而在上位，虽有十桀、纣不能乱者，则势治也；桀、纣亦生而在上位，虽有十尧、舜而亦不能治者，则势乱也。故曰：势治者则不可乱，而势乱者则不可治也。此自然之势也，非人之所得设也。若吾所言，谓人之所得势也而已矣。"可见韩非认为，对于君主而言，自然之势不是主要的，因它是

---

① 《韩非子·外储说右上》。
② 《韩非子·奸劫弑臣》。
③ 《韩非子·难势》。

既成的，真正的势应是人为之势，那是君主利用立法和行术，经过精心运作才能掌控的。所以，韩非注重的是人为之势，其用意在于充分发挥君主的能动作用，从而更好地通过掌握人为之势来治理国家。

韩非认为人为之势大致可分为两个方面：一是"聪明之势"。《韩非子·奸劫弑臣》指出："明主者使天下不得不为己视，天下不得不为己听。故身在深宫之中，而明照四海之内。"君主深居宫中，不可能亲自看到听到天下的事情，只有善于借助天下人之聪明为自己之聪明，借助天下人之耳目为自己之耳目，就能不出宫阙，尽知天下事。二是"威严之势"。《韩非子·显学》指出："严家无悍虏，而慈母有败子，吾以此知威势之可以禁暴，而德厚之不足以止乱也。"韩非认为，治理国家必须依靠威势来制止暴力、动乱，而德厚是制止不了的。这是因为"威势者，人主之筋力也"①，"威者，所以行令也"②。

依韩非之见，君主如果掌握了"聪明之势"与"威严之势"，就可以治理国家了。

在"势"的基础上，韩非进一步提出国君在治理国家中必须集中权势，不应容忍其他权力中心的存在，对于威胁自己统治的其他权力，必须予以铲除。他说："为人君者，数披其木，毋使木枝扶疏。木枝扶疏，将塞公闾，私门将实，公庭将虚，主将壅围。数披其木，无使木枝外拒；木枝外拒，将逼主处。"③ 国君就好像是树木的主干，臣民则是枝叶，枝叶不能超过主干，否则将危及君主的权势。

为了维护国君作为全国的唯一权力中心，韩非甚至主张不准富人放贷给贫民："毋富人而贷焉。"④这并非保护贫民免受高利贷盘剥，而是担心富人示惠于民，与国君争取民心，成为对国君竞争和对抗的另一权力中心。韩非特别以田氏取代姜氏而成为齐国君主的历史故事来说明这一思想："夫田成氏甚得齐民，其于民也，上之请爵禄行诸大臣，下之私大斗斛区釜以出贷，小斗斛区釜以收之……故市木之价，不加贵于山；泽之鱼盐龟鳖蠃蚌，不加贵于海。君重敛，而田成氏厚施。齐尝大饥，道旁饿死者，不可胜数也，父子相牵而趋田成氏者，不闻不生。故周秦之民，相与歌之曰：讴乎，其已乎苞乎，其往归田成子乎！"⑤

---

① 《韩非子·人主》。
② 《韩非子·诡使》。
③④　《韩非子·扬权》。
⑤ 《韩非子·外储说右上》。

七、法、术、势三位一体

韩非作为法家学派的集大成者，在治理国家中最突出的理论是为了强化君主专制统治，在总结以往法家思想的基础上，继承并加以发展，系统提出了法、术、势三者有机结合的管理思想体系。首先推崇商鞅的"法"，认为治国必须奉法。他说："奉法者强，则国强，奉法者弱，则国弱。"其次，吸收了申不害的"术"和慎到的"势"，来补充商鞅的以法治国。他指出：商鞅变法，使秦国达到富国强兵的目的，但只讲法不讲术和势也不行。因为君主治理一个国家，如不知"术"，就不能很好地察知奸邪。这就是"无术以知奸"，"主无术于上之患也"①。韩非还认为，即使治理国家知道"法"和"术"还不够，如不知慎到的"势"，则国君、国家在关键时刻仍有身亡国倾之危，"法"和"术"就无法得到实行。因此，国君必须拥有主宰一切的权威，牢牢掌握压倒、控制手下一切人的权力，而且绝对不允许任何人分享，这就是"势"。国君只有这样，才能把"势"与"法"结合，制定严明的法令，使臣民遵守，"抱法处势则治，背法去势则乱"②。这表明，单有法还不够，还要把势与法有机结合，君主依靠权势实施法治，才能达到管好民众、长治久安的目标。同时使用术，有利于君主选拔、任用、监督、考核臣下。"术以知奸"，使用各种权术以伺察臣下对君主的忠诚程度，有利于识奸、防奸、除奸，不失君主之势。在法制中使用术，可以加强法治的威力、管理的力度。只有这样，才能把国家治理好，保持和加强君主的统治。

韩非认为，法、术、势三者是相辅相成的，"人主之大物，非法则术也"③，"势者，胜众之资也"④。也就是说，法和术是人主统治臣民的工具，而势则是运用法术的前提和条件。

韩非的法治重在加强君权，以法防奸。他认为任何人都靠不住，臣下都属虎狼之辈，时刻都想篡权。因此君主必须牢牢把权势掌握在自己手中，一刻也不可放松。"人臣之于其君，非有骨肉之亲也，缚于势而不得不事也。"⑤ 君主一定要看清臣下的觊觎君主权势之心，特别要提防阿谀奉承者。韩非指出："凡奸臣皆欲顺人主之心以取亲幸之势者。"⑥ 韩非甚至还认为君主不能尚贤，

① 《韩非子·定法》。
② 《韩非子·难势》。
③ 《韩非子·难三》。
④ 《韩非子·八经》。
⑤ 《韩非子·备内》。
⑥ 《韩非子·奸劫弑臣》。

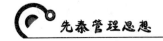

因为如果尚贤，"臣将乘于贤以劫其君"①。君主唯一可依靠的是法。君主通过颁布法令，要求人人遵从，臣下的作用是贯彻法令。这就是"明主之国：令者，言最贵者也；法者，事最适者也。言无二贵，法不两适，故言行而不轨于法令者必禁"②，"吏者，平法者也"③，"法也者，官之所以师也"④。

韩非认为君主与民众之间的关系是君主用权势使民众无条件地接受君主的统治，无条件地遵守国家各项法规，并为君主所用。《韩非子·外储说右下》记载了这样一则寓言：秦襄王有病，而百姓为之祈祷，秦襄王知道后，"訾其里正与伍老屯二甲"。事后，秦襄王解释道："彼民之所以为我用者，非以吾爱之为我用者也，以吾势之为我用者也……故遂绝爱道也。"君主利用手中掌握的资源，让民众为其卖力效死："夫上所以陈良田大宅，设爵禄，所以易民死命也。"⑤"君上之于民也，有难则用其死，安平则尽其力。"⑥

总之，韩非的法、术、势三位一体，相辅相成，共同构成法家的治国理念。其中法是关键，只有依法治国，才能管好民众，达到长治久安。势是必要条件，立法、执法者必须拥有势，即君主在治理国家中要集权于一身，必须居于至高无上的地位，法才能得到顺利的贯彻执行。否则，如果权力分散而失去势，国君就很难维持统治了，那法也得不到贯彻执行。术则是谋略、方法，它能使势得到巩固，使法发挥更大的作用。

---

① 《韩非子·二柄》。
② 《韩非子·问辨》。
③ 《韩非子·外储说左下》。
④ 《韩非子·说疑》。
⑤ 《韩非子·显学》。
⑥ 《韩非子·六反》。

第五章 先秦政府劝勉调节思想

第一节 民本思想

一、重民思想

先秦儒家重视民众、民心在国家治理中的重要作用，认为这关系到一个国家的治乱安危。《尚书·五子之歌》就提到"民惟邦本，本固邦宁"，人民是国家的根本，只有这个根本稳固了，国家才能得到安宁，长治久安。

《尚书·盘庚中》数处记载就反映了重民的思想："重我民"，即重视我民之意；"罔不惟民之承"，意为无不承顺民意；"视民利用迁"，即根据民利迁都迁邑；"用奉畜汝众"，大意是说迁邑为了养育你们。总之，最高统治者在做出重大决策时，均考虑到是否对广大民众有利，有无违背广大民众的意愿，这种重民思想其实际施行程度如何不好评估，但至少说明最高统治者在理论上、言论上是一再标榜的。

春秋时期，当政者对民的认识有了进步。在神与民关系上有一种比较开明的看法是，认为民是神之主，先民而后神。随季梁说："夫民，神之主也。是以圣王先成民而后致力于神……今民各有心，而鬼神乏主。"① 宋公要用人祭，司马子鱼说："民，神之主也。用人，其谁飨之？"② 有的人甚至认为民的行为决定神的态度，曹刿就指出："民和而后神降之福。"③

在民重于神、民先于神、民决定神的认识基础上，这个时期一些当政者对民十分重视，把对民政策作为治理国家成败的关键。虢国的史嚣说："国将兴，

---

① 《左传》桓公六年。
② 《左传》僖公十九年。
③ 《国语·鲁语上》。

听于民；将亡，听于神。"① 陈逢滑对陈君说："臣闻，国之兴也，视民如伤，是其福也；其亡也，以民为土芥，是其祸也。"② 周单穆公在总结历史经验教训之后说："以言德于民，民歆而德之，则归心焉。上得民心，以殖义方，是以作无不济，求无不获，然则能乐。"反之，"上失其民，作则不济，求则不获，其何以能乐？"③

当政者之所以重视对民政策，是因为他们看到民心的向背决定治国的成败。如楚灭了六、蓼之后，鲁国臧文仲评论道："德之不建，民之无援，哀哉！"④ 梁伯因"沟其公宫而民溃"，被秦灭亡。而后楚国沈尹戍在讨论其灭亡的原因时指出："民弃其上，不亡何待？"⑤ 因此，君主在制定对民政策时，重点在关注收买民心，如抚民、亲民、恤民、安民、利民、惠民、以德和民等。正像楚子西说吴王一样，"吴光新得国，而亲其民。视民如子，辛苦同之，将用之也"⑥。晋士芮也说："夫民，让事、乐和、爱民、哀丧，而后可用也。"⑦ 一些有识之士还认识到君主、贵族等个人的政治抱负只有得到民众的支持才有可能实现，否则必将失败。如宋国乐祁在议论鲁季氏逐其君，鲁昭公企图复国这个问题时说："政在季氏三世矣，鲁君丧政四公矣。无民而能逞其志者，未之有也。国君是以镇抚其民。《诗》曰：'人之云亡，心之忧矣！'鲁君失民矣，焉得逞其志？靖以待命犹可，动必忧！"⑧

当时更激进大胆的言论是人民可以抛弃、推翻侵害百姓的残暴君主。如当时卫国人民赶跑卫君，晋侯说："卫人出其君，不亦甚乎？"师旷回答说：良君"养民如子"，"民奉其君，爱之如父母"。如果君主是"困民之主"，民众赶走他是合乎天理的。"天之爱民甚矣！岂其使一人肆于民上，以从其淫，而弃天地之性？必不然矣！"⑨ 有的人更是公开宣扬如得到民众的支持，就可犯上作乱。公元前515年诸侯会盟，讨论鲁昭公回鲁问题。晋范献子不赞成，理由是："季氏甚得其民，淮夷与之，有十年之备，有齐、楚之援，有天之赞，有民之助，有坚守之心。"与会者听了范献子的议论，只好作罢。⑩公元前510年鲁昭公死于晋，赵简子对史墨说，季氏逐君，不准复国，死于异乡，这样做是

① 《左传》庄公三十二年。
② 《左传》哀公元年。
③ 《国语·周语下》。
④ 《左传》文公五年。
⑤ 《左传》昭公二十三年。
⑥ 《左传》昭公三十年。
⑦⑩ 《左传》庄公二十七年。
⑧ 《左传》昭公二十五年。
⑨ 《左传》襄公十四年。

否有点过分？史墨回答说："鲁君世从其失，季氏世修其勤，民忘君矣。虽死于外，其谁矜之？"① 从师旷、范献子、史墨的言论可以看出，得到民众支持，就可犯上作乱的思想还是得到不少人的认可的。

战国时期，重民思想又有明显的发展，其中较为突出的是孟子与荀子的有关言论。孟子对民十分重视，其中最有名的一句言论是："民为贵，社稷次之，君为轻。"② 关于这句话，人们有不同的解释，笔者认为，比较符合孟子本意的应是人民是最重要的，社稷次重要，君主第三重要。孟子的人民最为重要思想，可从两方面予以理解：

其一，民之向背关系国家兴亡。孟子指出："桀、纣之失天下也，失其民也；失其民者，失其心也。得天下有道：得其民，斯得天下矣。"③ "暴其民，甚则身弑国亡，不甚则身危国削"④，"得乎丘民而为天子"⑤。显然，孟子认为统治者如失去民心，失去民众，就会失去对这个国家的统治，甚至连自身性命都不保；如得到民心，得到民众，就会拥有对这个国家的统治。

其二，民是统治者的财用之源。如统治者失去民众，就断了君主的财源。无民则君主不能行事。

据荀子称，君舟民水是孔子提出来的。"君者，舟也；庶人者，水也。水则载舟，水则覆舟，此之谓也。"⑥ 君舟民水论形象地阐述了一条真理：一方面，民是君主赖以存在的基础；另一方面，看到了民的力量能够推翻君主的统治。《左传》哀公十一年记载了孔子这样一句话："鸟则择木，木岂能择鸟！"荀子借此进行发挥，把木比作君，把民比作鸟。君善，民则择之；不善，则弃之。从整个思想体系看，荀子不赞成臣民造反及抗上。但在《荀子·富国》中竟有一段大胆惊人之语："臣或弑其君，下或杀其上，粥（鬻）其城，倍（背）其节，而不死其事者，无他故焉，人主自取之也。"由此可见，荀子认为现实中发生臣子杀死其国君，下级杀死其上级，把整座城市出卖给敌人，背着国君或主人而失节，不会为国君或主人献出自己的生命，如果出现这些事情没有其他的原因，都是因为国君或主人咎由自取。

《吕氏春秋》作者认识到在治理国家中，民众是不可缺少的，如失去民众，就丧失了治国的根本。《吕氏春秋·用众》云："凡君之所以立，出乎众也。立已定而舍其众，是得其末而失其本。得其末而失其本，不闻安居。"因此，在

① 《左传》昭公三十二年。
②⑤ 《孟子·尽心下》。
③④ 《孟子·离娄上》。
⑥ 《荀子·王制》。

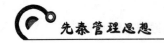

作者看来，"夫以众者，此君人之大宝也"①，"宗庙之本在于民"②。要统一天下，就必须重视"民"的问题："人主有能以民为务者，则天下归之矣。"③ 具体而言，"圣人南面而立，以爱利民为心"④，即君主要推行爱民、利民的大政方针。历史证明，君主只有"忧民之利，除民之害"⑤，才能统一天下。

《吕氏春秋》中关于重民的思想，是吸取儒家的"仁者爱人"的思想。《吕氏春秋·爱类》中说："仁于他物，不仁于人，不得为仁。不仁于他物，独仁于人，犹若为仁。仁也者，仁乎其类者也。故仁人之于民也，可以便之，无不行也。"其意是说，人们如对其他生物仁爱，而对人类不仁爱，这不能属于仁爱。如对其他生物不仁爱，而唯独对人类仁爱，这还能属于仁爱。因为富有仁爱的人，应该首先对同类有仁爱。所以对于民众仁爱的人，做事就会很顺利，无所而不往。

二、保民、惠民思想

先秦时期，与重民思想紧密联系的是保民、惠民思想。统治者在治理国家中，重民思想是其实施政策性工具的指导，是对被治理者——民众的定位；而保民、惠民思想是实施政策性工具的依据，是治理者对待被治理者的政策。

周公治理国家的一个重要思想是"保民"，如他在《尚书·康诰》中反复强调的"用保乂民"、"用康保民"、"应保殷民"、"惟民其康乂"，以及"裕民"、"民宁"等，总之，通过保民使民众安宁、富裕。

周公保民的具体政策思路是"明德慎罚"，其这一政策思路的落脚点是关心民众之疾苦。周公提出："恫瘝乃身，敬哉。"⑥ 意为要把民众的苦痛看作自己的苦痛一样，加以重视。如果统治者怀着这样一种关注民众疾苦之心来治理国家，那就会得到人民的拥护，使统治地位得到巩固。

周公在保民思想的指导下，告诫群臣子弟："治民祗惧，不敢荒宁"⑦，"无康好逸豫"⑧，意即要谨慎从治，不要贪图安乐，切忌恣意妄为。另外，周公还强调治国要体察民情，"知稼穑之艰难"，"知小人之依"，"怀保小民，惠鲜鳏寡"⑨。这就是要知道耕作的艰辛，关心人民的疾苦，特别是对孤寡老人，应另加照顾。周公还提出要把民众作为自己的镜子，从而对自己的治政得失有

---

① 《吕氏春秋·用众》。

② 《吕氏春秋·务本》。

③⑤ 《吕氏春秋·爱类》。

④ 《吕氏春秋·精通》。

⑥⑧ 《尚书·康诰》。

⑦⑨ 《尚书·无逸》。

清醒的认识，即所谓"人无于水监，当于民监"①。

先秦时期，从总的情况看，各诸侯国普遍存在着地广人稀的情况，因此，农业生产缺乏劳动力，其解决这一问题的重要途径之一是各国重视采取惠民政策，以安定本国民众，不使他们迁徙到国外；甚而竞相招徕他国之民来本国从事生产。《诗经·硕鼠》就云：当时为政者肆意掠夺本国民众，致使许多百姓"逝将去汝，适彼乐国"。这引起政府的恐惧，被迫施惠其民，勿使生心，努力进行安抚。《商君书·徕民》载：战国秦昭王时期，秦国地多人少，田宅有余；三晋地少人多，田宅缺乏。但是，三晋之民虽然想得到田宅而仍然不愿到秦国来，这是因为秦国太苦。所以，有大臣向秦昭王建议对外来之民实行"利其田宅"、"复之三世"等优惠政策，以招引三晋之民。秦国如能用新招来的民众从事农耕，用原来的秦民对外作战，那就能获得"富强两成之效"。《孟子·梁惠王上》也载，梁惠王曾向孟子求教说："寡人之于国也，尽心焉耳矣。河内凶，则移其民于河东，移其粟于河内。河东凶亦然。察邻国之政，无如寡人之用心者。邻国之民不加少，寡人之民不加多，何也？"孟子对此解释说："今王发政施仁，使天下仕者皆欲立于王之朝，耕者皆欲耕于王之野，商贾皆欲藏于王之市，行旅皆欲出于王之涂，天下之欲疾其君者，皆欲赴愬于王。其若是，孰能御之？"

为了治理好国家，《吕氏春秋》作者也提出君主要有一副爱民之心，实行德政。《吕氏春秋·爱士》说："行德爱人，则民亲其上；民亲其上，则皆乐为其君死矣。"《吕氏春秋·上德》说："为天下及国，莫如以德，莫如行义。以德以义，不赏而民劝，不罚而邪止，此神农黄帝之政也。"总之，君主如爱民利民，行仁义德政，人民就会服服帖帖听从指挥，甚至乐意为君主而牺牲；不用奖赏也会做好事，不用惩罚也不敢做奸邪之事。

《吕氏春秋》所倡导的爱民、利民、行仁义德政的实质是要求统治者对人民的剥削和压迫应该有一个限度，如超过了这个限度，必然会引起人民的反抗，其结果是"以罪召罪，上下之相仇也由是起矣"②。正如《吕氏春秋·义赏》所说的："竭泽而渔，岂不获得，而明年无鱼。"如对民众的索取也像竭泽而渔式的一网打尽，那明年就打不到鱼了。

《吕氏春秋》认为必须以德治国才能得民心。作者把行德政看作是治理国家的主要方法，即"为天下及国，莫如以德，莫如行义。以德以义，不赏而民

---

① 《尚书·酒诰》。

② 《吕氏春秋·适威》。

劝，不罚而邪止"①，"行德爱人，则民亲其上"②。至于"德政"的内容，也就是《吕氏春秋》所强调的"爱民"、"利民"、"便民"、"信于民"、"怜人之困，哀人之穷"，等等。作者认为，治国如能行德政，就能"以德得民心，以立大功名者，上世多有之矣"③。

《吕氏春秋》作者把德政放在治国的首位，强调教化的作用。他们提出："凡用民，太上以义，其次以赏罚"④，"善教者，不以赏罚而教成"⑤。在他们看来，对老百姓，"威不可无，有而不足专恃"⑥，这就是威慑不可以没有，但不能只依靠威慑。治理国家如一味地采取严刑厚赏，这是"衰世之政也"⑦。作者的基本主张是"礼、业、令、禁"都不要过"烦"、过"苛"，要适当。《吕氏春秋·适威》说："礼烦则不庄，业烦则无功，令苛则不听，禁多则不行。"同时，他们认为即使"赏罚"也要以"义"为标准："赏罚之柄，此上之所以使也。其所以加者义，则忠信亲爱之道彰。"⑧就是"行威"也要"得其道"，即要"托于爱利。爱利之心谕，威乃可行"⑨。可见，在《吕氏春秋》中，赏罚、行威的目的也仍然是以"爱民"、"利民"思想为基础的。

《吕氏春秋》作者之所以反复强调"爱民"、"利民"，其用意是：一则要君主考虑民心向背，不要一意孤行；二则把其作为一种治国手段。他们把"行德爱人"的目的说成是为了使老百姓"乐为其君死"⑩；把统治人民比作驾御"良马"，要使其"得为上用"。正如《吕氏春秋·适威》所云："古之君民者，仁义以治之，爱利以安之，忠信以导之，务除其灾，思致其福。故民之于上也，若玺之于涂也，抑之以方则方，抑之以圜则圜。"这就是统治者如能"爱民"、"利民"，以仁义忠信教导之，那老百姓就会服从统治者，而任其摆布。

《吕氏春秋》作者认为，在治理国家中，刑罚是不可或缺的，但在使用刑罚时，必须注入仁义。如果单方面地使用刑罚，往往会适得其反。《吕氏春秋·用民》总结了历史正反两方面的经验教训后说："亡国之主，多以多威使其民矣。故威不可无，有而不足专恃。譬之若盐之于味，凡盐之用有所托也，不适则败托而不可食。威亦然，必有所托，然后可行。恶乎托？托于爱利，爱利之心谕，威乃可行。"其作者认为，亡国的君主，往往是过多地使用了刑罚，"威愈多，民愈不用"，就像烹调过多地使用了盐，使食物反而变得不可食用。

---

①⑦　《吕氏春秋·上德》。

②⑩　《吕氏春秋·爱士》。

③　《吕氏春秋·顺民》。

④⑥⑨　《吕氏春秋·用民》。

⑤⑧　《吕氏春秋·义赏》。

使用刑罚必须依托于爱民利民之心，刑罚才能顺利地得到实施。

在使用刑罚时注入仁义，其目的在于引导人民向善。《吕氏春秋·义赏》说："赏罚之柄，此上之所以使也。其所以加者义，则忠信亲爱之道彰。久彰而愈长，民之安之若性，此之谓教成。"《吕氏春秋》作者还进一步指出，在使用刑罚注入仁义时，必须公平无私，才能达到引导人民向善的目的："凡赏非以爱之也，罚非以恶之也，用观归也。所归善，虽恶之，赏；所归不善，虽爱之，罚。此先王之所以治乱安危也。"①

《管子·牧民》亦有"顺民"之说："政之所兴，在顺民心；政之所废，在逆民心。民恶忧劳，我佚乐之。民恶贫贱，我富贵之。民恶危坠，我存安之。民恶灭绝，我生育之。能佚乐之则民为之忧劳，能富贵之则民为之贫贱，能存安之则民为之危坠，能生育之则民为之灭绝。"管子认为，政令之所以能贯彻执行，在于顺应民心；政令之所以会废弛而不起作用，则是由于违背了民心。人民厌恶忧患劳苦，我（统治者）则使其佚愉欢乐；人民厌恶贫穷卑贱，我则使其富裕尊贵；人民厌恶危殆倾坠，我则使其安全稳定；人民厌恶后嗣断绝，我则使其能养育儿女，后继有人。只有能使人民佚愉欢乐的人，人民才会宁愿为他而忧患劳苦；只有能使人民富裕尊贵的人，人民才会宁愿为他而安于贫穷卑贱；只有能使人民安全稳定的人，人民才会不惜为他而危殆倾坠；只有能使人民有条件养育儿女后嗣的人，人民才会不惜为他而灭绝后嗣。

在这种认识的基础上，《管子·牧民》进一步指出："故刑罚不足以畏其意，杀戮不足以服其心。故刑罚繁而意不恐，则令不行矣；杀戮众而心不服，则上位危矣。故从其四欲，则远者自亲；行其四恶，则近者叛之。故知予之为取者，政之宝也。"所以，《管子》作者认为统治者对待民众，刑罚并不能促使民众常存畏惧心理，杀戮不可能使民众心悦诚服。刑罚虽繁多而民众并不恐惧，统治者的政令还能畅通无阻吗？滥杀了许多人而导致民心不服，统治者的宝座也就危险了。能顺从人民的"四欲"（佚乐、富贵、存安、生育），即使是疏远的人也会自然亲近；施行"四恶"（忧劳、贫贱、危坠、灭绝），即使是亲近者也将叛逆。由此可以悟出一个道理：统治者对待人民，只有先"给予"然后方能"求取"，能够"给予"也就能"求取"。统治者必须懂得这个道理，这是施政治民的法宝。

《管子·形势解》也表达了统治者必须顺应民心，才能把国家治理好的观点："人主之所以令则行禁则止者，必令于民之所好而禁于民之所恶也。民之

————————————

① 《吕氏春秋·当赏》。

情莫不欲生而恶死，莫不欲利而恶害。故上令于生利人则令行，禁于杀害人则禁止。令之所以行者，必民乐其政也，而令乃行。故曰：'贵有以行令也。'人主之所以使下尽力而亲上者，必为天下致利除害也。故德泽加于天下，惠施厚于万物，父子得以安，群生得以育，故万民欢尽其力而乐为上用。入则务本疾作以实仓廪，出则尽节死敌以安社稷，虽劳苦卑辱而不敢告也。"《管子》作者指出，君主之所以能够做到他下达命令，人民便贯彻执行；他禁止某项活动，某项活动便将止息；必然是因为他的命令是人民所赞同的，他所禁止的是人民所厌恶的。人之常情，莫过于希望活下去而厌恶死亡了，希望获利而厌恶受害了。因此，君主的命令如果能有利于人民求生而获利，便一定会得到贯彻和执行；君主所禁止的能使人免遭损伤和祸害，则所禁必止。所以说："贵有以行令也。"君主之所以能够促使人民竭尽心力亲附于上，必定是因为他能为天下人兴利除害。因此，君主如能加惠德行福泽于人民，施予万物丰厚的恩惠，能使民众生活安定，万物得以化育，人民便会乐于尽其心力为君主服务。平时在家能努力从事农业生产，使仓库里粮食和物资充盈；如果出征参加战争，则会尽忠守节，为着使国土稳固，不惜牺牲生命，即使疲劳困苦忍辱受屈，也绝不会有怨言。

《吕氏春秋》在许多篇反复阐述了得民心而得天下，失民心而失天下的基本思想。其作者把当时流行的重民思想与法家的人性好利说相结合，提出了自己的对民理论。

《吕氏春秋·顺民》提出："先王先顺民心，故功名成。夫以德得民心以立大功名者，上世多有之矣。失民心，而立功名者，未之曾有也。"可见，其作者把是否得民心看作是功名事业成功与否的一个重要因素。他们还列举了历史上正反事例予以说明：商汤、武王之所以成功，正是由于得到人民的支持："汤、武非徒能用其民也，又能用非己之民。能用非己之民，国虽小，卒虽少，功名犹立。古昔多由布衣定一世者矣，皆能用非其有也。"① 相反，当时陈国之所以灭亡，是由于横征暴敛失去民心："夫陈小国也，而蓄积多，赋敛重也，则民怨上矣。城郭高，沟洫深，则民力罢矣。兴兵伐之，陈可取也。"②

《吕氏春秋》作者进一步指出，治民之道要做到顺民心、得民心，就是要顺民性、从民欲。作者发挥了儒家"得民心"的观点，提出"凡举事必先审民心，然后可举"，"取民之所说（悦），而民取（聚）矣"③。《吕氏春秋·用民》

---

① 《吕氏春秋·用民》。
② 《吕氏春秋·似顺论》。
③ 《吕氏春秋·顺民》。

说："用民有纪有纲，壹引其纪，万目皆起；壹引其纲，万目皆张。为民纪纲者何也？欲也、恶也，何欲何恶？欲荣利，恶辱害。辱害所以为罚，充也；荣利所以为赏，实也。赏罚皆有充实，则民无不用矣。"这就是治理国家如能顺应民众的天性和需求，给予民众荣誉和利益，民众就会聚集在统治者周围，心甘情愿为统治者所用，那统治者就能达到纲举目张的效果，做任何事都能成功。

三、尊重民意、民情思想

先秦的尊重民意民情思想与重民思想也是密不可分的。重民思想中民重于神、民先于神、民决定神的认识使统治者重视民心向背，看到民心向背决定国家的兴盛存亡，因此，在治理国家中尊重民意民情。

先秦已有比较系统深刻的尊重民意民情思想，这是相当难能可贵的。《尚书·洪范》曰："天子作民父母以为天下王。"这里，"天子"即天之子，也就是《诗经·我将》中所谓"昊天其子之"也。其意为君主一方面是上天的儿子，另一方面又为人民的父母。

天子作为上天的代理人，在天监督下以行使治理国家的权力，则本来之最高主权属于天。但是，天又是相当抽象的，看不见，摸不着，因此，天的意志喜恶必须借助人民以体现之。试引先秦文献4句以证明：

　　　　天聪明，自我民聪明；天明畏，自我民明威。①

　　　　天视自我民视，天听自我民听。②

　　　　天畏棐忱，民情大可见。③

　　　　民之所欲，天必从之。④

显然，抽象的天是以人民的视听为视听，以人民之欲恶为欲恶。因此，不言而喻，先秦有识之士是把人民作为事实上的最高主权者，民意即是天意，国君作为天子，作为上天的代理人，必须尊重民意民情，其对天负责，其实就是对民负责。甚至有人将治理国家是否尊重民意民情视作一个国家兴亡的关键："国将兴，听于民；将亡，听于神。"⑤

君主对天负责即对民负责，这种思想在先秦文献中亦屡见不鲜。如尧禅让

---

① 《尚书·皋陶谟》。

② 《尚书·泰誓中》。

③ 《尚书·康诰》。

④ 《尚书·泰誓上》。

⑤ 《左传》庄公三十二年。

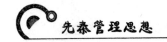

于舜，舜禅让于禹，皆告以"天之历数在尔躬"，而又云"四海困穷，天禄永终"①。还有《尚书·盘庚下》曰"恭承民命"，同书《召诰》言"顾畏于民碞"。这些言论都说明国君作为上天的代理人治理国家，必须对人民担负起责任。

基于天以民视听为视听，以民欲恶为欲恶的思想，先秦一些具有民本思想的人都主张言论自由，尊重民意民情。如周厉王监谤，召穆公反对说："防民之口，甚于防川……夫民虑之于心而宣之于口，成而行之，胡可壅也。"② 尔后事实证明这不是危言耸听，百姓舆论比洪水还凶猛，厉王止谤最终导致国人暴动，自食恶果而被流放。又如春秋时期郑国执政子产是具有民主意识的统治者，郑人游于乡校以议执政，有人劝子产毁校，但子产却说："夫人朝夕退而游焉，以议政之善否，其所善者吾则行之，其所恶者吾则改之，是吾师也。若之何毁之？"③

春秋时期在尊重民情民意中已有了少数服从多数的思想萌芽。因为在治理国家中，政府的每一项政策、法规很难得到社会各阶层的一致拥护，因此，民主政治尊重民情民意的原则是多数所赞同者一般代表最广泛民众的利益。《左传》成公六年所载栾书一段谈话反映了当时"多数取决之制度"的思想："或谓栾武子曰：'圣人与众同欲，是以济事，子盍从众？子为大政，将酌于民者也……《商书》曰：三人占，从二人。众故也。'武子曰：'善钧，从众。夫善，众之主也。'"

儒家也重视民意，如《大学》就提出，统治者必须以"民之所好好之，民之所恶恶之，此之谓民之父母。"换言之，统治者在治理国家中必须以广大人民的好恶为好恶，即尊重民意民心。孔子也重视民意，但没有盲从。他主张："众恶之必察焉，众好之必察焉。"孟子则主张："国人皆曰贤，然后察之……国人皆曰不可，然后察之。"可见，孔子对民众的好恶、舆论也很重视，而孟子显得更为理性，即对民意必须进行考察、思考，然后再做出自己的正确判断。

儒家深信如无健全之人民，则不可能有健全之政治。所以其言政治者，无不致力于养成多数人政治道德、政治能力及政治习惯。先秦儒家希望通过礼治来达到这一目标："礼义以为纪……示民有常，如有不由此者，在势者去，众

---

① 《论语·尧曰》。
② 《国语·周语上》。
③ 《左传》襄公三十一年。

以为殃。"① 儒家所主张的礼治，不是靠政府的行政权力强制民众执行遵守，而主要是靠道德层面的力量，由民众非强制性地自觉执行遵守。即使是有权势的人，如不加以执行遵守，即被视为违背了社会公认的准则，将遭到公众的摒弃。因此，孔子精辟地指出："道之以政，齐之以刑，民免而无耻；道之以德，齐之以礼，有耻且格。"② 这就是治理国家如靠行政强制手段和制定法规予以限制惩罚，其结果虽然使民众被迫服从遵守，但人格会日渐堕落而不自觉，失去羞耻之心。相反，如通过道德礼义的感化教育，使民众形成习惯和良好的社会风尚，人人品格高尚而有羞耻之心。

墨子认为，统治者在治理国家中必须了解民情："上之为政，得下之情则治，不得下之情则乱。"③ 可见，是否了解下情民意关系到国家的治乱。他主张在全国遍布"耳""目"，探听细微向上报告："数千万里之外，有为善者，其室人未遍知，乡里未遍闻，天子得而赏之。数千万里之外，有为不善者，其室人未遍知，乡里未遍闻，天子得而罚之。"这样，就能"先人得之"、"先人成之"、"先人发之"。他认为治理国家如能做到随时了解民情，就能使"天下之人皆恐惧振动惕栗，不敢为淫暴，曰：天子之视听也神"④。

尹文子亦尊重民意与社会舆论："己是而举世非之，则不知己之是；己非而举世是之，亦不知己之所非。然则是非随众贾（同价）而为正，非己所独了；则犯众者为非，顺众者为是"；"圣人之治，不贵其独治，贵其能与众共治。贵工倕之巧，不贵其独巧，贵其能与众共巧也……独行之贤，不足以成化；独能之事，不足以周务；出群之辩，不可为户说；绝众之勇，不可与征阵……是以圣人……立法以理其差，使贤愚不相弃，能鄙不相遗。能鄙不相遗，则能鄙齐功；贤愚不相弃，则贤愚等虑"⑤。尹文子此论说明对国家的治理必须建立在民众的基础上，政治不能脱离群众而行"独能之事，不足以周务"，既已与众共治，则只能以"能鄙齐功，贤愚等虑"自甘。

《管子》重视民意，认为能否认清民情，是把握民心之向背、治理好国家的关键。《管子·权修》说："人情不二，故民情可得而御也。审其所好恶，则其长短可知也。观其交游，则其贤不肖可察也。二者不失，则民能可得而官也。"他们还提出，政府管理的失败，最根本的原因是没有抓住民之好恶。正如《管子·形势解》所说："故欲来民者，先起其利，虽不召而民自至。设其

———————————————

① 《礼记·礼运》。

② 《论语·为政》。

③ 《墨子·尚同下》。

④ 《墨子·尚同中》。

⑤ 《尹文子·大道上》。

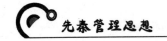
所恶，虽召之而民不来也。"

《管子》不仅十分重视民意民言，而且进一步提出设立专门的机构和场所来倾听民众的心声。《管子·桓公问》载："齐桓公问管子曰：'吾念有而勿失……为之有道乎？'对曰：'……毋以私好恶害公正，察民所恶以自为戒。黄帝立明台之议者，上观于贤也；尧有衢室之问者，下听于人也……'桓公曰：'吾欲效而为之，其名云何？'对曰：'名曰啧室之议。'"《管子》作者尊重民意民言的目的是君主在治理国家中达到君民一体，休戚相关，从而长治久安。其在《君臣上》云："夫民，别而听之则愚，合而听之则圣。虽有汤武之德，复合于市人之言，是以明君顺人心、安情性而发于众心之所聚，是以令出而不稽，刑设而不用，先王善与民为一体。与民为一体，则是以国守国，以民守民也。"这里"民，别而听之则愚，合而听之则圣"，把民众意识视为比个人意识高明，反映出作者十分重视民意民言的思想。并且提出君王"与民为一体，则是以国守国，以民守民也"，英明的君王如能与人民打成一片、融合为一体的话，那就在治理国家中充分让全体民众参与，万众一心，就能达到以国家保持国家，以人民保持人民。

第二节　劝学思想

一、重视教育思想

周初统治者吸取商朝灭亡的教训，认识到仅靠神权和暴力不足以维系统治，必须注重对民众的道德教化，因此提出了"皇天无亲，唯德是辅"的治国方略。据《周礼·司徒》记载，周朝德教的内容广泛，共有 12 个方面："施十有二教焉：一曰以祀礼教敬，则民不苟；二曰以阳礼教让，则民不争；三曰以阴礼教亲，则民不怨；四曰以乐礼教和，则民不乖；五曰以仪辨等，则民不越；六曰以俗教安，则民不偷；七曰以刑教中，则民不虣；八曰以誓教恤，则民不怠；九曰以度教节，则民知足；十曰以世事教能，则民不失职；十有一曰以贤制爵，则民慎德；十有二曰以庸制禄，则民兴功。"如以当今的思维对这十二教进行概括，大致周朝德教内容为三大方面：一是教导民众要恭敬谦让，相爱和睦；二是教导民众要安分守己，勤劳知足；三是教导民众靠技艺、职事谋生，相劝为善。总之，周朝统治者企图通过德教，建立一个和谐有序、勤勉行善、自食其力的社会。

孔子论治国之道，认为"道之以政，齐之以刑，民免而无耻；道之以德，齐之以礼，有耻且格"①。孔子反对统治者试图以刑杀威吓人民来减少犯罪，维护统治秩序，这种"道之以政，齐之以刑"的做法最多只能暂时地禁人为非，但却不能使人民懂得犯罪是可耻的，因而不可能使人不再犯罪。只有"道之以德，齐之以礼"，才能使人民"有耻且格"，自觉地不再犯罪。孔子讲的不是不要政刑，而是反对独任政刑，迷信政刑，其宗旨即为重德教轻刑罚。

儒家十分重视教育，并主张民众不分贵贱都要接受教育。孔子就主张"有教无类"，首创私人讲学之风，弟子三千，其中杰出者有 72 人，自缙绅子弟以至驵侩大盗，皆"归斯受之"。法家教育，教人做理想中之国民；儒家教育，则是人格的教育，教人做人。因此，儒家教育以智仁勇为教本，以礼乐射御书数为教学内容。其教育目标是"唯天下至诚，为能尽其性；能尽其性，则能尽人之性"②，从而使"君子学道则爱人，小人学道则易使也"③。

在《论语·子路》中记载有这样一段话："子适卫，冉有仆。子曰：'庶矣哉。'冉有曰：'既庶矣，又何加焉？'曰：'富之。'曰：'既富矣，又何加焉？'曰：'教之。'"在孔子治国的"庶"、"富"、"教"3 个层次目标中，"富"是最主要的，这是儒家"富民"思想在治国理念中的具体体现。这 3 个层次是有机联系的统一体：人口多了意味着整个国家劳动力的增加，使土地得到更多的开垦；生产发展了，社会财富增多，人民就富裕起来；人民富裕了，还必须进行教育，使之富而好礼，那就标志着国家得到很好的治理。总之，"庶"、"富"、"教"3 个层次完整而系统地反映了儒家以"仁政德治"为核心的管理国家思想体系。

从此处我们还可以看出，在庶、富、教治国的 3 个层次目标中，"教"是最高层次的。人口众多了，人民富裕了，最终还必须教育好他们，这才真正达到治国的目标。因此，孔子重视教育，并不只体现在口头上，他还身体力行，创办私学。他学而不厌，诲人不倦，在游说各国，意识到自己的政治理想不能实现后，专心致志于教育文化事业，成为中国历史上最伟大的文化名人。

孔子打破官学垄断的局面，兴办私学，使平民子弟也有了受教育的一些机会。到墨子时，平民中的"贤良之士"涌现出不少，并在国家政治中发挥作用。孔、墨的教育目标主要着眼于政治方面，培养治国的人才，即"学而优则仕"。这是先秦教育的一大特点，对后世影响深远。

---

① 《论语·为政》。

② 《礼记·中庸》。

③ 《论语·阳货》。

孟子也十分重视教育，提出："不教民而用之，谓之殃民。殃民者，不容于尧舜之世。"① 这里，孟子把不先教导老百姓而便用他们打仗，称之为加害于百姓。并认为这种行为如发生在尧舜之治的时代，是不被允许的。可见，孟子认为"教民"是治理好一个国家重要的前提和标志之一。

《管子》明确了教育的目的："政教相似而殊方。"② 其意云教化臣民与行政命令是为了同一个目标，只是方法不同罢了。统治者意识到，为了把国家治理好，巩固自己的统治，除了用法令进行赏罚外，还必须通过教化让民众拥护、服从君主的统治，并从中选拔出优秀的人才进入统治阶层，为其效劳。这就是《管子·五辅》所说的："得人之道，莫如利之；利之之道，莫如教之以政。"

二、教育内容与选任教师思想

孔子重视的教育内容，主要包括两大部分，即道德教育和知识教育，而以前者为重点。他主张"文、行、忠、信"四教，其中后三者都是属于道德教育范围。他的具体教育科目，即"礼、乐、射、御、书、数"六艺，所用教材，即"诗、书、礼、乐、易、春秋"六经。从孔子的教育内容可以看出，他把礼教和乐教视作政治的重要手段，把它们看作政治和刑罚的基础。他说："礼乐不兴，则刑罚不中，则民无所措手足。"③ 孔子把亲自修订的《春秋》作为教材，也是出于政治上的考虑。《春秋》是一部政治色彩极为浓厚的历史教科书，自始至终充满大一统与正名分的精神。《春秋》充分体现了孔子的政治观与历史观，表明了孔子对历史人物与事件的褒贬，其目的是使当时的"乱臣贼子"惧。孔子的"射御"教学内容，不言而喻是培养民众射箭、骑马的军事技能，使民众体魄健壮。总之，从孔子的教育内容可以看出，孔子的教育目标具有浓厚的政治色彩，把学生培养成治国安邦的人才。

法家承认教育之必要及其功用，但其教育的内容与途径则有自己的特征。韩非主张："无书简之文，以法为教；无先王之语，以吏为师。"可见，其欲将教育的内容规定为学习法律条文，教师不用学者，而用政府官吏。韩非的理由是："今有不才之子，父母怒之弗为改，乡人谯之弗为动，师长教之弗为变。夫以父母之爱，乡人之行，师长之智，三美加焉，而终不动其胫毛……州部之吏，操官兵，推公法，而求索奸人，然后恐惧，变其节易其行矣。故父母之爱

---

① 《孟子·告子下》。
② 《管子·侈靡》。
③ 《论语·子路》。

不足以教子，必待州部之严刑者。民固骄于爱，听于威矣。"① 韩非认为父母、乡人、师长三者作为教育者，其教育效果都不好，只有官吏以强制手段进行法律教育，才能让被教育者"变其节易其行"，成为政府需要的人才。

荀子重视教育，认为"君子博学而日参省乎己，则知明而行无过矣"②；"我欲贱而贵，愚而智，贫而富，可乎？曰：其唯学乎！"③ 可见，学习可以使人明于道理而行为不会产生过错，能使贱者变贵，愚蠢而变聪明，贫困而变富裕。荀子重视教师人选。他指出："农精于田，而不可以为田师；贾精于市，而不可以为贾师；工精于器，而不可以为器师。有人也，不能此三技，而可使治三官。曰：精于道者也，精于物者也。精于物者，以物物；精于道者，兼物物。故君子壹于道，而以赞稽物。"④ 其大意是农民精通于种田，可是不可以作为田师；商人精通市场买卖，但不可以作为市师；工匠精通于器物，但不可以作为器师。却有这样的人，他们并不精通这三种技术，可是可以作为这三种技术的主管。这就是说，有精通于道的人，有精通于事物的人。精通于事物的人，只能单纯认识事物；精通于道的人，才能全面认识事物的规律。

第三节　劝农思想

一、周王籍田思想

周初规定了国王亲耕籍田的制度，并把它作为国家的一项十分隆重的典礼。每年在立春之前的九日，就开始做各种准备。到了立春开耕之日，天子带领百官和庶民亲临籍田。在盛大礼节仪式下，天子翻土一下，公三下，卿九下，大夫二十七下，最后由"庶人终于千亩"⑤，将籍田全部耕完。天子率领百官亲耕，表示对农事的重视，在治理国家时不忘关心农业生产这个国之大事，并通过做出象征性的榜样，劝勉带动农业生产者努力劳动，不敢懈怠。这就是"民用莫不震动，恪恭于农，修其疆畔，日服其镈，不解于时"⑥。周王亲耕籍田的制度，在后世一直为历代帝王所仿效。周宣王即位后，"不籍千

---

① 《韩非子·五蠹》。
② 《荀子·劝学》。
③ 《荀子·儒效》。
④ 《荀子·解蔽》。
⑤⑥ 《国语·周语上》。

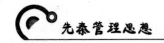

亩"，废弃籍田礼，卿士虢文公对此发表了民之大事在农的议论。他说："夫民之大事在农，上帝之粢盛于是乎出，民之蕃庶于是乎生，事之供给于是乎在，和协辑睦于是乎兴，财用蕃殖于是乎始，敦庞纯固于是乎成。"① 其大意是说，民之大事在农，祭祀上帝的供品出于农，人民之生活蕃殖依赖农，各种事情的供给由农业提供。农业生产发展了，人们就能协和辑睦，农业是国家财政的基础，农业能使民众敦厚淳朴。

虢文公提出的"民之大事在农"的思想是后世农本思想的先河。农业是一切社会活动的基础，民众的祭祀、生育繁衍、各项事务、国家财政收入，甚至连淳朴的民风，都离不开农业生产的发展。因此，王的政事最重要的是保障农业生产，不能随便使役、用兵，干扰农业生产。

二、不违农时思想

先秦各学派思想家都重视农业生产，并意识到遵守农时是搞好农业生产的基本前提。

管仲最早把保证农时作为一项制度提出来，即"无夺民时，则百姓富"②，所谓"无夺民时"，即指国家在征调百姓从事各种徭役时，不要在农忙季节征调。同时还规定"山泽各致其时，则民不苟"③，也就是国家应规定农民入山泽采伐捕捞的时间，在农忙时禁止入山泽，以保证农业生产劳动的"不苟"。

孟子指出："不违农时，谷不可胜食也。"④ 荀子也说："春耕，夏耘，秋收，冬藏，四者不失时，故五谷不绝而百姓有余食也。"⑤《吕氏春秋》更具体地提出了不违农时的制度和措施：正月"天气下降，地气上腾，天地和同，草木繁动"，这时，天子就要布告农事，命令田官"皆修封疆，审端径术，善相丘陵、阪险、原隰，土地所宜，五谷所殖，以教导民，必躬亲之"⑥。这就是说，正月是万物复苏之时，一年农事刚刚开始，国君命令田官整修开辟田地，因地制宜，种植五谷。必须特别提出的国君还要亲自做出榜样，以教育引导农民不违农时，努力春耕。这就是后世所谓的帝王籍田之礼。二月，天子"无作大事（指征战徭役），以妨农功"⑦。四月则是农忙季节，天子"命野虞出行田

① 《国语·周语上》。

②③ 《国语·齐语》。

④ 《孟子·梁惠王上》。

⑤ 《荀子·王制》。

⑥ 《吕氏春秋·孟春纪》。

⑦ 《吕氏春秋·仲春纪》。

原，劳农劝民，无或失时，命司徒循行县鄙，命农勉作，无伏于都"①。八月，有关官员"趣民收敛，务蓄菜，多积聚"②，督促农民及时种麦。由此可见，自先秦时期开始，国家就十分重视劝勉、督促农民勤于耕作，甚至连贵至天子也要躬亲农事，为民做出榜样。

三、《吕氏春秋·上农》引导鼓励民众务农思想

《吕氏春秋》卷26《上农》所论述的国家通过引导鼓励的政策使民众重视农业生产的思想，对后世历代王朝劝农思想和政策有深远的影响。

《上农》首先开宗明义指出："古先圣王之所以导其民者，先务于农。"即国家施政，必须把发展农业放在首位。《上农》把国家优先发展农业放在政治的视角予以考虑，与法家商鞅所说的农民朴实听话、安土重迁以及易于驱使征调等，而工商者见多识广、复杂灵活以及不易驱使征调等基本一样：

> 民农则朴，朴则易用，易用则边境安，主位尊。民农则重，重则少私义，少私义则公法立，力专一。民农则其产复，其产复则重徙，重徙则死（其）处，而无二虑。（民）舍本而事末则不令，不令则不可以守，不可以战。民舍本而事末则其产约，其产约则轻迁徙，轻迁徙，则国家有患，皆有远志，无有居心。民舍本而事末则好智，好智则多诈，多诈则巧法令，以是为非，以非为是。

《上农》主张国家必须通过引导、鼓励的办法，而不是强迫的办法，使民众自觉从事农业生产，这就是先古后稷之官的"务耕织者，以为本教也"。具体来说，统治者必须从以下4个方面来引导鼓励民众从事农业生产：一是最高统治者及贵族、官僚必须做出表率："天子亲率诸侯耕帝籍田，大夫士皆有功业。是故当时之务，农不见于国，以教民尊地产也。后妃率九嫔蚕于郊，桑于公田。是以春秋冬夏皆有麻枲丝茧之功，以力妇教也。是故丈夫不织而衣，妇人不耕而食，男女贸功，以长生，此圣人之制也。"二是国家督促民众努力耕作，充分发掘土地的潜力增加产量："敬时爱日，非老不休，非疾不息，非死不舍。上田，夫食九人。下田，夫食五人。可以益，不可以损。一人治之，十人食之，六畜皆在其中矣。此大任地之道也。"三是国家限制和制止妨害农时的政令和习俗："当时之务，不兴土功，不作师徒，庶人不冠弁、娶妻、嫁女、享祀，不酒醴聚众，农不上闻，不敢私籍于庸，为害于时也。然后制野禁，苟非同姓，农不出御，女不外嫁，以安农也。"四是限制在农时从事各种非农业

---

① 《吕氏春秋·孟夏纪》。
② 《吕氏春秋·仲秋纪》。

的生产活动，以保证尽可能多的劳动力用于农业生产："制四时之禁：山不敢伐材下木，泽人不敢灰僇，缦网置罦不敢出于门，罛罟不敢入于渊，泽非舟虞，不敢缘名，为害其时也。"

最后必须指出的是《上农》虽然主张国家施政，必须把发展农业放在首位，但并没有抑末。《上农》一方面强调农业的重要性，认为关系到国家的存亡："若民不力田，墨乃家畜，国家难治，三疑乃极，是谓背本反则，失毁其国。"另一方面又指出：国家施政，必须农工商全面发展，否则某个部门不能正常发挥其功能，那将有大灾难："民自七尺以上，属诸三官。农攻粟，工攻器，贾攻货。时事不共，是谓大凶。"

第四节　礼治思想

一、孔子以礼治国思想

先秦时期，各式各样的人物都讲礼、利用礼，那么礼的主旨是什么？人们的看法不尽相同。其中最为流行的观点认为，礼的主旨在于别君臣、上下、父子、兄弟、内外、大小。先秦时期，对礼的实质表述大致主要包括两个方面：主导方面可称之为"分"；辅助方面可用仁、和二字来概括。礼的本质在于维护等级，调节社会各阶层之间的关系。春秋时期晋随武子说："其君之举也，内姓选于亲，外姓选于旧，举不失德，赏不失劳，老有加惠，旅有施舍，君子小人，物有服章，贵有常尊，贱有等威，礼不逆矣。"[①]北宫文子也说：礼仪之本在于区分"君臣、上下、父子、兄弟、内外、大小"[②]。战国时期，荀子用"分"来揭示礼别贵贱等级的本质。他指出，人与动物的差别之一在于人能"群"，人之所以能群，又在于有"分"，"分"能解决社会因"群"而产生的混乱。《荀子·王制》故云："先王恶其乱也，故制礼义以分之。"

先秦时期，礼主要表现为习惯与传统，而法则是有针对性的政治规定。礼以传统成俗对人们进行引导或禁止；法以条文规定进行引导和禁止。

孔子在治国的理念中反对国家对民众过于严厉的管制，不主张使用严刑酷法。他主张德治，以仁为核心，以礼为准则，以和为目标。孔子认为，仁作为

---

① 《左传》宣公十二年。
② 《左传》襄公三十一年。

内在于个人的道德修养和道德感情，即是爱心；作为外在于人与人之间的道德行为，即是爱人。内在的爱心是通过外在的爱人行为表现出来的。爱心首先产生于血缘家庭内父母兄弟之间，这是最本源的爱。把它推而广之，使整个社会在爱的基础上达到和谐有序，是实现国家管理的最高目标。但是在现实社会中，要把仁的爱心正确贯彻到人们的实际行动中去，还要有一种能为人们共同遵循的行为规范，这就是礼。礼是规范各阶层人在各种社会活动中的行为而制度化了的行为准则。它在行动上体现了仁的要求，是实现仁的目标管理的制度保证①。

孔子坚持以礼治国，把"礼"说成是治国的根本，"为政先礼，礼，其政之本欤?"② 因此，他不赞成"道之以政，齐之以刑"的治国方略，而主张"道之以德，齐之以礼"③。孔子在教学中把"礼"放在首位，所谓孔门六艺"礼、乐、射、御、书、数"，"礼"起挂帅作用，实际上是一种政治教育，其次才是各种专门技能。孔子要求"君使臣以礼"，认为只要统治者能依"礼"行事，便能把国家管理好，人民就能服从统治，即"上好礼，则民莫敢不敬"④，"上好礼，则民易使也"⑤。为了解决当时"贵贱无序"的问题，恢复以礼治国，孔子认为关键在于"正名"。当子路问他"卫君待子而为政，子将奚先"时，他回答"必也正名乎"⑥。所谓"正名"，在孔子看来就是人人都服从固有的等级地位，也就是"君君、臣臣、父父、子子"⑦，即君要像君，臣要像臣，父要像父，子要像子，人人都能按名分摆正自己的位置，各守其"礼"。

春秋时期，由于社会的急剧动荡，原有的等级秩序不断受到破坏。孔子礼治的目的，就是要恢复原有的等级秩序。在孔子看来，在秩序优秀的社会里，从天子到庶人，都应该谨守职守，每一个等级都应该做与自己的身份、社会地位相应的事情。"天下有道，则政不在大夫；天下有道，则庶人不议。"⑧ "不在其位，不谋其政。"⑨

孔子礼治主张所设计的是一个高度集权的政治体制，每一个等级的职分都

① 潘承烈、虞祖尧：《中国古代管理思想之今用》，中国人民大学出版社 2001 年版，第 39 页。

② 《礼记·哀公问》。

③ 《论语·为政》。

④⑥ 《论语·子路》。

⑤ 《论语·宪问》。

⑦ 《论语·颜渊》。

⑧ 《论语·季氏》。

⑨ 《论语·泰伯》。

是由礼确定下来的，其最终都集中于君主一身，"天下有道，则礼乐征伐自天子出"①。相反，如天下无道，"礼乐征伐自诸侯出"、"自大夫出"，甚至由"陪臣执国命"，那就礼崩乐坏，天下大乱。因此，礼治是调节人与人的关系，维护社会和谐稳定十分重要的因素。

孔子认为，确保等级秩序不被破坏的根本措施就是正名。《论语·子路》记载了孔子与学生前往卫国途中的一段对话："子路曰：'卫君侍子而为政，子将奚先？'子曰：'必也正名乎！'子路曰：'有是哉，子之迂也！奚其正？'子曰：'野哉，由也！君子于其所不知，盖阙如也。名不正则言不顺，言不顺则事不成，事不正则礼乐不兴，礼乐不兴则刑罚不中，刑罚不中，则民无所措手足。'"孔子所说的"名"，意指名分，名分的具体含义是什么，孔子并没有明确说明，但是从孔子全部的言论思想看，正名也就是要使每一个等级的行为与其在社会的身份、地位相符，具体地说，也就是"君君、臣臣、父父、子子"。

孔子提出的仁者爱人，在当时贵贱等级分明的时代，起着掩饰等级和缓和等级冲突的作用。他提出的"和为贵"，能在"分"之间求得协调和互相补充。"和"对于"分"是一种制约和补充，预防"分"走向极端和破裂②。先秦儒家力图把"分"与"仁"、"和"统一起来，"君君、臣臣、父父、子子、兄兄、弟弟、农农、工工、商商"，安然有序；"或禄天下而不自以为多，或监门御旅，抱关击柝而不自以为寡"③，每人的地位高下虽然悬殊，却都以悬殊为安，不怨天尤人，心满意足。"富贵而知好礼则不骄不淫，贫贱而知好礼则志不慑（畏怯）。"④ 各处其位，各安其位。

孔子还对礼与法的功用进行比较分析，认为："凡人之知，能见已然，不能见将然。礼者禁于将然之前，而法者禁于已然之后……礼云，礼云，贵绝恶于未萌，而起敬于微眇，使民日徙善远罪而不自知也。"⑤ 礼可防未然，使罪恶消灭于未萌芽之时，敬畏之心从微小见不到之处逐渐产生，广大民众就会趋于为善而远离犯罪；相反，法治只能禁止于已发生之后，通过惩治犯罪来消灭犯罪。

孔子坚持以礼治国，即主张采取协调性的政策工具，以礼、义、信引导，劝勉百姓，达到"政是以和"⑥，即社会各种关系的和谐，百姓自然就会努力

① 《论语·季氏》。
② 刘泽华：《中国政治思想史集》第 2 卷，人民出版社 2008 年版，第 248 页。
③ 《荀子·荣辱》。
④ 《礼记·曲礼上》。
⑤ 《大戴礼记·礼察》。
⑥ 《左传》昭公二十年。

劳动，生产物质财富。

二、荀子制礼明分思想

荀子看到无论社会财富如何充裕，也难以满足人们无止境的物欲，因此必然引起争夺财富的斗争，使社会秩序无法维持，社会生产更无从正常进行，国家将陷入贫困。他说："物不能澹（赡）则必争，争则乱，乱则穷矣。"① 为了防止、消除争乱，他主张封建国家必须在大力发展生产、增加社会财富的同时，还要运用行政权力，为社会成员规定一定的等级界限，制定不同的分配标准，平衡社会各阶层的财富分配。这就是"兼足天下之道在明分"②。相反，如国家放纵人的贪欲，不加任何限制，不用行政权力进行协调的话，就会引起社会的争乱。正如他所说的："从人之欲，则势不能容，物不能赡也"③，"物不能赡则必争"，"争则乱，乱则离，离则弱，弱则不能胜物"④。

荀子"制礼明分"的理论基础是"性恶"论。他认为"人生而有欲"⑤；"欲不待可得，所受乎天也"⑥。可见，他认为欲望是人类从自然界禀受来的本性。

荀子所说的欲望，主要有 3 种：一是"今人之性，饥而欲饱，寒而欲暖，劳而欲休，此人之情性也"⑦。这类欲望实际上是人类生存所必需的物质需要，主要是以人类的生理本能作为基础。二是"目好之五色，耳好之五声，口好之五味"⑧。这类欲望主要是人类物质享受的欲望，虽然也有生理需要作为基础，但从本质上看并不属于人的生理本能。三是"贫愿富，贱愿贵"⑨，"心利之有天下"⑩。这类欲望是指物质财富的占有欲和权势欲，属于社会关系的产物。

荀子还认为，人的欲望是很难得到满足的："人之情，食欲有刍豢，衣欲有文绣，行欲有舆马，又欲夫余财蓄积之富也，然而穷年累世不知足，是人之情也。"⑪

正由于人的欲望多并不知满足，因此社会就出现"欲多而物寡"的矛盾，如果任其自由发展，就会出现纷争，社会发生混乱。荀子指出："从人之性，顺人之情，必出于争夺，合于犯分乱理而归于暴。"⑫他认为，解决这一问题的

---

①④ 《荀子·王制》。

② 《荀子·富国》。

③⑪ 《荀子·荣辱》。

⑤ 《荀子·礼论》。

⑥ 《荀子·正名》。

⑦⑨⑫ 《荀子·性恶》。

⑧⑩ 《荀子·劝学》。

办法是制礼明分："欲恶同物，欲多而物寡，寡则必争矣……救患除祸，则莫若明分使群矣"①；"势位齐，而欲恶同，物不能澹则必争，争则乱，乱则穷矣。先王恶其乱也，故制礼义以分之，使有贫富贵贱之等，足以相兼临者，是养天下之本也"②。

荀子认为"明分"的具体措施在于"制礼"，即把社会成员分成不同的等级，然后再依据不同等级进行社会财富的不同分配："故先王案为之制礼义以分之，使有贵贱之等，长幼之差，知贤愚、能不能之分，皆使人载其事而各得其宜，然后使谷禄多少、厚薄之称，是夫群居和一之道也。"③ 只有这样，才能制止社会的争乱，使人们和谐相处。

"分"是礼义之制的产物，其内容是通过每个人贵贱、贫富（同书《王制》提及）、长幼、智愚、能与不能等的差别，来决定其在物质享受上的不同待遇，是谓"各得其宜"。换言之，每个人身份、境遇、年龄、智力、能力等决定其在社会物质分配上的份额多少，这就是分。因此，"分"可以制止人与人之间的纷争。正如《慎子》所云："一兔走，百人追之；积兔于市，过而不顾。非不欲兔，分定不可争也。"荀子以分言礼，其立脚点与此相同，即只须将礼制定，教人"各安本分"，则在社会上相处，不至起争夺，为个人计，亦可以知足少恼。

制礼明分之所以能解决"欲多而物寡"矛盾，荀子给出如下的解释：首先，礼通过"分"，这包括封建的分工分配制度和等级制度，把社会的欲求活动限制在一定的范围内，从而使得有限的社会产品不致不能满足人们的物质欲望，所谓"物必不屈于欲"④。其次，礼又通过"分"，给每个等级的人们提供了不同的欲求活动范围，并从而使得人们的欲望不致因为物资不足而得不到满足，所谓"欲必不穷乎物"。最后，礼的这种对欲求活动又限制又保证的双重作用，会促进生产发展，这又可以使得人们的物质欲望得到更大范围的满足。所以，总的来看，制礼明分的作用就是使人的物质欲望和社会产品两个方面相互制约，相互协调而又不断增长，所谓"相持而长"⑤。

从广义上说，荀子所说的"分"，主要有 3 种含义：一是指社会分工；二是指产权的界定；三是指确定贵贱、上下等级身份。关于社会分工问题，荀子

---

① 《荀子·富国》。

② 《荀子·王制》。

③ 《荀子·荣辱》。

④ 《尚书·礼论》。

⑤ 中国社科院经济研究所中国经济思想史组：《中国经济思想史论》，人民出版社 1985 年版，第373～374 页。

曾说："农分田而耕，贾分货而贩，百工分事而劝，士大夫分职而听，建国诸侯之君分土而守，三公总方而议，则天子共己而止矣！出若入若，天下莫不平均，莫不治辨，是百王之所同也，而礼法之大分也。"① 这里，荀子把人的社会分工看成是"礼治之大分"：农民各自耕种自己的田地，商人各自贩卖自己的货物，百工各自勤勉自己的事情，士大夫各自坚守自己的职责，诸侯各自捍卫自己的土地，三公总合四方诸侯国的政务而加以议处，那天子只是恭谨自处就够了。对内对外这样，天下没有不平均没有不治理，这便是百王所共同的，而且是礼法的最大界定。

关于产权界定问题，荀子指出："人生而有欲，欲而不得，则不能无求；求而无度量分界，则不能不争；争则乱，乱则穷。先王恶其乱也，故制礼义以分之，以养人之欲，给人之求。使欲必不穷乎物，物必不屈于欲。"② 荀子认为，人生下来就有欲望，欲望如果达不到，就不能没有求取；求取如果没有分寸和界限，就不能不争夺；争夺就会发生混乱，混乱就会发生穷窘。先王厌恶这种混乱，所以就制定了礼义来分清它，借以保养人民的欲望，供应人民的求取，使人们的欲望不被物质所穷窘，使物质不被欲望所压倒。可见，君主通过用礼来界定产权，使人民免予争夺与混乱，从而避免由此带来的贫困。

关于界定贵贱、上下等级身份问题，《荀子》一书更是多处强调。如《荀子·荣辱》云："夫贵为天子，富有天下，是人情之所同欲。然则从人之欲，则势不能容，物不能赡也。故先王案为之制礼义以分之，使有贵贱之等、长幼之差，知贤愚、能不能之分，皆使人载其事而各得其宜，然后使悫禄多少、厚薄之称。是夫群居和一之道也。"荀子认为，那种贵为天子、富有天下的生活，是人们都想得到的。但是，如都顺从人们的这种欲望，在客观上是不可能达到的，物质上也不可能那么富足。所以，先王就为人们制定出礼义来划定界限，使社会上有了贵贱的等级、长幼的差别，智慧和愚、能和不能的区分，使人们都各行其是，各得其宜，然后使人们的官禄多少、厚薄相匀称。这便是人们群居和谐的道理。

至于如何才能做到"明分使群"，荀子认为必须依靠君主制定礼义来规范。他把君主比喻为"管分之枢要"③，即实施"明分使群"的关键，把君主对国家的治理放在最高的地位。因此，他提出"君者，善群也。群道当，则万物皆

---

① 《荀子·王霸》。
② 《荀子·礼论》。
③ 《荀子·富国》。

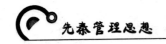

得其宜，六畜皆得其长，群生皆得其命。"① 在荀子看来，君，就是善于处理群众的意思。处理群众的方法妥当，万物就都能得适宜，牲畜都能得到生长，众生就都能安于他们的性命。荀子所理解的"群"，即君主最高统治下以礼义制定的"君君、臣臣、父父、子子、兄兄、弟弟……农农、士士、工工、商商"，贵贱有序、长幼有别，各载其事、各得其宜的一套完整的社会等级秩序。

总之，荀子强调以礼义"明分"的根本目的是为了建立一种"职分而民不慢，决定而序不乱"② 的社会秩序，从而使国家长治久安。

三、《管子》的礼义思想

管子学派主张法治，但又反对一味滥用刑法，否则就会适得其反，不利于治国。"刑罚繁而意不恐，则令不行矣；杀戮众而心不服，则上位危矣"③。

管子学派在主张法治的同时，也十分重视礼义的作用，把礼、义、廉、耻称之为"国有四维"④。认为"守国之度，在饬四维"，只有"四维张"，才能"君令行"⑤。如果"四维不张，国乃灭亡"⑥。

管子学派认为，人们的物质生活决定人们的道德生活，提出"利""义"并重的价值观。他们认为人的本性是求利，人具有趋利避害的本性。《形势解》中指出："民，利之则来，害之则去。民之从利也，如水之走下，于四方无择也。"礼义廉耻的产生依赖于物质生活的基础。管子曾提出"仓廪实则知礼节，衣食足则知荣辱"⑦这一著名的命题，认为"衣食足，则侵争不生，怨怒无有，上下相亲，兵刃不用矣"⑧。相反，由于"衣食之于人也，不可以一日违也"⑨，因此，如粮食不生，则人民贫困；人民贫困，缺衣少食，就会怨声载道；生造反之心，不再顾忌什么法令、制度、礼义廉耻，就会铤而走险。正如《八观》所说："民贫则奸智生，奸智生则邪巧作。故奸邪之所生，生于匮不足。"

---

① 《荀子·王制》。

② 《荀子·君道》。

③④⑤⑥⑦ 《荀子·牧民》。

⑧ 《荀子·禁藏》。

⑨ 《荀子·侈靡》。

第六章　先秦用经济手段导民而治思想

第一节　无为而治思想

一、老子治大国，若烹小鲜思想

先秦道家的"德治"主要体现在"无为"上，如少私寡欲、无言之教等；儒家的"德治"则把功夫下在个人的修身养性上，主张修身齐家治国平天下，实行仁政；法家则认为实行严刑酷法是最大的德政，这样就可以刑止刑、以暴制暴，使社会秩序安定；而管子的德治观念则建立在满足人民欲望，顺民意、得民心之上。

"道"是道家自然哲学的最高范畴，被道家看作宇宙万物的根源和归宿，世界上一切事物都是由它主宰和派生出来的。老子认为："人法地，地法天，天法道，道法自然。"① 这是说，人是效法地，地是效法天，天是效法道，而道则是效法自然的。也就是说，一切事物不能违背自然，而要顺乎自然。

老子认为，人的本性是恶的，但没有明说。他认为："五色令人目盲，五音令人耳聋，五味令人口爽。驰骋畋猎，令人心发狂。难得之货，令人行妨。是以圣人为腹不为目，故去彼取此。"② 显然老子认为人的本性是有欲、有私、贪财货的，特别受不得外界五色、五音、五味、田猎和难得之货的刺激，人类社会的一切矛盾和争斗都源于此。不言而喻，老子应属于"性本恶"范畴中的思想家。

"道法自然"是道家哲学的核心思想，在此基础上，"无为而治"成为道家治理国家的指导思想。道家认为，治理国家要顺其自然，不可强作妄为；有道

① 《老子》第25章。
② 《老子》第12章。

的圣人"处无为之事，行不言之教"①，即以"无为"态度来处理国家大事，而不干涉民众的行为，对民众"行不言之教"。相反，"民之难治，以其上之有为，是以难治"②。所以，"以身为天下，若可托天下"，即只有主张"无为而治"的人，才可以把治理天下的重任托付于他。在老子看来，最好的政府是最不管事问事的政府，"其政闷闷，其民淳淳；其政察察，其民缺缺"③，其意为政治宽厚，人民就淳朴；政治严苛，人民就狡猾。"我无为，而民自化；我好静，而民自正；我无事，而民自富；我无欲，而民自朴"④。这里的"我"指的是统治阶级，或者说就是国家和政府。统治阶级如无所作为，人民就自我化育；统治阶级如贵静，即不扰民，人民就自然走上自治的轨道；统治阶级不搅扰，不干预人民的经济事务，人民自然就富足；统治阶级没有贪欲，人民就自然朴实。因此，老子寓意深刻地总结了一句治国的名言："治大国，若烹小鲜。"⑤他告诫统治者治理国家要像烹煎小鱼那样少折腾，统治者为政要安静无扰，扰则害民。虐政害民，灾祸就要来临；若能清静无为，则人人可各遂其生而相安无事。

老子的所谓无为，并不是说不为，而是顺其自然，依据事物自身的必然规律运行和发展，动合无形，而不凭加任何外来的力量。老子的无为是作为一个政治管理理念提出的，他认为"法令滋彰，盗贼多有"⑥，因此国家要减少颁布法令规章，实行政简刑轻，反对以繁复苛重的政治、法律手段来治理国家。

老子在管理理念上最著名的是"无为而治"。他说："圣人之治……为无为则无不治"⑦，"圣人之道，为而不争"⑧。老子的"无为"与"有为"其实都是"为"的表现形式，他认为"无为"的效果比"有为"好，即在治理国家中把采用有形的干预更多地转变为通过无形的手进行调节，充分发挥人和万物的自身积极性、能动性，从而达到天下大治。这就是老子管理思想中的最高境界："道常无为而无不为，侯王若能守之，万物将自化。化而欲作，吾将镇之以无名之朴。无名之朴，夫亦将无欲。不欲以静，天下将自定。"⑨

中国古代自先秦开始，已初步形成两种政府管理模式：一是采取放任主义

---

① 《老子》第 2 章。
② 《老子》第 75 章。
③ 《老子》第 58 章。
④⑥ 《老子》第 57 章。
⑤ 《老子》第 60 章。
⑦ 《老子》第 3 章。
⑧ 《老子》第 81 章。
⑨ 《老子》第 37 章。

的善因论，主张政府尽量不管、少管，尤其把社会经济活动看成私人的事情，听任私人按自己的意愿、按经济规律进行。二是采取干涉主义的轻重论，主张政府尽量依靠行政手段，用法令、禁罚来管理民众，加强对社会经济活动的调控和干预。先秦道家提倡无为，是放任主义的先驱，主张尽量减少国家政权的活动，包括它的经济管理活动；先秦法家是干涉主义的先驱，主张法治，加强对民众的管制，使百姓除从事农战外别无出路。

道家的无为和法自然思想，在战国末至秦汉之际形成了黄老之学，并在西汉初一度占据了主导地位，对当时经济的恢复和发展发挥了很大的积极作用，并为后世一些朝代，在战后不同程度地推行"与民休息"的政策，产生了深远的积极影响。

二、《管子》不烦不扰，而民自富思想

同样是人性好利的基础理论，但《管子》则得出了与商鞅截然不同的政策主张。《管子》认为，人们由于利己心的驱使，会自动选择最适当的方式，进行生产、流通等经济活动，取得和积累私人财富，完全不需要国家采取人为的办法实行干预和控制。这就是"不推而往，不引而来，不烦不扰，而民自富——如鸟之覆（孵）卵，无形无声，而唯见其成"[①]。因此，他们主张，国家在制定政策时，必须顺应和允许私人的追求财利活动，不要任意干预，否则就会束缚和妨碍私人正常的经济活动，不利于富国富民。"政之所兴，在顺民心；政之所废，在逆民心"[②]，"不事心，不劳意，不动力。而土地自辟，囷仓自实，蓄积自多"[③]。总之，治理国家"无为者帝"[④]，对私人经济活动应采取"无为"的政策。

《管子》的无为与道家的无为有明显的不同：道家的无为是让人安于简单、原始的自然状态，同寡欲、无欲联系在一起，而《管子》的无为则着眼于社会经济的发展与进步，通过减少对百姓经济活动的干扰以利于发挥他们的生产积极性，把较多的人力、物力和财力用于发展生产，这种无为以承认人的欲望并顺应人的欲望为前提。

《管子》在治理国家中，主张尽可能使用经济的手段，引导人民自动地遵循，而少采用强制性的行政手段。《管子·轻重丁》载：桓公曰："五衢之民衰

---

① 《管子·禁藏》。

② 《管子·牧民》。

③ 《管子·任法》。

④ 《管子·乘马》。

然多衣敝而屡穿，寡人欲使帛、布、丝、纩之贾贱，为之有道乎？"管子曰："请以令沐途旁之树枝，使无尺寸之阴。"桓公曰："诺。"行令未能一岁，五衢之民皆多衣帛完屡。桓公召管子而问曰："此其何故也？"管子对曰："途旁之树未沐之时，五衢之民男女相好往来之市者，罢市相睹树下，谈语终日不归。男女当壮，扶辇推舆，相睹树下，戏笑超距，终日不归。父兄相睹树下，论议玄语，终日不归。是以田不发，五谷不播，桑麻不种，茧缕不治。内严一家而三不归，则帛、布、丝、纩之贾安得不贵？"桓公曰："善。"这一事例不一定是历史事实，但它说明了《管子》的治理国家的理念。《管子》作者看到当时齐国人民衣敝屡穿的原因是，百姓不分男女老少喜欢在树荫下聊天嬉戏终日，因而耽误了农活和纺织，他巧妙地采取令人剪掉树枝，不使树有一尺一寸的遮阴，人们就无法再在树荫下聊天嬉戏终日了，从而引导人民致力于农活和纺织。果然不到一年，五衢之民就都穿上完好的衣服和鞋子。

第二节　君主利民思想

一、君主必须为民众兴利思想

先秦时期，君主利民思想比较流行，成为君主治理国家的一种理念。早在商代，盘庚就把自己标榜为民利的代表者，他在迁都殷发布的训辞中，一方面说是上帝的旨意，另一方面又讲"视民利用迁"[①]。西周初期，周公也常常以"保民"为己任。

春秋时期，君主利民思想有了进一步发展，其中较具典型意义的是邾文公的言论。《左传》文公十三年载：邾文公卜问迁都，史曰："利于民而不利于君。"邾文公对此答道："苟利于民，孤之利也。天生民而树之君，以利之也。民既利矣，孤必与焉。"由此可见，邾文公视民利高于君利，而且立君是为了利民，因此，邾文公做出了利民的选择。当然，这一时期的君主们是否真的会把利民放在首位，还很难说，但至少在口头上、宣传上表达了这种思想。

当时，除了君主之外，一些著名思想家在不同程度上也表达了这一思想。孔子认为具备"五美"才可以从政，而"五美"之首便是"因民之所利而利

---

① 《尚书·盘庚中》。

之"①。他的学生子贡曾问他："如有博施于民而能济众，何如？可谓仁乎？"孔子回答说："何事于仁，必也圣乎！尧、舜其犹病诸。"② 可见他是相当重视利民的，把尊重和照顾民利的统治者誉为圣人，并且认为利民是君主们应该做而难以做的事。

墨子认为："天子者，固天下之仁人也。"③ 而仁人最主要的品质是"必务求兴天下之利，除天下之害"④。墨子还指出："民生为甚欲，死为甚憎，所欲不得，而所憎屡至，自古及今，未尝能有以此王天下、正诸侯者也。"⑤ 墨子从正反两方面阐述了他的君主利民思想，君主作为仁人，必须为天下民众兴利，如果不为民众兴利，违背了他们的意愿和利益，就可能失去天下。

战国时期，孟子的"仁政"论则更深入地论述君主应该以利民为己任。同"以德服人"相联系的，孟子还提出"以佚道使民"的主张，其内容包括3个方面：其一，"取于民有制"⑥，对租税徭役的征发应依制度而行，并有一定的限制；其二，"勿夺其时"或"不违农时"⑦，对徭役的征发应避开农忙季节，不打乱正常的农业生产上的时间安排；其三，"制民之产"⑧，就是要让普通民众拥有一定的私有产业，使其"仰足以事父母，俯足以畜妻子，乐岁终身饱，凶年免于死亡"⑨，能有最低的生活保障。如能做到这3个方面对民有利的事，就能得民心，百姓"虽劳不怨"⑩。

二、君主以利导民思想

先秦儒家主张效法自然，既要尽人之性，亦要尽物之性。《中庸》云："唯天下至诚，为能尽其性；能尽其性，则能尽人之性；能尽人之性，则能尽物之性；能尽物之性，则可以赞天地之化育；可以赞天地之化育，则可以与天地参矣。"此处的"天"，就是大自然，所以，天道就是自然法则。"性"即是天道，因此，"尽其性"，亦就是顺乎自然法则。孔子说："天何言哉？四时行焉，百物生焉，天何言哉！"⑪ 又说："取法于天。"⑫ 这些言语反映了孔子推崇自然法

---

① 《论语·尧曰》。

② 《论语·雍也》。

③ 《墨子·尚同中》。

④ 《墨子·兼爱下》。

⑤ 《墨子·尚贤中》。

⑥ 《孟子·滕文公上》。

⑦⑧⑨ 《孟子·梁惠王上》。

⑩ 《孟子·尽心上》。

⑪ 《论语·阳货》。

⑫ 《礼记·郊特牲》。

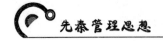

则、效法自然的思想。

在效法自然哲学观的基础上,儒家认为对国家的治理应"因民之所利而利之,斯不亦惠而不费乎!"① 可见,他们已认识到对国家的治理应以对民有利的政策措施进行引导,这样就既能给民众带来实惠,又能大大节约管理成本。

先秦儒家在承认基本人性"自利"的基础上,主张统治者在治理国家中,应顺应这种天性,善于引导,把人类劣根性化为推动社会的原动力,使社会趋向和谐。孟子曰:"天下之言性也,则故而已矣。故者以利为本。所恶于智者,为其凿也。如智者若禹之行水也,则无恶于智矣。禹之行水也,行其所无事也。如智者亦行其所无事,则智亦大矣。"② 可见孟子也认为对民众要因势利导,天下众人对人性的探讨,只要能推求其所以然就行了。推求其所以然,基础在于顺其自然之理。我们厌恶使用小聪明的人,因为使用小聪明的人容易陷于穿凿附会。假如小聪明的人能像大禹使水运行一样,那就不必对小聪明的人有所厌恶。大禹的使水运行,就是行其所无事,即顺其自然,因势利导。假如小聪明的人能行其所无事,那就不是小聪明而是大聪明了。

荀子认为,政府必须与人民合作,做一些对人民有益的事,才能把国家治理好,反之,其政权可能不稳固,甚至被人民所推翻。他说:"马骇舆,则君子不安舆;庶人骇政,则君子不安位。马骇舆,则莫若静之;庶人骇政,则莫若惠之。选贤良,举笃敬,兴孝悌,收孤寡,补贫穷,如是,则庶人安政矣。庶人安政,然后君子安位。传曰:君者,舟也;庶人者,水也。水则载舟,水则覆舟,此之谓也。"③ 荀子这里把君、民关系比作舟、水关系成为至理名言,对后世历朝统治者影响深远。

正由于荀子看到国君与人民的这种舟水关系,因此他主张国君必须爱民、利民,才能使人民为己所用,为己而死。他指出:"故有社稷者而不能爱民,不能利民,而求民之亲爱己,不可得也。民之不亲不爱,而求其为己用,为己死,不可得也。人不为己用,不为己死,而求兵之劲,城之固,不可得也。兵不劲,城不固,而求敌之不至,不可得也。敌至而求无危削,不灭亡,不可得也。"④ 荀子还进一步提出,国君治理国家,必须依次争取达到 3 个层面:"君人者,欲安,则莫若平政爱民矣;欲荣,则莫若隆礼敬士矣;欲立功名,则莫

---

① 《论语·尧曰》。

② 《孟子·离娄下》。

③ 《荀子·王制》。

④ 《荀子·君道》。

若尚贤使能矣。"① "故人主欲强固安乐，则莫若反之民；欲附下一民，则莫若反之政"②。在荀子看来，君主只有爱民、利民，人民才能为其所用，为其所死，从而使兵力强劲，城郭坚固。君主如果要使国家强固、安乐，就不如回过头来看看自己的人民；如果愿意依靠臣下统一人民，就不如回过头来看看自己的政令。由此可以看出，荀子认识到统治者管理国家不能离开老百姓，所谓"用国者，得百姓之力者富，得百姓之死者强，得百姓之誉者荣"③。因此，统治者就必须实行一些"惠民"、"裕民"的"宽政"，要"生民则致宽，使民则极理"④，这样就能使"生民宽而安"⑤，"庶人安政，然后君子安位"⑥。这就是老百姓安定下来，统治者才能安于其统治地位。

　　荀子基于君舟民水、君木民鸟的认识，十分重视君主应处理好爱民与使民的关系。他与其他儒家相同，主张对民先爱之利之而后使之。《荀子·富国》中则分析了君主对民的几种不同态度和不同后果："不利而利之，不如利而后利之之利也。不爱而用之，不如爱而后用之之功也。利而后利之，不如利而不利者之利也；爱而后用之，不如爱而不用者之功也。利而不利也，爱而不用也者，取天下矣。利而后利之，爱而后用之者，保社稷也。不利而利之，不爱而用之者，危国家也。"其大意是不给人民利益而索取人民，不如先给人民利益而后再向人民索取更有好处。不爱护人民而使用人民，不如先爱护人民而后再使用人民更有功效。给了人民利益而索取人民，不如给了人民利益而不索取人民更有好处；先爱护人民而后再使用人民，不如先爱护人民而后不使用人民更有功效。给了人民利益而不向人民索取，爱护人民而不使用人民的，这是取得天下的君主；给了人民利益而后向人民索取，爱护人民而后使用人民的，这是保有社稷的君主；不给人民利益而向人民索取，不爱护人民而使用人民的，这是危害国家的君主。

　　《管子》主张在治理国家中，政府通过实施对民有利之事来引导民众，使民众按照政府的政策命令行事。《管子·形势解》云："民利之则来，害之则去，民之从利也，如水之走下，于四方无择也。故欲来民者，先起其利，虽不召而民自至，设其所恶，虽召之而民不来。"《管子·形势解》还云："人主之所以令则行，禁则止者，必令于民之所好，而禁于民之所恶也。民之情莫不欲生而恶死，莫不欲利而恶害。故上令于生利人，则令行；禁于杀害人，则禁

　　①⑥　《荀子·王制》。

　　②　《荀子·君道》。

　　③④　《荀子·王霸》。

　　⑤　《荀子·致士》。

止。令之所以行者，必民乐其政也，而令乃行，故曰：贵有以行令也。"所以，《管子》提出政府制定政令，必须考虑是否对人民有利，因为对人民有利，才能得到他们的拥护和贯彻执行，即"民之所利立之，所害除之，则民人从"①。

《管子》之所以提出以利引导民众的主张，是基于其法自然的哲学观。他们认为："凡将立事，正彼天植……法天合德，象地无亲，参于日月，伍于四时。"②"版法者，法天地之位，象四时之行，以治天下。"③ 这种哲学观应用于治理国家的政治上，就是要顺应民心："政之所兴，在顺民心；政之所废，在逆民心。民恶忧劳，我佚乐之；民恶贫贱，我富贵之；民恶危坠，我存安之；民恶灭绝，我生育之。"④ 因此，善于治理国家者，应顺势而为，因势利导，这样政府就能以最少的管理而达到最好的治理效果。正如《管子·禁藏》所云："故善者势利之在，而民自美安，不推而往，不引而来，不烦不扰，而民自富，如鸟之覆卵，无形无声，而唯见其成。"

第三节　通过财政性政策工具治国思想

一、通过赋役制度调节控制经济活动

先秦时期，人们已经知道政府通过财政性的政策工具对社会经济活动实行调节、控制。如《周礼·司徒下》载："凡宅不毛者有里布，凡田不耕者出屋粟，凡民无职事者出夫家之征。"这里，国家通过赋税杠杆来督促老百姓勤于生产劳作，促进经济发展。政府法令规定：宅旁不种桑麻之家，就必须向国家额外交纳"里布"；某家有田不耕种，任其荒废，就要向国家额外交纳"屋粟"；某家如有劳动力而任其游手好闲，就要向国家额外交纳赋税或服徭役。总之，政府通过对不生产者实行一定的赋役制裁来督促引导这些人从事必要的生产劳动，正如东汉郑玄在注文所云："欲令宅树桑麻，民就四业，则无税赋，以劝之也。"

《周礼》设计的国家管理机构与政策、措施相当完备、系统，其国家治理

---

① 《管子·幼官》。
② 《管子·版法》。
③ 《管子·版法解》。
④ 《管子·牧民》。

思想当倾向于干涉主义的轻重论。但《周礼》与先秦法家的干涉主义思想又有明显不同，除主张采用行政、法律手段外，也重视通过经济手段，如价格、赋税、借贷等市场性、财政性政策工具对国家进行治理。如前所述，《周礼》主张对工商业的管理主要是采用政府颁布法规，设置市场，限定物价，检查商品质量，征收赋税等进行管理，并不主张单纯依靠禁罚，政府也不直接参与经商牟利。政府对农业的管理也只是管颁田、修水利等为生产提供条件的活动以及技术指导、奖勤罚懒等指导、督促工作，并不直接参与组织具体农业生产。

春秋时期，管仲的"相地而衰征"思想，进一步完善公平合理征税。他提出："相地而衰征，理道之远近而致贡，通流财物粟米，无有滞留，使相归移也。"[①] 这里明确提出了国家征收贡赋不仅要考虑到土壤的肥瘠，而且还要考虑到被征地区离京都的远近，并且征收贡赋应不影响全国粮食、货物的流通。

同一时期，郑国子产的第二项改革是"作丘赋"，即原由每甸（64井田）负担的军马、粮草、兵甲等军赋现由每丘（16井田）负担。这一方面意味着人民军赋负担加重了4倍，另一方面也意味着"作丘赋"改革使私田的土地所有权得到了进一步的承认，地主和自耕农的社会政治地位有所提高。

这一时期，齐国晏子提出"幅利"的思想，对统治者追求财富的活动加以限制，使其不超过一定的界限或幅度。他主张："且夫富如布帛之有幅焉，为之制度，使无迁也。夫民生厚而用利，于是乎正德以幅之，使无黜谩，谓之幅利。"[②] 同时，他把节俭作为限制统治者追求财富和减轻对民众剥削的前提，大力加以倡导。他认为，如果统治者纵欲无度，就必然会不断加重百姓的赋税徭役，"用力甚多，用财甚费"[③]，就会激化社会矛盾。因此，他要求统治者要"薄于身而厚于民"，"约于身而广于世"[④]，即"冠足以修敬，不务其饰；衣足以掩形御寒，不务其美"[⑤]；"身服不杂彩，首服不镂刻"[⑥]。

二、老子寡欲崇俭思想

老子反对纵欲，排斥对奢侈品的欲望，指出："五色令人目盲，五音令人耳聋，五味令人口爽，驰骋田猎令人心发狂，难得之货令人行妨"，主张"为腹不为目"[⑦]，即消费是为了维持生存和健康而不是为了享乐，以满足人的生

---

① 《荀子·王制》。

② 《左传》襄公二十八年。

③ 《晏子春秋·内篇谏下》。

④ 《晏子春秋·内篇问上》。

⑤⑥ 《晏子春秋·内篇谏下》。

⑦ 《老子》第12章。

理的、自然的基本需要为止。正因为如此，老子把"俭"作为他"持而保之"的"三宝"之一①。

老子主张寡欲、崇俭，要求从统治者做起，主张统治者以俭率下。只有统治者率先少私寡欲，"去奢去泰"②，以此对百姓"行不言之教"③，才能在整个社会中形成寡欲、崇俭、素朴的风气。这就是"我无欲而民自朴"④。

先秦诸子在消费问题上几乎都主张节用或崇俭的，而他们又各有自己的特点：儒家以礼作为节用的标准，墨子以小生产者劳动力再生产的需要为节用的标准，老子的节用则以恢复到最简单、最原始的自然生活需要为依归。

《老子》没有正面提出薄税敛的主张，但从他对厚敛进行的猛烈抨击，斥责当政者如同大盗可以看出，他是反对厚敛而主张薄税敛的。他指出："民之饥，以其上食税之多，是以饥。"⑤ 民众遭受饥饿，是因为政府征收粮食税太多的缘故。"朝甚除，田甚芜，仓甚虚，服文采，带利剑，厌饮食，财货有余，是为盗夸。"⑥

三、孔子、孟子轻徭薄赋思想

孔子认为，当时妨碍民富的一个重要原因是人民的赋税负担过重，因此他提出："薄赋敛则民富。"⑦ 他反对鲁国执政季康子"用田赋"的政策，主张恢复"周公之籍"。他提出："先王制土，籍田以力，而砥其远迩；赋里以入，而量其有无；任力以夫，而议其老幼。于是乎有鳏寡孤疾，有军旅之出则征之，无则已。其岁收田一井，出稯禾秉刍缶米，不是过也，先王以为足。若子季孙欲其法也，则有周公之籍矣，若欲犯法则苟而赋，又何妨焉。"⑧ 从这段记载中我们可以了解到，孔子对国家赋税的征收在具体措施上也有许多科学合理的想法：其一，国家征收赋税时，必须考虑到被征地区距离的远近，田地的肥瘠以及人丁的数量和年龄的老幼；其二，对于鳏寡孤疾，国家必须予以照顾，平时不征，有战争时才征；其三，征税按"井"为单位进行计算。

孔子强调治国要"节用而爱人"，个人生活应该是俭胜于奢，因为"奢则

① 《老子》第 67 章。
② 《老子》第 29 章。
③ 《老子》第 2 章。
④ 《老子》第 57 章。
⑤ 《老子》第 75 章。
⑥ 《老子》第 53 章。
⑦ 《说苑·政理》。
⑧ 《国语·鲁语下》。

不孙（逊），俭则固；与其不孙也，宁固"①。

孔子的赋税思想的主要特点是反对重税，主张轻税，提出"敛从其薄"的主张②，在税率方面坚持"彻"法，十分取一③。

管仲把"无夺民时"作为国家政策的指导思想，孔子则在限制徭役方面提出"使民以时"的观点，两者是一脉相承的。

古代在农时征调民众从事徭役，必然会影响在农业生产中劳动力的投入，从而对农业造成一定程度的破坏。这不仅对农民的生产和生活造成困难和损害，也会破坏国家的财政基础，甚至可能激化社会矛盾，危及统治秩序。因此，孔子的"使民以时"主张，对于保证农民的基本生活和农业生产的正常进行，减轻农民负担，缓和社会矛盾，维护国家和谐安定，具有积极的意义。

孔子"百姓足，君孰与不足"的思想，已较为明确地指出富民是富国的基础；而"因民之所利而利之"，则已在一定程度上把富民和治国联系起来。

孔子的轻徭薄赋思想对后世影响深远，成为两千余年封建社会中一个不容置疑的"圣训"，是历代王朝施行仁政的一项不可缺少的政策措施。

孟子一再提倡的仁政是："昔者文王之治岐也：耕者九一，仕者世禄，关市讥（稽）而不征，泽梁无禁，罪人不孥。"④ 显而易见，他的仁政内容与商鞅施政思想几乎是相反的："耕者九一"主张农民交纳什一之税后可拥有十分之九的劳动所得，这与商鞅的"家不积粟"⑤ 相左；"仁者世禄"认为"仕者"有世袭的职业与俸禄，与商鞅主张通过农战得到爵禄，即"粟爵粟任"，"武爵武任"⑥ 以及"宗室非有军功论不得为属籍"⑦ 格格不入；"关市讥而不征"主张工商业者不纳税，不收关市之税，"则天下之旅皆悦而愿出于其路矣"⑧，有利于招徕天下商旅，这同商鞅"重关市之赋"⑨ 的抑末政策截然不同；"泽梁无禁"主张解除虞、衡等采伐渔猎的禁令，与商鞅"壹山泽"⑩ 背道而驰；而"罪人不孥"恰是同商鞅的严刑峻法治国主张针锋相对。

孟子把老百姓有自己的"恒产"作为"仁政"的基础和首要条件。他的所谓"恒产"，具体说就是维持一个8口之家（一般指1个男丁和他的父、母、

① 《论语·述而》。
② 《左传》哀公十一年。
③ 《论语·颜渊》。
④ 《孟子·梁惠王下》。
⑤ 《商君书·说民》。
⑥ 《商君书·去强》。
⑦ 《史记·商君列传》。
⑧ 《孟子·公孙丑下》。
⑨⑩ 《商君书·垦令》。

妻与 4 个子女）所需要的百亩之田、五亩之宅、若干株桑树以及五母鸡、二母猪等。如每个农户有了这些恒产，就可以达到"老者衣帛食肉，黎民不饥不寒"的仁政。

孟子轻徭薄赋思想的原则是："取于民有制"①。所谓"取于民有制"就是国家的赋税征收、徭役的摊派必须有明确的规定，不能由统治者任意而为。孟子认为合理的赋税应是什一之税，并按不违农时的原则征派徭役。如他提出："易其田畴，薄其税敛，民可使富也"②；"不违农时，谷不可胜食也"③；"百亩之田，匹夫耕之，八口之家可以无饥矣"④。

孟子一再提出薄税敛是一个政府施行仁政的重要内容："省刑罚，薄税敛，深耕易耨"⑤；"是故贤君必恭俭，礼下，取于民有制"⑥。究竟怎样的税敛才算薄呢，才算取民有制？孟子遵循孔子的主张，认为什一税制最为适中。他既不赞成重于什一之税，但也反对轻于什一之税。《孟子·告子下》载：有个周人名叫白圭问孟轲："吾欲二十而取一，何如？"孟子曰："子之道，貉道也……夫貉，五谷不生，惟黍生之。无城郭宫室宗庙祭祀之礼，无诸侯币帛饔飧，无百官有司，故二十取一而足也。今居中国，去人伦，无君子，如之何其可也……欲轻之于尧舜之道者，大貉小貉也。欲重之于尧舜之道者，大桀小桀也。"可见，孟子把轻于什一之税视为大貉、小貉之类少数民族的税制，那城郭、宫室、宗庙祭祀、政府机构等都因无经费开支而不存在了。这在中国是行不通的。反之，如重于什一之税，那就像夏桀一样重敛百姓，使他们无法生存，揭竿而起。以后，儒家把什一税制思想奉为经典。如《春秋公羊传》在解说："初税亩"时说："什一者，天下之中正也。多乎什一，大桀小桀，寡乎什一，大貉小貉。什一者，天下之中正也，什一行，而颂声作矣。"⑦

四、荀子开源节流、轻徭薄赋思想

荀子的理财基本原则是"开源节流"，即"必谨养其和，节其流，开其源，而时斟酌焉"⑧。荀子所说的"开源"，不仅包括财政收入之源，即以各种手段增加赋税，而更重要的是指广开社会财富之源，即通过大力发展社会生产，培养财源，以增加国家的财政收入。他说："田野县鄙者财之本也，垣窌仓廪者

---

① ⑥　《孟子·滕文公上》。

② ④　《孟子·尽心上》。

③ ⑤　《孟子·梁惠王上》。

⑦　《春秋公羊传》宣公十五年。

⑧　《荀子·富国》。

财之末也；百姓时和、事业得叙者货之源也，等赋府库者货之流也。"① 显然，此处荀子所说的"田野县鄙"、"百姓时和"、"事业得叙"指的是社会生产；而"垣窌仓廪"、"等赋府库"则是贮藏国家钱粮的场所，即指国家财政。只有社会生产发展了，社会财富才会增加，国家才有可靠的财政收入来源，"潢然使天下必有余，而上不忧不足"②。荀子所说的"节流"，则更直接明确地指节约财政开支，以保证轻徭薄赋政策的实施，防止上层统治者奢侈靡费而横征暴敛、赋役繁苛，从而促进社会经济的发展。他认识到："士大夫众则国贫"③，上层统治者在"声色、台榭、园囿"方面奢靡无度必然"伤国"④。因此，主张"天子诸侯无靡费之用"⑤，治国要"使衣服有制，宫室有度，人徒有数，丧祭械用皆有等宜……莫得不循乎制度数量然后行"⑥。总之，荀子把社会生产看作是国家财富的"本"和"源"，那些堆积国家财富的"仓廪"、"府库"则是"末"和"流"。只有在增加社会生产的基础上才能增加整个国家的财富，从而实现"上下俱富，交无所藏之"⑦的广义富国。

荀子对"富国"的定义是"兼足天下"或"上下俱富"⑧，既包括"足君"或"上富"，又包括"足民"或"下富"。其中"足君"、"上富"即"富国库"，这是狭义的富国；"足民"、"下富"即"富民"，这其实也是富国的另一方面。真正广义的富国应是既富国库又富民，即"兼足天下"、"上下俱富"。荀子以其广义的富国概念把富国与富民统一起来。

荀子继承了孔子"百姓足，君孰与不足"的思想，主张藏富于民："王者富民，霸者富士，仅存之国富大夫，亡国富筐箧，实府库。筐箧已富，府库已实，而百姓贫，夫是之谓上溢而下漏。"⑨ 要富国，首先要富民，富民的根本就是要发展农业生产，增加社会财富，那么国家的财政收入就有了保证。因此，荀子提出："下贫则上贫，下富则上富……潢然使天下必有余，而上不忧不足，如是，则上下俱富，交无所藏之，是知国计之极也。"⑩

基于藏富于民的指导思想，荀子同孔子、孟子一样，主张轻征农业税，不征关市商税，开放山林泽梁不收税，少征徭役。他说："王者之法，等赋、政事，财（裁）万物，所以养万民也。田野什一，关市几而不征，山林泽梁以时禁发而不税"⑪；"轻田野之税，平关市之征，省商贾之数，罕兴力役，无夺农时，如是则国富矣。夫是之谓以政裕民"⑫。总之，轻徭薄赋，放水养鱼，让

① ② ③ ⑦ ⑧ ⑩ ⑫　《荀子·富国》。
④ ⑥　《荀子·王霸》。
⑤　《荀子·君道》。
⑨ ⑪　《荀子·王制》。

老百姓先富起来，积极从事社会生产，那国家就有充足的税源，不言而喻，国家肯定也会富起来。

荀子认为，农业是最主要的生产部门，是"财之本"，社会财富的多少，国家人民的贫富，主要取决于农业生产的好坏，因而首先必须确保农业生产，尽力"强本"，才能达到富国的目标。他看到如果工商业发展过快，从事工商业的人太多，就势必会与农业生产争夺劳力，使农业因劳动力不足而受到负面影响。因此，为保证农业生产的优先发展，他提出"省工贾，众农夫"①，"省商贾之数"②的主张，通过限制工商业的发展规模和从业人数，以保证农业生产有足够的劳动力。

荀子与他之前的儒家一样，也主张国家必须制定和执行轻徭薄赋政策，其主要目的是减轻农民的负担，保证农民有足够的时间和财力发展农业生产。他提出"轻田野之税……罕兴力役，无夺农时"③，"田野什一……山林泽梁以时禁发而不税"④。在征税的具体方法上，荀子也主张删繁就简，废除"须熟尽察"的烦琐手续，采取"宽饶简易"的办法⑤，以减少征收活动对农业生产时间的影响。

对于富国的路径，荀子提出"强本节用"的政策。所谓"强本"就是发展社会生产，主要指发展农业生产，因为他认为"田野县鄙"是"财之本"；所谓"节用"就是节约各种费用。他一再强调："务本节用财无极"⑥，"强本而节用，则天不能贫……本荒而用侈，则天不能使之富"⑦。荀子是中国历史上第一个把"节用"同生产的发展和增长联系起来进行考察的思想家⑧。他认为："节用裕民，而善臧（藏）其余。节用以礼，裕民以政。彼裕民故多余。裕民则民富，民富则田肥以易；田肥以易，则出实百倍……不知节用裕民则民贫，民贫则田瘠以秽；田瘠以秽，则出实不半。"⑨荀子认识到，统治者节省费用，就可以减轻百姓的赋税徭役负担，使他们富裕起来，用于生产性投资，改良土壤，改善生产条件，就会获得"出实百倍"的效益，从而大人增加社会财富。反之，统治者如不知道节省费用，就会加重百姓的负担，使他们贫困，无力改良土壤，田地瘠薄荒秽，则只能得到原收益的一半，那社会财富当然就会大大减少。

---

① 《荀子·君道》。

②③⑤⑨ 《荀子·富国》。

④ 《荀子·王制》。

⑥ 《荀子·成相》。

⑦ 《荀子·天论》。

⑧ 赵靖：《中国经济思想通史》第 1 卷，北京大学出版社 1991 年版，第 332 页。

《大学》也提出了薄税敛以得民心的思想："得众则得国，失众则失国"，如果统治者能"薄税敛"和"以义为利"，深得民心，就能使国家安定巩固；相反，如统治者重税敛，搜刮百姓来充实国库，就会丧失民心，使国家动乱危亡。因此，《大学》劝戒统治者应意识到"财聚则民散，财散则民聚；是故言悖而出者亦悖而入，货悖而入者亦悖而出"的道理，痛斥"长国家而务财用"的统治者为"小人"，靠聚敛以充实国库的理财官为"聚敛之臣"，甚至认为一个国家"与其有聚敛之臣，宁有盗臣"，盗臣盗窃国库，有损于国，但还不至于损害普通百姓，丧失民心，以致国家危亡；聚敛之臣搜刮百姓，失民心而动摇国家根本，危害更大更严重。

　　《论语·子路》载：孔子治国的主要目标是使国家"庶"和"富"，即人口繁衍和百姓富足，这是政治修明、国家兴旺的标志。但是，如何使国家"庶"且"富"，孔子没有提出具体的措施。

　　战国时代的荀子，在《荀子·富国》中提出了"开源节流"的主张，认为社会生产是国家财政之源，社会生产发展了国家财源自然充裕，而国家财政开支注意节省，那么就可达到富国的目标。但是，荀子的"开源节流"主张仍然没有具体化。

　　《大学》提出的"生之者众，食之者寡，为之者疾，用之者舒"，正是荀子"开源节流"主张的进一步具体化，所谓"生之者众"、"为之者疾"就是要增加社会生产以开其源，"食之者寡"、"用之者舒"则是要通过控制消费和支出以节其流。

五、墨子"生财密、用之节"的富国思想

　　春秋战国时期，兼并战争不断，极大地破坏了社会经济，许多人丧失了最起码的衣食之利。墨子指出："饥者不得食，寒者不得衣，劳者不得息"[①]，是人民的三大患。他大声疾呼，应该给人民以食、衣、息的起码条件，并针对"民生为甚欲，死为甚憎；所欲不得，而所憎屡至"的情况，强烈要求统治者保障人民生命的基本生存权。

　　墨子的兼爱思想希望社会做到"强不执弱，众不劫寡，富不侮贫"，"贵不傲贱，诈不欺愚"[②]。其非攻思想则指责"攻伐邻国"的战争，"春则废民耕稼树艺，秋则废民获敛"，使"百姓饥寒冻馁而死者不可胜数"，使"丧师多不可胜数"，使为战争从事各种后勤徭役的百姓劳累饥饿以及"疾病而死者不可胜

---

① 《墨子·非乐上》。
② 《墨子·兼爱中》。

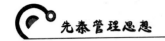

数"。战争除征调百姓外，还强征百姓的大量牲畜作为战马和运输动力，结果"马牛肥而往，瘠而反，往死亡而不反者，不可胜数"①。

墨子继承了孔子要使百姓"庶"和"富"的思想，把"国家富"和"人民众"作为治国的两项目标。他一再说："古者王公大人为政于国家者，皆欲国家之富，人民之众"②。"天下贫，则从事乎富之；人民寡，则从事乎众"③。

墨子说的富国，主要指增加国民财富，即增加一国财富的总量。同时，也指增加国库的收入，如"收敛关市山林泽梁之利，以实仓廪府库"④，并把这看作是国家公职人员守职尽责的表现。墨子富国的途径是"生财密，其用之节"⑤，也就是主张一方面多增加生产，另一方面节约消费。具体而言，墨子的"生财"是指增加食衣住行各种生活必需品的生产，主要指"耕稼树艺""纺绩织纴"等食衣之财的生产。墨子尤其重视粮食的生产，认为粮食丰裕是国家政治能够稳定的基础："凡五谷者，民之所仰也，君之所以为养也。故民无仰，则君无养；民无食，则不可治，故食不可不务也，地不可不力也。"⑥

在当时的科技条件下，墨子的增加生产（生财密）主要通过"强从事"和增加一国的人口两种办法。"强从事"指延长劳动日和增加劳动强度，如他所说的"蚤（早）出暮入，耕稼树艺，多聚升粟"；"夙兴夜寐，纺绩织纴，多治麻、丝、葛、绪、捆布、縿"以及"竭股肱之力"等⑦。墨子认为"强从事"是"生财密"的主要途径，是否"强从事"是能否致富的关键："强必富，不强必贫；强必饱，不强必饥……强必暖，不强必寒。"⑧ 同时，他认为增加一国的人口也会增加农业生产。在当时地广人稀的历史背景下，人口多，劳动力就多，因而就可以"生财密"。墨子是先秦思想家中最强烈主张增殖人口的。

墨子靠"强从事"和增加一国的人口等办法来增加生产，其效果是有限的。从理论上说，增加生产的最有效、最科学的办法是提高生产力，即改进生产工具和生产技术。墨子自身在手工技术方面是很精湛的，甚至把当时最著名的能工巧匠鲁班（公输般）都比输了，但遗憾的是他似乎没有觉察到也没提出通过提高劳动生产率来作为"生财密"的主要办法。

墨子富国途径的另一方面是"用之节"，即节用。墨子十分重视节用，在《墨子》一书中，《节用》、《节葬》、《非乐》、《七患》、《辞过》等篇都涉及节用

---

① 《墨子·非攻中》。

② 《墨子·尚贤上》。

③ 《墨子·节葬下》。

④⑦ 《墨子·非乐上》。

⑤⑥ 《墨子·七患》。

⑧ 《墨子·非命下》。

问题。

墨子认为，节用可以富国，即"因其国家，去其无用（之费），足以倍之"①，这就是依靠本国已有的财富，去掉不该用的费用，就可实现财富的成倍增加。墨子为节用规定的标准是"有用"，认为财富使用在"有用"的地方，就符合节用原则，否则就是奢侈、淫僻。如在饮食方面，节用的标准是"足以充虚继气，强股肱，耳目聪明则止；不极五味之调，芬香之和，不致远国珍怪异物"②。在衣服方面，节用的标准是"冬以圉（御）寒，夏以圉暑"；"冬加温，夏加清"③；"适身体，和肌肤……非荣耳目而观愚民也"④。相反，他认为在衣饰方面"为锦绣文采靡曼之衣，铸金以为钩，珠玉以为珮，女工作文采，男工作刻镂……单（殚）财劳力，毕归之于无用"⑤。在居住方面，节用的标准是"高足以辟润湿，边足以圉风寒，上足以待雪霜雨露"⑥，而不可追求"台榭曲直之望，青黄刻镂之饰"⑦。在交通工具方面，节用的标准是"全固轻利，可以任重致远"，而不可"饰车以文采，饰舟以刻镂"⑧。墨子所谓"有用"不仅指人们食、衣、住、行等各方面，还包括用于防御战争，如制造甲盾、五兵的费用等。

墨子把节用作为对社会上各阶层人物的共同要求：既反对"奢侈之君"，也谴责"淫僻之民"⑨；既劝告"圣王"、"人君"做到"用财节，其自养俭"⑩，也要求平民百姓不可"恶恭俭"，"贪饮食"⑪。在当时贫富差距悬殊，统治者生活骄奢淫逸的背景下，墨子的节用论还是主要针对上层阶层。他认为：统治阶级的上层奢侈，不但会使"左右象之"⑫，上行下效，造成奢靡的社会风气，而且必然导致"厚作敛于百姓，暴夺民衣食之财"⑬，使广大民众更加贫困。他指出实现节用的关键在上不在下，因此特别要求统治阶级在生活享用方面实行全面的节俭："为宫室不可不节"，"为衣服不可不节"，"为饮食不可不节"，"为舟车不可不节"⑭。由此可见，墨子的节用主张主要还是针对统治阶级、社会上层的奢侈淫逸而提出的。他主张国家要限制上层统治者的奢侈浪费行为，把统治者节制消费的财物用在人民的生活上，以增加普通百姓的生活必需品："去大人之好聚珠玉、鸟兽、犬马，以益（百姓）衣裳、宫室……舟车之数。"⑮他还进一步提出，统治阶层除在平时要注意节用节俭外，如遇到灾荒歉收的年份，国家应降低他们的生活享用标准，根据

---

①③⑮　《墨子·节用上》。

②　《墨子·节用中》。

④⑤⑥⑦⑧⑨⑩⑫⑬⑭　《墨子·辞过》。

⑪　《墨子·非命中》。

受灾程度的不同，以行政手段分不同等级减少他们的俸禄。墨子把歉收年景分成 5 等，即馑、罕（旱）、凶、馈、饥。在正常年份，官吏的俸禄可以照发，若遇灾荒之年，就要采取相应的减俸措施："岁馑，则仕者大夫以下皆损禄五分之一；旱，则损五分之二；凶，则损五分之三；馈，则损五分之四；饥，则尽无禄，禀（赐谷）食而已矣。故凶饥存乎国，人君彻鼎食五分之五（三）。"① 这种设想，在当时虽然很难实现，但荒年官吏减俸，与人民同甘共苦，即使是国君本人，也要把自己享有的菜肴减少 3/5，对后世仍然产生了一定的积极影响。

墨子的节用思想还体现在实行节葬、非乐等方面。当时统治阶级及上层社会在丧葬方面追求厚葬久丧，务求"棺椁必重，葬埋必厚，衣衾必多，文绣必繁，丘陇（坟墓）必巨"②。丧期短者数月，长者数年，造成人力、物力、财力的极大浪费。王公贵族为了追求音乐上的享受，不惜耗费大量钱财，去制造大钟、鼓、琴、瑟、笙、竽等乐器。湖北随县曾侯乙墓葬中编钟和其他大量乐器的出土就是当时厚葬及"繁饰礼乐以淫人"③ 的真实写照！

对于这种现象，墨子予以深刻的批判："厚葬久丧，实不可以富贫众寡，定危治乱"，如果以"厚葬久丧者为政，国家必贫，人民必寡，刑政必乱……衣食之财必不足"④。而追求音乐上的享受，耗费大量的钱财、人才，将必"厚措敛乎万民"，"废君子听治"，"废贱人之从事"⑤。因此，墨子提出实行薄葬短丧，甚至大胆主张火葬："亲戚死，聚柴薪而焚之。"并缩短丧期，"死者既已葬矣，生者必无久哭，而疾而从事"⑥。墨子认为葬后不服丧，赶快从事自己的工作，这才是"不失死生之利"的圣王之道。显然，墨子把节葬看作是符合人民利益的仁义之举。墨子"非乐"，系指反对有害之乐，是反对追求无用奢侈之乐给人民财产造成的浪费，因为追求那种音乐享受，上"不中圣人之事"，下"不中万民之利"⑦。

崇俭黜奢是我国古代的优良传统，也是先秦诸子百家最普通的主张之一。不过，墨子是先秦各学派中对节俭论述最多的，节用抑奢在其整个思想中具有突出的地位，并带有鲜明的特色。正如《史记·论六家之要旨》中对墨子所评价的："要曰强本节用，则人给家足之道也。此墨子之所长，虽百家弗能废也。"

墨子在《墨子·节用》开宗明义指出治国安天下，要在发展生产的同时，

① 《墨子·七患》。
②④⑥ 《墨子·节葬下》。
③ 《墨子·非儒下》。
⑤⑦ 《墨子·非乐上》。

实行节用，才能使社会财富成倍地增长。他说："为政一国，一国可倍也；大之为政天下，天下可倍也。其倍之，非外取地也。因其国家，去其无用（之费），足以倍之。"在当时生产力水平较为低下的条件下，单靠"强从事"还很难达到使财富"倍之"（即增加一倍）的目标，只有再加上"节用"，才有可能实现财富倍增。因此，墨子说："去无用之费，（行）圣王之道，天下之大利也。"① 由此可知，墨子的管理思想是既重视增长、开源，又重视节用、节流，二者是同一事物的不可分割的两个方面，彼此相辅相成，才能达到社会财富的成倍增长。

墨子还认为，节用不仅可以实现社会财富的成倍增长，而且还可以由此带来国家的长治久安。因为如果国家财用充足，人民生活富裕，国家刑政就可得到很好治理；如果国家财用匮乏，"富贵者奢侈，孤寡者冻馁，欲无乱，不可得也"②。

先秦其他学派的节用、崇俭主张，多是以维持政治、社会秩序，防止矛盾激化，或者留有储备，以备灾害饥荒等方面考虑的。墨子的节用论自然也有这些方面的考虑，但他与众不同的是还有更深一层次的考虑，即保证小生产者的简单再生产能正常进行，达到劳动力、生产资源能较合理的配置。他所以提倡节用，反对奢侈，是因为要防止"男子离其耕稼，而修刻镂"、"女子废其纺织，而修文采"③。他指责王公大人们在丧葬方面的奢侈耗费了巨大财富和占用众多的劳动力，致使农夫们"不能早出夜入，耕稼树艺"，使妇人"不能夙兴夜寐，纺绩织纴"，使百工"不能修舟车，为器皿"④。他指责王公大人们在声色方面纵欲无度，不但要"夺民之衣食之财"来置"大钟、鸣鼓、琴瑟、竽笙"，还要挑选大批"耳目之聪明"、"股肱之毕强"的青年男女，从事乐舞，供王公大人们赏心悦目。这些本来是最优秀的青壮年劳动力，不用于社会最需要的农业、手工业生产，而用于为贵族享乐服务，还要从其他劳动者征收财物以保证他们的"甘食美服"，这必然会对社会再生产造成破坏，即"废丈夫耕稼树艺之时"，"废妇人纺绩织纴之事"⑤。

综上所述，墨子提倡节用，认为生产发展了，但消费还要节用。他的"节用"思想主要有 3 个方面的内容：其一，消费以满足生活的基本需求为宜。《墨子·节用中》对此做了具体说明：如饮食："足以充虚继气，强股肱，耳目

---

① 《墨子·节用上》。

②③ 《墨子·辞过》。

④ 《墨子·节葬下》。

⑤ 《墨子·非乐上》。

聪明则止。"衣服："冬服绀緅之衣，轻且暖。夏服缔绤之衣，轻且清，则止。"器用："凡天下群百工，轮车鞼匏，陶冶梓匠，使各从事其所能。曰：凡足以奉给民用，诸加费不加，民利则止。"除此之外，墨子还对宫室住宅、交通工具、军器等都做了具体规定和说明。其二，消费要有利于再生产。墨子提出："圣王为政，其发令兴事使民用财也，无加用而为者"①，"诸加费，不加于民利者，圣王弗为"②。可见，墨子认为圣明的君主主持政务，发布命令，兴办事业，使用民力和钱财，必定是能增加财富才肯去干；如果所增加的费用，不能给人民带来利益，圣明的君主就不会去做。其三，节用是积财之道。《墨子·节用上》说："圣人为政一国，一国可倍也。大之为政天下，天下可倍也。其倍之，非外取地也，因其国家，去其无用（之费），足以倍之。"这就是圣人主持一国的政治，这个国家就可以得到加倍的利益；如扩大起来主持天下，天下也可得到加倍的利益。得到加倍利益的原因，并非向外扩展土地，而是就本国内，省去无谓的费用，就足够增加一倍的利益。由此可知，墨子认为节省费用其实也可增加国家和民众的收入。

六、商鞅利用经济手段推行重农抑商思想

战国时期，秦国商鞅也很懂得利用财政性政策工具和市场性政策工具来推行他的重农抑商国策。他以鼓励与限制相结合的手段，引导民众从事农战，其鼓励限制措施主要有以下 8 个方面：

其一，以官爵鼓励农战。他说："善为国家者，其教民也，皆作壹而得官爵。"当时，取得官爵意味着可以免除徭役和享受廪食，并有很高的政治荣誉和社会地位，可以光宗耀祖，是人人都渴望得到的。因此，商鞅认为："凡人主之所以劝民者，官爵也。"他反对"今民求官爵皆不以农战，而以巧言虚道"，主张用官爵来鼓励农战，对民众有巨大的诱惑力③。

其二，对生产粮食、布帛多者免除徭役。商鞅主张："大小僇力本业耕织，致粟帛多者，复其身。"④ 徭役在当时对广大民众来说是一项沉重的负担，不仅影响民众的农业生产时间，而且使服役者苦不堪言，甚至家破人亡。因此对生产粮食、布帛多者免除徭役，使其有更多的时间从事农业生产，其诱惑力不亚于赐予官爵。

---

① 《墨子·节用上》。
② 《墨子·节用中》。
③ 《商君书·农战》。
④ 《史记·商君列传》。

其三，提高粮食价格，刺激更多农民种植谷物。商鞅认为当时"农之用力最苦，而赢利少"，不言而喻，人们当然不愿从事农业生产。因此，必须改变从事农业艰苦而获利少的不合理局面。他提出："欲农富其国者，境内之食必贵……食贵则田者利，田者利则事者众。"① 这就是粮食价格高了，那种田人的收入就多了，自然种田的人就会多起来。

其四，利用国家租税政策使民众积极从事农业。商鞅主张对农业税征收实物并实行较轻的税率，即"征不烦，民不劳，则农多日。农多日，征不烦，业不败，则草必垦矣"②，以直接鼓励更多的人从事农业生产。

其五，督促农民分家以发展小农经济。他规定每户有两个以上成年男子的必须分家，否则就要加倍征收他们的口赋，以此促进小农经济的发展。

其六，商鞅主张对游手好闲之人征收重税，迫使他们务农。他认为："禄厚而税多，食口众者，败农者也。则以其食口之数，贱而重使之，则辟淫游食之民无所于食。民无所于食则必农，农则草必垦矣。"③对游手好闲之人征收重税，使他们缺乏粮食，就会迫使他们从事农业；从事农业生产的人多了，农田就被开垦得越来越多，农业也就发展了。

其七，商鞅用加重商人赋税、徭役的办法来抑制商人。他指出："重关市之赋，则农恶商，商有疑惰之心。农恶商，商疑惰，则草必垦矣。"④因为关市征税高了，经商无利可图，农民就不会弃农经商，商人也对经营商业产生疑虑，那从事农业的人就多了，农田必定会开垦得越来越多。商鞅还主张对出售酒、肉征收重税，使酒、肉价格提高 10 倍，借此来打击酒、肉商人，并使农民因酒肉价格高而少饮酒作乐，把更多的时间与精力投入农业生产。

其八，商鞅通过徭役杠杆来抑制商人。其具体做法是："以商之口数使商"，即商人家中所有的人口，包括奴隶、仆役在内都要服徭役，做到"农逸而商劳"⑤，从而鼓励人们从事农业而不愿经营商业，促进农业的发展。

七、《管子》薄税敛和市场带动生产思想

《管子》已有意识地把财政作为政策性工具来治理国家。他们认为好的财政政策有利于生产的发展，并能同时增加百姓和国家的收入。如"予无财，宽政役，敬百姓，则国富而民安矣"⑥。因为赋税徭役减轻，"民恶忧劳，我佚乐

---

① 《商君书·外内》。

②③④⑤ 《商君书·垦令》。

⑥ 《管子·小匡》。

之；民恶贫贱，我富贵之"①，就能使百姓有较多的劳动力和财富用在农业生产上。生产发展了，社会财富增加了，国家财政就有了丰厚的来源。相反，不好的财政政策一味搜刮敛取民财，就会对生产力造成破坏。这就是"国地大而野不辟者，君好货而臣好利者也；辟地广而民不足者，上赋重，流其藏者也"②。因为"取于民无度"③的赋税徭役，不仅"竭民财"、"罢民力"④，在经济上破坏了百姓进行再生产的条件，而且会加剧社会矛盾。正如《管子》作者所指出的："地之生财有时，民之用力有倦，而人君之欲无穷。以有时与有倦养无穷之君，而度量不生于其间，则上下相疾也。是以臣有杀其君，子有杀其父者矣。"⑤总之，《管子》认为：财政作为政策性工具，"取于民有度，用之有止，国虽小必安；取于民无度，用之不止，国虽大必危"⑥。

《管子》也主张薄税敛，轻徭役，认为如对人民征收重税，会造成4个方面的负面影响。其一，"凡农者月不足而岁有余者也，而上征暴急无时，则民倍贷以给上之征矣"⑦。农民一年只收成一次，从全年来看可能有余，从一月来看则可能不足，国君征税暴急无时，农民被迫要借年息高达一倍的高利贷来交纳统治者的征敛。其二，"关市之租，府库之征，粟什一，厮舆之事，此四时亦当一倍贷矣"⑧。3种赋税加上徭役负担，百姓等于又借了一次高利贷。其三，"舟车饰，台榭广，则赋敛厚矣；轻用众，使民劳，则民力竭矣。赋敛厚，则下怨上矣；民力竭，则令不行矣。下怨上，令不行，而求敌之勿谋己，不可得也"⑨。从上引其一、其二可知，赋税征敛重对人民的第一个负面影响是赋税徭役负担重，征税暴急无时，加上高利贷盘剥，造成农民的贫困；从上引其三可知，第二个负面影响是使"民力竭"，破坏农业生产；第三个负面影响是造成"下怨上"，加剧政府与民众之间的矛盾；第四个负面影响是使"令不行"，削弱了国家的战斗力，给敌国以可乘之机。正由于厚赋敛会带来这4个方面的负面影响，威胁到国家政权的巩固，因此，荀子告诫统治者要："取于民有度，用之有止。"⑩"用之有止"是"取于民有度"的前提，统治者只有节约了开支，才有可能实行薄赋敛的政策。

《管子·轻重》也很重视政府财政性政策工具的使用，特别强调征税对社会经济的消极作用。《管子·国蓄》说："夫以室庑籍，谓之毁成；以六畜籍，谓之止生；以田亩籍，谓之禁耕；以正人籍，谓之离情；以正户籍，谓之养

---

① 《管子·牧民》。

② 《管子·八观》。

③⑤⑥⑨⑩ 《管子·权修》。

④ 《管子·正世》。

⑦⑧ 《管子·治国》。

赢。"可见，《管子》反对政府向民众征收太多的赋税，除担心遭到民众的反对外，更着眼从对社会经济发展不利来考虑，即如征收屋税会使人们毁坏房屋；征六畜税会使人们屠杀六畜，不再饲养；征田亩税会使人们不肯耕种，更不用说开垦荒地；征收人头税会使人们隐瞒人口；征收户口税会使穷人依附于大户，扩充大户实力。

《管子·权修》云：地力与民力有一定限度，而人君之欲望是无穷的，"以有时与有倦养无穷之君，而度量不生于其间，则上下相疾也。是以臣有杀其君，子有杀其父者矣。故取于民有度，用之有止，国虽小必安；取于民无度，用之不止，国虽大必危"。由于资源的有限制，君主向民众索取必须有个限度，如超出这个限度，君主与民众的矛盾就会激化，从而导致国家的危亡。同书《正世》亦云："治莫贵于得齐。制民急则民迫，民迫则窘，窘则民失其所葆；缓则纵，纵则淫，淫则行私，行私则离公，离公则难用。故治之所以不立者，齐不得也。齐不得，则治难行。故治民之齐，不可不察也。"这里的所谓"齐"，与上文的"度量"意思基本相同，大意指限度或平衡点，即君主在治国中必须掌握好民众索取的限度或平衡点，既不能使民穷困得无法生存，又不能使民富裕得不听从政府管理。

《管子》多处阐述"藏富于民"的思想，认为"民富君无与贫，民贫君无与富"①。取民之所以要求要适度，是因为生产者被看作是税源，如果取民无度，将会造成劳动力再生产过程的中断，从而使税源枯竭。在这种思想的指导下，《管子》主张"薄税敛，毋苟于民"②，因为征敛无时，诛求不止，只能伤农害本，带来严重的后果。"薄税敛"体现了取民有度的财政收入原则，所谓薄征，实质上是要求税额不要超过纳税人可以容忍的限度。《管子》一书中多处提到减轻各种税率，虽然各种规定的税率不尽一致，但都主张轻征。如一种是主张"田租百取五"③，另一种则主张"二岁而税一，上年什取三，中年什取二，下年什取一，岁饥不税"④。

《管子》在征收赋税中还主张按财富消费累进交纳不同数量的租税，即财富多、消费大者多交，财富少、消费小者少交。《管子·山国轨》云："以租其山：巨家重葬其亲者，服重租；小家菲葬其亲者，服小租。巨家美修其宫室者，服重租；小家为室庐者，服小租。上立轨于国，民之贫富如加之以绳，谓

---

① 《管子·山至数》。
② 《管子·五辅》。
③ 《管子·幼官》。
④ 《管子·大匡》。

之国轨。"其意为《管子》作者主张大户人家厚葬和修建豪华住宅要加重征收租税,小户人家薄葬和盖普通住房租税则应少收。统治者对一切都有条条框框的规矩,把老百姓束缚得紧紧的,就像是用绳子捆绑着一样,使他们贫也贫不下去,富也富不起来,这就叫国家按经济规律办事。

八、韩非薄税敛思想

韩非与先秦其他思想家一样,主张薄税敛。但是他的薄税敛的理由与别人有所不同。他说:"夫吏之所税,耕者也;而上之所养,学士也。耕者则重税,学士则多赏,而索民之疾作而少言谈,不可得也。"[①]韩非认为农民辛辛苦苦耕作却要承担重税,而学士靠君主供养还能免税领取奖赏,这太不合理了,因此君主要求农民辛勤耕作而不说话抱怨,是做不到的。其实,韩非的这一理由是带有片面性的,学士从事治理国家、文化教育等是脑力劳动,并非无所事事白白靠君主供养。韩非薄税敛的另一理由是"人主乐美宫室台池,好饰子女狗马以娱其心,此人主之殃也。为人臣者尽民力以美宫室台池,重赋敛以饰子女狗马,以娱其主而乱其心,从(纵)其所欲,而树私利其间,此谓'养殃'"[②]。韩非的第二个理由是切中当时重赋敛的弊端,即一些奸邪之臣为了邀宠获赏,迎合君主奢靡玩乐之心,不惜用重敛的收入来满足其纵欲之需。他告诫君主要注意防范,因为这其实是使君主埋下祸殃。

第四节　通过市场性政策工具调控经济活动思想

一、许行、孟子价格思想

战国时,农家许行主张对物价进行管理,提出商品按数量进行定价,即"布帛长短同,则贾相若;麻缕丝絮轻重同,则贾相若;五谷多寡同,则贾相若;屦大小同,则贾相若"。许行实行物价管理统一定价的目的,是要达到"市贾不贰,国中无伪。虽使五尺之童适市,莫之或欺"。可见,许行的物价管理,不仅仅只是出于经济上的考虑,更重要的似乎要使社会风气诚实淳朴。对此,孟子进行批评,认为许行按商品数量定价是行不通的,不但达不到使社会

---

① 《韩非子·显学》。
② 《韩非子·八奸》。

风气诚实淳朴的目的，反而会使社会"相率而为伪"，根本治理不好国家。因为"夫物之不齐，物之情也。或相倍蓰，或相什伯，或相千万"。如果强求价格一致，就会"乱天下"①。例如，同样大小的鞋子会有粗糙和精细的差别，如果价格相同，谁还愿意造精细的鞋子呢？因此，孟子主张应按照商品质量的好坏来定出不同的价格。

二、《管子》通过价格、消费调控经济活动思想

《管子》已认识到供求决定价格："有余则轻"，"不足则重"，或者"多则贱，寡则贵"②。这就是说当市场上的商品太多有剩余、供过于求时，价格就会下降；而当市场上的商品太少而匮乏、供不应求时，价格就会上涨。在供求决定价格的基础上，《管子》对日常生活中某些物价的变化有了清楚的认识。如年成的丰歉很大程度上影响粮食的价格："岁有凶穰，故谷有贵贱。"③当遇到歉收年份，农民收获少，粮价就会上涨；反之遇到丰收年份，农民收获多，粮价就会下跌。因此，国家应储备大量货币和粮食，操纵市场，贱买贵卖，以此来平衡粮价，稳定社会。又如《管子》还认识到政府法令可以左右物价，"令有缓急，故物有轻重"④，即国家征调某种物资愈急，时间愈紧迫，百姓就会纷纷抢购这种物资，这种物资价格就会暴涨；反之，征调某种物资愈缓，时间愈宽裕，百姓就不必抢购这种物资，这种物资价格就会下跌。还有一些人为的聚散、藏发因素，也会造成市场上某种商品的供求关系变化，从而引起价格的涨跌。如把某种商品囤积起来，使之供不应求，价格就会上涨；相反，如把某种商品大量抛售，使之供过于求，价格就会下跌。这就是"藏则重，发则轻"⑤；"守之以物则物重，不守以物则物轻"⑥。

另外，《管子》还认识到价格影响供求："重则见射，轻则见泄。"⑦ 在市场活动中，当某种商品的价格呈上升趋势时，人们往往就会抢购、囤积这种商品，待价格上涨到更高水平时出售，以获取高额利润，这就是"重则见射"。人们争相"见射"的结果，就会形成市场需求猛增，导致这种商品供不应求。而当某种商品的价格呈下降趋势时，人们为了避免进一步跌价带来的更大亏损，就会争着向市场抛售自己手中的这种商品，这就是"轻则见泄"。人们争

① 《孟子·滕文公上》。
②③④ 《管子·国蓄》。
⑤ 《管子·揆度》。
⑥ 《管子·轻重甲》。
⑦ 《管子·山权数》。

相"见泄"的结果，就会形成市场上需求萎缩锐减，导致这种商品供过于求。

《管子·国蓄》对物价波动的因素、影响以及国家对物价调节的必要性进行了比较深入的论述。它说："岁有凶穰，故谷有贵贱。令有缓急，故物有轻重。然而人君不能治，故使蓄贾游市，乘民之不给，百倍其本。分地若一，强者能守。分财若一，智者能收。智者有什倍人之功，愚者有不赓本之事。然而人君不能调，故民有相百倍之生也。"由此可见，《管子》认为引起物价波动的主要因素是年景有丰穰与凶歉、政府的法令有缓有急。如果国家对此不予有效干预，那么富商巨贾就会乘机哄抬物价，进行投机兼并，从而扩大贫富差距。《管子》建议君主必须实行调节政策予以干预："夫民有余则轻之，故人君敛之以轻；民不足则重之，故人君散之以重。敛积之以轻，散行之以重。故君必有什倍之利，而财之橫可得而平也。"① 当市场上商品的价格低贱时，国家要进行收购；而当市场上商品的价格上涨时，国家就进行抛售。这样，国家既可大获其利，又可使市场的物价保持平稳。

《管子》在价格与供求相互关系的基础上，进一步提出在市场经济中，政府必须充分利用价格的杠杆作用，对商品经济活动进行调控。这就是"以重射轻，以贱泄平（贵）"② 当市场上某种商品过剩而价格下跌时，政府商业机构为稳定价格，维护正常的市场秩序，就会以略高于市价的价格及时收购这种商品，使市场上这种商品减少，价格有所回升。当市场上某种商品短缺而价格上涨时，商人往往囤积居奇，以图继续哄抬价格，牟取更大暴利。这时，政府商业机构就把过去收购进来的这类商品以略低于市价的价格大量抛售，阻止价格上涨。

鉴于商业行情瞬息万变，《管子》进一步指出，政府在调节市场物价时，必须注意把握有利时机，"物发而应之，闻声而乘之"③。即随着市场供求状况的变化，政府及时做出反应，对物价进行调节。如不"乘时进退"④，当物价下跌时，还不愿及时大量收购；相反，当物价上涨时，也不肯及时大量抛售，那就会坐失良机，失去对市场和物价控制的主动权，从而"重而不能轻"，"轻而不能重"，最终导致"不能调民利者，不可以为大治；不察于终始，不可以为至矣"⑤。因此，《管子》主张："善者委施于民之所不足，操事于民之所有

---

①② 《管子·国蓄》。

③ 《管子·轻重甲》。

④ 《管子·山至数》。

⑤ 《管子·揆度》。

余。夫民有余则轻之，故人君敛之以轻；民不足则重之，故人君散之以重。"①这样政府既能获得巨额财政收入，又能控制、调节市场物价，遏制富商大贾操纵市场，"杀正商贾之利"②。

《管子·国蓄》主张国家在向广大民众征敛钱物以增加财政收入时必须采取"见予之形，不见夺之理"。这就是国家向民众征敛应充分注意方式，尽力做到虽然实际上是征夺，但却要让百姓察觉不出自己被征夺了，反而会认为国家是给予了自己。这种形式上的给予，并不妨碍征夺，而是更有利于征夺，甚至能够征夺的更多或更顺利，而不会引起民众的抵制和反抗。他们认为，政府本身如以工商业经营者的身份进入市场，通过向广大百姓销售官营商品的形式，巧妙地寓税于价格之中，从而"不见夺之理"，而政府从经营工商业利润中获得巨额的财政收入。这种征夺在商品交换外衣的掩护下，具有较强的隐蔽性，不易被广大民众发现。因为这种征夺表面上看来是一种商品交换关系，国家并没有像强制征税那样夺而不予，而是在交换中也给予了百姓一定的商品。从广大民众的心理角度分析，"民予则喜，夺则怒，民情皆然"③，民众对于国家给予自己东西总是高兴的，而对于自己钱物被国家白白征夺走总是不满怨恨的，因此通过商品买卖不等价交换的形式寓税于价可以一定程度上避免财政收入上的只夺不予而引起的各种形式的抵制和反抗。而在当时，社会上"盗暴之所以起，刑罚之所以众也"④ 的一个重要原因就是政府在财政收入上的只夺不予而导致的。

在君主专制主义国家里，政府直接经营工商业，不可避免地会凭借手中的权力，运用行政命令、强制性规定和下达指令性任务等行政手段，来达到自己的政治、经济目的。如当时《管子》作者所说的"籍于号令"，即国家通过政令对百姓进行征籍。国家通过这种手段，不但可增加财政收入，还可以使某些阶层百姓得利、某些阶层百姓吃亏甚至破产，从而达到"予之在君，夺之在君，贫之在君，富之在君"⑤ 的调通民利的目的。《管子·轻重乙》载：国家为了抑压商人资本，推动农业生产，发布命令，强迫卿、诸侯、大夫、富商大贾都要储存粮食，"使卿、诸侯藏千钟，令大夫藏五百钟，列大夫藏百钟，富商蓄贾藏五十钟"。这些人为了执行命令，纷纷争购粮食，使粮价上涨，"农夫辟其五谷三倍其贾，则正商失其事，而农夫有百倍之利矣"。

《管子》作者还认识到，国家通过一些行政手段，还可以左右物价，操纵

---

①③⑤　《管子·国蓄》。

②　《管子·轻重乙》。

④　《管子·臣乘马》。

控制市场。如前所述，他们看到"令有徐疾，物有轻重"①，政令的缓急可以人为地操纵物价的涨跌。如《管子·国蓄》就记载了这种现象："今人君藉求于民，令曰十日而具，则财物之价什去一。令曰八日而具，则财物之价什去二。令曰五日而具，则财物之价什去半。朝令而夕具，则财物之价什去九。"

管子学派在治理社会经济活动中，重视调查统计的作用。他们认为："不通于轨数而欲为国，不可。"② 换言之，就是如要把国家治理好，就必须"通于轨数"，即必须对有关社会经济情况进行周密精细的调查统计。然后政府根据所掌握的资料数据，运用各种手段，在经济领域进行宏观控制、调节，以保持健康有序地运行，即"国轨布于未形，据其已成，乘令而进退，无求于民"③。从《管子·轻重》诸篇中可以看出，《管子》作者主张对当时全国的有关经济指标都要进行相当具体细致的调查统计和记录，如全国土地的数量、肥饶情况，人口数量及构成，粮食产量和价格，粮食消费量及余粮数量，妇女中能从事纺织的人数、纺织品的产量、需要量和剩余量，各地对货币的需求量等。《管子》对全国社会经济各项指标的调查统计与记录，其目的是力求政府在制定各项经济政策或规划采取各种具体措施时，提供可靠的数据参考。

难能可贵的是《管子》看到市场在经济活动中的刺激作用："国富而鄙贫，莫尽如市。市也者，劝也；劝者，所以起本善而末事起。不侈，本事不得立。"④ 他们认为，国都富裕而乡村贫穷，是因为国都发挥市场的作用。市场对生产来说是一种刺激鼓励因素（某种商品在市场上走俏，生产者就会尽量多生产）；由于受到市场的刺激，生产便发展了。农业发展了，工商业便会被带动起来随之趋于繁荣。

《管子》不仅看到市场对经济活动有刺激鼓励作用，而且还认为消费能带动就业与生产，《管子·侈靡》有两处表达了这一思想。其一，"富者靡之，贫者为之"。校正云："言富者能不恤其财，则贫者不惮其劳也。"意即富人生活侈靡会给穷人带来就业机会。其二，该篇云："长丧以毁其时，重送葬以起身财，一亲往，一亲来，所以合亲也。此谓众约。问：用之若何？巨瘗培，所以使贫民也；美垄墓，所以文明也；巨棺椁，所以起木工也；多衣衾，所以起女工也。犹不尽，故有次浮也，有差樊，有瘗藏。作此相食，然后民相利，守战之备合矣。"《管子》提倡丧期延长和厚葬可以带动就业和生产，因为墓坑尽量挖大一点，使贫民多了活干；墓道、墓壁尽量装饰得美一点，使艺术工匠多了

---

① 《管子·地数》。

②③ 《管子·山国轨》。

④ 《管子·侈靡》。

活干；棺椁尽量制作得大一点，使木工多了活干；衣饰服装尽量多一些，使女工多了活干。这还不算，还有各种各样的殉葬仪仗、器物及用品等。富有者为着厚葬必须花费大量钱财，钱财便因此分散而流通开来。百姓借此赚得衣食，所以，对百姓是有利的；百姓有了衣食，便对卫国和出战也都有好处了。

《管子·乘马数》甚至主张，即使在凶荒之年也要鼓励消费，如大兴土木工程，以促进就业与提高所得："若岁凶旱水泆，民失本，则修宫室台榭，以前无狗后无彘者为庸。故修宫室台榭非丽其乐也，以平国策也。"这就是在因水旱而歉收的坏年景里，农业生产搞不成了，便修建宫室亭台楼阁，雇用连狗和猪也喂养不起的贫民去做工，使贫民可以从做工中得到报酬维持生计。所以，有时国君大兴土木，并非是为着奢侈淫乐，而是在执行平稳物价的政策，通过以工代赈来救助贫民。

《管子》虽然认为消费会刺激就业和生产，但却是有限制的，即富国与大国可以如此，贫国与小国、危国则不可行，这一思想见于《事语》中他与齐桓公的对话："桓公曰：'秦奢教我曰：帷盖不修，衣服不众，则女事不泰。俎豆之礼不致牲，诸侯太牢，大夫少牢，不若此，则六畜不育。非高其台榭，美其宫室，则群材不散。此言何如？'管子曰：'非数也。'桓公曰：'何谓非数？'管子对曰：'此定壤之数也。彼天子之制，壤方千里，齐诸侯方百里，负海子七十里，男五十里，若胸臂之相使也。故准徐、疾、赢、不足，虽在下也，不为君忧。彼壤狭而欲举与大国争者，农夫寒耕暑芸，力归于上，女勤于缉绩徽织，功归于府者，非怨民心伤民意也，非有积蓄不可以用人，非有积财无以劝下。秦奢之数，不可用于危隘之国。'桓公曰：'善！'"[①] 在这里，秦奢的消费能刺激经济发展的观点与管仲是相一致的，即君主如不把车的帷幔和顶盖修饰得豪华一些，如果不制作许许多多的衣服，那么女工纺织便发展不起来；君主在举行祭祀仪式时如果不宰杀牲畜，即诸侯杀牛、大夫杀羊，六畜便不必繁衍；君主如果不把亭台及游乐场所尽量修建得高大一起，宫殿居室尽量装点得华丽一点，那么各种建筑材料便会积压。这是发展生产、繁荣经济的最佳途径，没有比这更好的办法了。但是，《管子》作者认为，秦奢所说的办法只是在一定范围内适用。因为按照制度，天子管辖的地区方圆远达千里，诸侯国地区方圆百里，滨海地区的子爵70里，男爵50里。天子统治的区域广阔，诸侯统治的区域狭小；天子指使诸侯就如同躯体运用臂膀那样，得心应手，有必要时，无论是缓是急，是积压是不足，需用的物资即使是分散在下面，也可以随

时征调上来，不耽误应用，君主完全用不着担忧。但是那些小国地域狭小，而且又必须应对大国的争夺，君主把农夫一年到头不避寒暑辛勤劳动所得，全部收归已有，把妇女们用丝麻纺织成的布帛织物，全部纳入国库；并非是故意伤害民情人心，而是因为君主手中如果没有储备物资便无法任用人，没有钱财就无法鼓励下级。因此，秦奢用高消费刺激生产的办法对形势险恶而国土狭小国家来说，财力上根本负担不起，所以是行不通的。换言之，只有大国、富国，财力雄厚，才能像秦奢所说的通过高消费刺激生产。

除此之外，《管子》作者通过大兴土木来刺激经济、以工代赈来救助贫民也是有条件的，那就是要不失民时："今至于其亡策乘马之君，春秋冬夏，不知时终始，作功起众，立宫室台榭。民失其本事，君不知其失诸春策，又失诸夏秋之策也。民无馈卖子数矣。猛毅之人淫暴，贫病之民乞请，君行律度焉，则民被刑戮而不从于主上。此策乘马之数亡也。"① 可见，《管子》作者认为，某些不懂得筹算经济的国君，不顾季节时令，无论春夏秋冬都在调集民众兴建宫室亭台；弄得老百姓春天播不上种，夏天地里没庄稼，秋天无收成，把作为国家根本的农业生产全耽误了。没有粮食吃，许多人只好鬻儿卖女；性格凶猛刚烈的人便铤而走险，侵淫暴虐；贫困有病的人只好去乞讨要饭。君主仍在执行法度律令，于是人民遭受刑罚但并不听从君主。这就是经济离开了正常轨道，缺乏应有政策所造成的结果。

《管子》虽有通过消费刺激就业和发展生产以及在灾荒之年大兴土木、以工代赈等思想，但就总体看，其思想基本上还是主张政府应该节约其消费性支出。他提出："国侈则用费，用费则民贫；民贫则奸智生，奸智生则邪巧作。故奸邪之所生，生于匮不足；匮不足之所生，生于侈；侈之所生，生于毋度。故曰审度量，节衣服，俭财用，禁侈泰，为国之急也。不通于若计者，不可使用国。"② 由此可知，《管子》作者认为某些奸邪行为之所以会产生，乃是由于社会财富物资匮乏，奢侈无度则是造成匮乏的原因之一。所以说，量入为出，节用禁侈，是治理国家所最要紧的，不懂得这一点的人就不能让他治理国家。

《管子·法法》也提出："明君制宗庙，足以设宾祀，不求其美；为宫室台榭，足以避燥湿寒暑，不求其大；为雕文刻镂，足以辨贵贱，不求其观。故农夫不失其时，百工不失其功，商无废利，民无游日，财无砥墆。故曰：俭其道乎！"显然，《管子》作者这里主张英明的君主规划宗庙，只要能够设立牌位和举行祭祀仪式就行了，不要求十分美观；修建宫殿住室亭台楼阁，只要能够避

---

① 《管子·乘马数》。
② 《管子·八观》。

燥湿暑热和抵御寒冷就行了，不要求过分宽大；在服装、居室、用器上雕刻织绣花纹，能够显示出高贵身份就行了，不要求外表壮观。君主能在宗庙、宫殿、服装、用器等方面珍惜民力，便可使农夫不耽误农时，工匠能正常做工，商贩不必停业，民间没有闲人，财货能流通而不阻滞。所以说，节俭是一件具有原则性的重大事情，是关乎治国与为人之道的重大事情。

综上所述，管子学派重视研究社会经济运行的规律性，并把它们作为政府治理国家经济的指导。他们提出治理国家经济应以经济手段为主，不能单纯依靠暴力和行政命令，必须把经济手段同行政手段、法律手段相结合对社会经济进行管制、控制和调节。他们主张通过政府对社会经济活动进行调控，调节各阶层的利益分配，缓和因贫富过于悬殊而引起的社会矛盾，达到长治久安。他们在对国家经济的治理中，把粮食和货币作为最主要的对象，通过价格杠杆保持供求关系的平衡，稳定市场经济秩序。他们提出财政收入不可损害社会生产力，要在发展社会经济的基础上增加财政收入，并通过寓税于价，避免因增加赋税而遭到民众的抵制和反抗，使社会矛盾激化。他们注重调查统计，为政府制定各项经济政策和规划，提供可靠的资料数据参考。总之，所有这些思想和主张，都具有积极的意义。

但是，我们也必须看到，管子学派的经济治理思想也存在着一些局限性。如他们过分夸大了政府在调控社会经济活动中的作用。他们主张利用粮食和货币作为控制整个社会经济的杠杆，设想通过官营商业和高利贷把全国余粮大部分掌握在国家手中，使"谷十（七）藏于上，三游于下"[①]，再利用粮食支配万物，并靠大幅度提高粮价以增加国家财政收入。这种思想其实不符合当时的社会现实，不具有可操作性。众所周知，古代中国是自给自足的自然经济占统治地位，货币与商品粮的作用很有限，国家也无法把70%的余粮集中到自己手中，更遑论利用粮食支配万物。

从政策工具的视角看，《管子》对粮食、货币与各种商品之间的比价关系、供求与价格之间关系等的认识，为国家进入商品流通领域、控制和干预社会经济活动提供了理论上的依据和实践中的指导。

《管子》既重视行政、法律手段在治理国家经济中的作用，更重视经济手段的作用，主张以经济手段为主，把经济手段和行政、法律手段密切结合加以使用。这无疑比其他法家单纯注重用行政、法律手段治理国家经济，显然是一大进步。因为如果单纯依靠行政、法律手段来治理国家经济，那主要是靠直接

---

① 《管子·山至数》。

的暴力强制来维持的，必然会引起政府与民众的矛盾不断升级，甚至激化为武装冲突，使社会处于动荡不安之中。而且强制的实施范围是十分有限的，它不能调动广大民众主动积极地参与，无形中增加了政府的巨大管理、监督成本。而《管子》以经济手段为主，则会避免或缓和靠直接暴力强制带来的政府与民众的矛盾，并使广大民众在经济活动中有某种程度的主动性和积极性，就会大大减少政府的管理、监督成本。

当然，另外我们也必须看到《管子》的所谓经济手段也不同程度地存在着强制性。作为一个君主专制主义的国家，不可能同任何私人经济活动者保持地位上的平等。无论是政府对社会经济活动的宏观管制、控制与调节，还是政府以商品流通当事人和商品生产者的身份，直接进入商品流通领域甚至部分商品生产领域，亲自在市场上从事经营工商业的活动，政府都是保持着强势的地位。因为政府的经济力量远远大于民间的任何个人，即使它在商品市场上完全按照商品交换的原则办事，不强买强卖，但它对商品价格和供给、需求所发生的影响，不是任何个人所能比拟的。如政府的经济手段同行政、法律手段相结合，那就更带有强制性了。例如国家要保持对盐铁等的垄断经营，就必须运用行政、法律手段强行禁止民众经营，违反者将受到严厉的制裁和惩罚。

三、芮良夫反专利思想

《国语·周语上》载西周末年，周厉王以荣夷公为卿士，遭到贵族们的反对。其中大夫芮良夫批评荣夷公"好专利而不知大难"，提出了利不可专的思想："夫利，百物之所生也，天地之所载也，而或专之，其害多矣。"如果国家实行专利政策，必然导致"所怒甚多"，将会影响周王朝的统治，使其不能长久。他说："夫王人者，将导利而布之上下者，使神人百物无不得其极（中），犹日怵惕，惧怨之来也。"芮良夫认为"布利"和"惧怨"使周王朝长治久安，如实行专利，就会招致祸乱。"匹夫专利，犹谓之盗。王而行之，其归鲜矣。"天子实行专利政策，将不得人心，归附的人就会很少。因此他预言："荣公若用，周必败。"

由于史籍记载简略，荣夷公"好专利"之"利"究竟具体指的什么利，后世不很清楚。但从芮良夫所云："夫利，百物之所生也，天地之所载也"可以推断，其"利"当指山泽之利。芮良夫主张周王朝应该布利于上下，调节好各种利益关系，这样就会避免招来各种怨恨，从而巩固自己的统治。他甚至把"专利"尖锐地批评为是一种强盗行为，也是不无道理，因为这些"利"是天地所生，每个人都有权享用，而不能被周王室所独占。如果周王室独占，不言而喻就是一种强盗行为，必然会遭到各阶层人的共同反对，最终导致周王室的灭亡。芮良夫的预言最后得到证实，周厉王的倒施逆行遭到国人反对，导致发生"国人暴动"，推翻厉王统治。

芮良夫反专利思想对后世影响深远，后来者的反对国家专卖政策，反对专山泽之利的言论，无不从中得到启发，有的甚至还直接予以引用，作为后世应该吸取的历史教训。

四、郑国政府与商人合作的思想

西周末年，周宣王封地建郑国时，把一些属于商族后人的商业奴隶分给了郑桓公。郑桓公率领这批商人开发了分封的郑地（今陕西省华县一带）。可见，郑国的创建与商业有十分密切的关系，商人在创业中做出了一定的贡献。

尔后，郑桓公破例给了这批商业奴隶一系列优惠政策：一方面给这批商业奴隶解除了奴隶身份，让他们有了自由民的地位；另一方面给这批商业奴隶一定的经营自主权，减少对他们的直接控制。为了正确处理国家与商人的关系，郑桓公还与商人订立了一个盟约："尔无我叛，我无强贾，毋或匄夺。尔有利市宝贿，我勿与知。"[①] 意思是说只要商人不背叛国家，国家就不强买或夺取商人的货物，也不干涉商人的经营活动。

这个盟约在先秦时期具有重要的意义，表明政府与商人之间基本上是平等友好的合作关系，这在当时是比较罕见的。其后，在郑国政府与商人一直合作得很好，郑国公室与商人互相依存、互相支持。其中，著名的弦高犒师之事就说明这一盟约发挥了积极的作用，郑国惠商、与商人平等合作的政策与思想是相当进步和难能可贵的。公元前627年，秦国发兵偷袭郑国，商人弦高正准备去洛阳做生意，路上遇到秦军。弦高料定秦军去偷袭郑国，于是一面派人回郑国报警，一面拿出牛和皮革，假装奉郑国君之命前来犒师。秦国将领一听郑国有了准备，便不再进攻，班师回国。由此可见，由于郑国平时与商人平等合作，关系友好，因此商人在危急关头能以国家利益为重，不顾安危，不计小利，为国家排忧解难；另外正由于国家平时对商人采取宽松的惠商政策，使商人的活动能力很大，所以才有可能假国君之命犒师而使秦军放弃进攻郑国。

郑国著名国君子产（前574～前522年）执政20余年，思想开明，继续坚持国家与商人平等友好合作，执行惠商和保护商业的政策，注意保护商人的权利和利益。《左传》载晋国使者韩起于公元前522年专门谒求郑国国君子产为其向郑国一位商人索取一只玉环以拼成一对。面对大国使者的这一要求，子产向

---

① 《左传》昭公十六年。

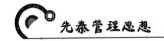

韩起强调 200 多年前郑国先君与商人立盟的规定，说明自己不能背弃盟约，不能强买商人手中的宝物，从而委婉拒绝了晋国使者的要求，保护了商人利益。这件事虽小，但说明郑国与商人的盟约，与商人平等合作、互利共赢的关系，对商人利益的重视与保护，从郑桓公至子产，坚持了 200 多年没有改变。

当然，郑国对商业及商人的保护也是有条件的。国家扶植的是正当经营的商业，对买卖中的欺骗行为是不允许的。如子产执政期间就严禁商人在市场上玩弄价格，欺诈民众。史载子产为相"二年，市不豫贾。三年，门不夜关，道不拾遗"①。

从上述"市不豫贾"记载也可看出，春秋时期，郑国子产对商人的经营既采取严禁其不法经商，又采取自由放任的态度，包括对市场价格也不干预。这就是政府不事先规定价格，让其根据市场的情况而自由波动，这个政策在当时是有利于商人的，对商品经济的发展也是有利的。

五、孔子、孟子、荀子对商业、手工业采取宽松政策思想

孔子虽然很少谈商品经济和商业问题，但不反对商业，并主张自由通商，发展商品流通。他的高足子贡（端木赐）就是一个善于经营的商人，孔子称赞说："赐不受命，而货殖焉，亿则屡中。"② 孔子还曾反对鲁大夫臧文仲设置"六关"征收商品税，把这列为臧文仲"三不仁"③ 行为之一，提出"关讥市廛皆不收赋"④ 的主张。

战国时代的孟子对商业的态度比孔子更为积极，提出把"市廛而不征"、"关讥而不征"、"泽梁无禁"、"天下之商皆悦而愿藏于其市"等列为"王道"或"仁政"的一个重要内容⑤。孟子把放松对商业的管制看作是治国的最高境界——"王道"、"仁政"的重要内容之一，这在当时必须具有卓越的见识和非凡的勇气。他之所以有这种思想，是因为他认为手工业、商业与农业一样，对社会经济生活具有不可替代的作用。"通工易事"可"以羡补不足"，如果"不通工易事"，则会造成"农有余粟，女有余布"，这对双方都是不利的⑥，从而肯定了农业和手工业之间分工、交换的必要性，亦即肯定了商品交换的必要性。

荀子主张对商业、手工业和农业均采取宽松的政策，这样就会使它们得到

---

① 《史记·子产列传》。

② 《论语·先进》。

③ 《孔子家语·颜回》。

④ 《孔子家语·王言解》。

⑤ 《孟子·公孙丑上》。

⑥ 《孟子·滕文公下》。

正常的发展："关市几而不征，质律禁止而不偏，如是，则商贾莫不敦悫而无诈矣。百工将时斩伐，佻其期日，而利其巧任，如是，则百工莫不忠信而不楛矣。县鄙将轻田野之税，省刀布之敛，罕举力役，无夺农时，如是，则农夫莫不朴力而寡能矣。""商贾敦悫无诈，则商旅安，货通财，而国求给矣。百工忠信而不楛，则器用巧便而财不匮矣。农夫朴力而寡能，则上不失天时，下不失地利，中得人和，而百事不废"①。由此可见，荀子对商业、手工业和农业宽松政策的主要内容是：政府对于关口和集市，只纠察坏人，而不征收赋税；买卖的券书契约法律是用来禁止奸人而不偏差，这样，商人就无不老老实实而无诈骗行为了。政府要求百工按季节砍伐树木，放宽他们的日期，而利用他们的技术，这样，手工业者就没有不忠信诚实而不出质量差的产品了。县官要减轻田地的租税，减少钱财的征敛，少征发劳役，不耽误农民的耕作时间，这样，农民就没有不实实在在地致力耕作而很少逞能争斗的。商人老老实实，没有诈骗行为，那就贸易有序，财货通畅，国家财物充足。手工业者忠诚信实，而不出质量差的产品，那就器用工巧便利，而财用不匮乏了。农民实实在在地出力耕作，而很少逞能争斗，那就出现天时地利人和的局面，百事都不会废止。

　　战国时期，荀子通过反对墨家节用的观点，也提出了与《管子》重视消费颇有相通之处的思想。他说："我以墨子之非乐也，则使天下乱；墨子之节用也，则使天下贫……墨子大有天下，小有一国，将蹙然衣粗食恶，忧戚而非乐，若是则瘠，瘠则不足欲，不足欲，则赏不行。墨子大有天下，小有一国，将少人徒，省官职，上功劳苦，与百姓均事业，齐功劳，若是则不威，不威则赏罚不行。赏不行，则贤者不可得而进也；罚不行，则不肖者不可得而退也，则能不能不可得而官也。若是，则万物失宜，事变失应，上失天时，下失地利，中失人和，天下敖然，若烧若焦。墨子虽为之衣褐带索，嚼菽饮水，恶能足之乎？"②可见，荀子认为墨子的否定音乐，就会促使天下混乱；墨子的节约物用，则会促使天下贫穷。墨子在大的方面掌握了天下，在小的方面掌握了一国，他就忧心忡忡地吃坏的、穿坏的，只知道发愁，而非难音乐的效用。这样，人们就必然享受微薄；享受微薄，就不能满足人们的欲望；不能满足人们的欲望，有功的人就得不到应有的赏赐。墨子在大的方面掌握了天下，在小的方面掌握了一国，他将要减少用人，省略官职，上层人实行劳动，和百姓的工作完全等齐。这样做，上层人就失去了威严；失去了威严，有功和有罪的人就得不到应有的赏罚。赏赐行不通，贤人就不可能得到进用；刑罚行不通，坏人

---

① 《荀子·王霸》。
② 《荀子·富国》。

就不可能得到黜退。贤人得不到进用，坏人得不到黜退，那就使有才能的和没才能的得不到适宜的安排。这样，万物就要失掉时宜，事变就要失掉顺应。在上方，失掉了天时；在下方，失掉了地利；在中间，失掉了人和。天下人民，愁眉苦脸地就像被烧焦枯了的一般。墨子纵然教人民身穿粗布衣，腰束绳索，吃野菜，喝白开水，怎么能够富足起来呢？

先秦儒家多主张免征商税，如孟子、荀子都把"关市几而不征"作为统治者实行"仁政"或"王政"的一项重要内容。《周礼》作为儒家的经典，虽然不主张免征商税，而是既征关税又征市税，但其对商业的态度基本上与孟子、荀子儒家是一致的，即不抑商。《周礼》对商业和市场的管理，并收取一定的关税、市税，其主要目的不在于抑商和牟利，而在于使商业经营和活动能正常进行。如上述《周礼》设官禁止奸商出售伪劣商品、操纵物价，只是打击不法商人，而不是抑商。这些措施不仅不会限制或妨碍商品经济和商业的发展，实际上反而会保障和促进商品经济和商业的健康有序发展。政府收购滞销货物和发放贷款，虽然政府带有营利的性质，但主要还是利用协调性的政策工具，来稳定物价和限制私人高利贷活动。

第七章　先秦公共事业与社会救助思想

第一节　水利工程思想

中国古代的农业社会和特殊的地理环境所造成的水旱之灾频繁使先民很早就重视水利工程的兴修。相传在夏朝，大禹就组织民众兴修水利，淘挖沟渠，采用疏导的办法把洪水引到海里。西周的井田制，田间道路沟洫纵横，既是田地的分界，又起灌溉的作用。

春秋战国时期，随着铁制工具的广泛应用和治水经验的积累，水利工程的兴修于史籍屡见不鲜。如楚国"孙叔敖决期思之水"[①]；艻掩"规偃猪（潴）"[②]，进行蓄水灌溉防旱。郑子产改革的一项重要措施是"作封洫"，"使都鄙有章，上下有服，田有封洫，庐井有伍"[③]，即整顿城乡秩序，严肃等级职事，整修田地疆界和灌溉水道，按什伍编制建立农村基层组织。魏国西门豹"发民凿十二渠"[④]，引漳水改良碱田。这一时期最有名的是李冰父子在四川修筑都江堰防洪灌溉水利工程。

一、水利工程兴建与养护思想

《管子·度地》比较详细具体地论述了当时水利工程兴修与养护的一些措施，兹简略介绍如下：

其一，修建水利工程必须察看地形。《度地》云："圣人之处国者，必于不倾之地而择地形之肥饶者。乡山，左右经水若泽。内为落渠之写，因大川而注

---

① 《淮南子·人间训》。
② 《左传》襄公二十五年。
③ 《左传》襄公三十年。
④ 《史记·滑稽列传》。

焉。乃以其天材、地之所生，利养其人，以育六畜。"这就是古代英明的帝王建都立国，必须选择地势平坦稳定区域，土质必须肥沃；靠近山脉，附近有河流或湖泊。因为有河流、湖泊，便可在国内修筑纵横交错渠道网络，把水引进来再排泄出去。这样土地既肥沃又有水灌溉，便可养育人民，繁殖牲畜。

其二，修建堤坝，挖沟渠，用于灌溉排水，以防水旱之灾。《度地》载："地高则沟之，下则堤之，命之曰金城"，"夫水之性，以高走下则疾，至于漂石，而下向高即留而不行。故高其上，领瓴之，尺有十分之三，里满四十九者，水可走也"，"地有不生草者，必为之囊。大者为之堤，小者为之防。夹水四道，禾稼不伤"。《管子》主张，当时兴修水利，如果地势高便挖沟排水，地势低洼则筑堤（防洪），如能做到这两点，便可称为金城，其坚如金，固不可拔。《管子》还根据水的特征，从高处往低处流时速度迅疾，力量大得足以漂动石头；而从低处向高处流，便会停留下来流不动，因此建议当需要水往高处流，便应提高上游的水位，修筑堤坝，按尺计算有十分之三的落差，即3寸落差，水便会流动了。河道旁不长庄稼的土地，可以圈起来使之成为蓄水池。大的周围要筑堤，小的周围用泥土堵起来就行。在蓄水池周围修筑堤防，目的是防止水往四面泛滥，伤害农作物。

其三，加固堤坝，长期维护，使之造福子孙。《管子》主张对于堤坝，必须"岁埤增之，树以荆棘，以固其地，杂之以柏杨，以备决水。民得其饶，是谓流膏"。由此可见，当时人们已认识到河堤每年都要增高加固，种植荆棘和柏树、杨树，用以稳定表土，防止水土流失和河堤决口。有了这样的水利工程，人民可因之而富饶，如同河里流着油膏。《管子》还建议政府"置水官，令习水者为吏，大夫、大夫佐各一人，率部校长、官佐各财足。乃取水左右各一人，使为都匠水工。令之行水道、城郭、堤川、沟池、官府、寺舍及州中，当缮治者给卒财足……水官亦以甲士当被兵之数，与三老、里有司、伍长行里，因父母按行。阅具备水之器，以冬无事之时。笼、臿、板、筑，各什六，土车什一，雨輂什二。食器两具，人有之，锢藏里中，以给丧器。后常令水官吏与都匠，因三老、里有司、伍长按行之。常以朔日始，出阅具之，取完坚，补弊久，去苦恶。常以冬少事之时，令甲士以更次益薪，积之水旁。州大夫将之，唯毋后时。其积薪也，以事之已；其作土也，以事未起"[1]。"常令水官之吏，冬时行堤防，可治者章而上之都。都以春少事作之。已作之后，常按行。堤有毁作，大雨，各葆其所，可治者趣治，以徒隶给。大雨，堤防可衣者衣

---

[1] 《管子·度地》。

之；冲水，可据者据之。终岁以毋败为固。此谓备之常时，祸何从来？所以然者，独水蒙壤，自塞而行者，江河之谓也。岁高其堤，所以不没也。春冬取土于中，秋夏取土于外，浊水入之不能为败。"①

从管仲的建议中我们比较细致清晰地了解到其维护水利工程的思想主要有以下3点：其一，必须设置专职的治水官员。这些官吏中水官为其最高长官，由熟谙水性的人担任，即必须有治水的专业知识。大夫和大夫佐各1人，率部校长和其他附属人员（官佐）要配备齐全。其二，当要对某一水利工程进行修缮或治理时，政府必须拨给足够的人力和财物。水官要把具备应征服兵役条件的甲士们，即必须参加服治水劳役的人，和三老、里有司、伍长行里等地方基层管理人员，连同各户家长（父母）共同最后核定，这样，治水时需要的劳动力就有了保障。检查防备水灾的器材情况，应在冬天已无农事活动时进行。筐、锹、框、板、夯等，每10户准备6件，运土车每10户1辆，篷布每10户2件，炊具2套。这些器材，平时应集中妥善保管在里中，不要损坏丢失了，并应该常查看，完好的继续保留，破坏的要修补，不能使用的便丢掉。冬天农闲少事时，要经常命壮丁们轮流砍柴，堆积在水道旁边，以备堵塞水道缺口或治水时使用。州里的有关官员要注意抓紧这项工作，不要耽搁了。堆积薪柴是准备在水患已经发生后使用，土方工程则是用于修筑堤坝等防止水患发生时使用。其三，平时治水官吏要巡视堤防，划分各自责任区，经常对水利工程进行养护，防患于未然。《管子》建议：治水官吏冬季必须巡视堤防，发现应当采取治理措施的，要书面报告都一级的官府；由都官府在春季农闲时组织民众实施完成。工程完工后，还要经常察看。倘若堤防遭毁坏而又恰逢大雨，要按段划分责任区，需抢修的要立即抓紧抢修，劳动力不够用的可以调拨罪犯和奴隶。为减轻雨水冲刷，下大雨时，如堤防有条件覆盖，可加覆盖。河水冲击的要害处，可以屯堵的要屯堵，以缓解水的冲击力。总而言之，一年到头，目标就是对水害的防治只许成功不许失败；时时刻刻都在防治着，便不会有什么意料之外的祸害。混浊的河水中含有泥沙，不必有任何外来因素，河水在流动中会因自然沉积而造成淤塞，致使水道不畅通，这是江河的本性。所以，只有每年都增高堤防，才能保证堤防不被河水淹没。为加高堤防，春季和冬季河水枯浅，可从河道中取土，既可增高堤防同时也疏浚了河道；秋季、夏季河中水满，那就在河道外取土。如果能坚持这样做，即使是混浊的洪水进入河流也不至于把堤防冲毁。

---

① 《管子·度地》。

二、水利工程作用思想

这一时期，在兴修水利工程的实践中，人们对水利工程作用的认识逐步深化。《周礼·司徒下》载："稻人，掌稼下地。以猪（潴）畜水，以防止水，以沟荡水，以遂均水，以列舍水，以浍写水。"由此可知，至迟在战国时期，人们对水利工程的作用有了更细致具体的认识，即知道以蓄水池来蓄水，以堤防来挡住外来的水，以沟排水，以遂分导水，以田中小沟放水，以浍泄水。如果把《周礼》对当时水利工程的作用加以归纳，其实主要也就两个方面：一是通过修筑堤堰，把水挡住或储蓄；二是通过挖沟、遂、列、浍等，进行排水或引水，从事农业灌溉。

《管子·立政》云："决水潦，通沟渎，修障防，安水藏，使时水虽过度，无害于五谷，岁虽凶旱，有所秒获，司空之事也。"由此可知，当时人们意识到兴修水利工程主要有两种形式：一是通过挖沟渎，把洪水排泄；二是通过修筑堤堰，把水拦住或蓄藏，待干旱时用于灌溉。其目的是即使遇到水旱之灾，但尽量避免其对五谷生长的伤害，保证每年有较好的收成，让广大民众免遭饥寒之苦。正由于认识到兴修水利的重要性，因此《管子》把其列为"六兴"之一及治国中的富国项目。《管子·五辅》提出"德有六兴"，其中之一为："导水潦，利陂沟，决潘渚，溃泥滞，通郁闭，慎津梁，此谓遗之以利。"正由于兴修水利对国计民生大有好处，因此《管子·立政》认为："沟渎遂于隘，障水安其藏，国之富也。"

战国时期，人们已很清楚地认识到水利工程的综合性功能。据《汉书·沟洫志》记载："自是之后（指夏商周之后），荥阳下引河东南为鸿沟，以通宋、郑、陈、蔡、曹、卫与济、汝、淮、泗会于楚……蜀守李冰凿离堆，避沫水之害；穿二江成都中。此渠皆可行舟，有余则用溉，百姓飨其利……至（魏）文侯曾孙襄王……以史起为邺令，遂引漳水溉邺，以富魏之河内。"从此记载中可以看出，当时的水利工程有 3 种功能：一是从"有余则用溉"、"引漳水溉邺"可以看出，水利工程可用于农业灌溉。二是从"避沫水之害"可知，水利工程还用于防洪。三是从"此渠皆可行舟"可知，较大型的水利工程还可用于水运。正由于水利工程有这三大功能，因此是为民造福的公共工程，故史称"百姓飨其利"。

从现存的史籍看，在这三大功能中最普通的功能还是灌溉。如战国秦王政元年（前 246 年），韩国"使水工郑国间说秦，令凿泾水，自中山西邸瓠口为渠，并北山，东注洛三百余里……渠就，用注填阏之水，溉泽卤之地四万余顷。皆亩一钟，于是关中为沃野，无凶年，秦以富强，卒并诸侯。因命曰郑国渠"①。魏文侯至魏襄王时代（前446～前296年），西门豹与史起主持引漳水灌溉邺田，这在当时是较大型的专门水利灌溉工程。据《水经注》蜀漳水条记载："漳水之别自城西南与邯山之水会，今城南犹有沟渠存焉……昔魏文侯以西门豹为邺令也，引漳以溉，邺民赖其利。其后至襄王，以史起为邺令，又堰障水以溉邺田，咸成沃壤，百姓歌之。"当时人们认识到这种较大型的水利灌溉工程对社会经济带来的积极作用是巨大的，郑国渠不仅灌溉了大片田地，更重要的改造了4万余顷的"泽卤之地"，使之成为旱涝保收的"沃野"，并"无凶年"；西门豹、史起主持的引漳水以溉邺田工程，也使邺田"咸成沃壤"。有的水利灌溉工程甚至关系到国家的贫富弱强，如上引班固就认为秦国因修郑国渠而使"关中为沃野"，"秦以富强，卒并诸侯"。这虽有夸大其词之嫌，但水利工程对国家的富强的确关系重大。

先秦的水利工程实践与思想在现实生活中确实发挥了巨大的积极影响。如郑子产主张为政、治国要"爱人"，要"视民如子"②。他重视帮助百姓发展农业生产，强调治国要对农业生产"日夜思之，思其始而成其终，朝夕而行之"③。他的"作封洫"，首先就是从整修田地疆界和灌溉水道来促进农业生产的。郑子产重视水利以发展农业生产的思想和政策，使社会经济得到发展，百姓生活有所提高，因此，当时郑国百姓歌颂道："我有田畴，子产殖之。"④ 孔子也一再称赞他"惠人"⑤，"养民也惠"⑥。秦昭公时李冰"壅江水作堋，穿二江成都中，双过郡下，以通舟船，因以灌溉诸郡。于是蜀沃野千里，号为陆海"⑦。总之，都江堰的水利工程大大改善了蜀地的经营农业条件，促进了农业的发展，把偏僻的西南边陲变成秦国富庶的后方。50年以后，秦王政又接受韩国水工的建议，在关中开筑郑国渠，使4万余顷舄卤之地变成良田，收"皆亩一钟"⑧，粮食产量大增。

---

①⑧　《史记·河渠书》。

②③　《左传》襄公二十五年。

④　《左传》襄公三十年。

⑤　《论语·宪问》。

⑥　《论语·公冶长》。

⑦　《文献通考·田赋六》。

第二节　保护生物资源思想

　　我国很早就产生了保护生物资源的思想。现存的最早记载是尧时设虞官管理草木鸟兽，大禹发布禁令保护生物资源。周初，周公介绍"禹之禁"说："春三月，山林不登斧，以成草木之长。夏三月，川泽不入网罟，以成鱼鳖之长。"① 周文王也提出："山林非时不入斤斧，以成草木之长；川泽非时不入网罟，以成鱼鳖之长。不麛不卵，以成鸟兽之长。"② 这说明我国至少在 4000 年以前就产生了保护生物资源的思想，大禹时主要从适时角度进行保护，即砍伐草木、捕猎鱼鳖必须在特定的时间段，从而保护草木、鱼鳖的正常生长。周文王在此基础上增加了从适度角度进行保护，即不捕小兽不取鸟卵，从而保护鸟兽的生育繁衍，生生不息。可见在 4000 年前，中国先民已认识到生物有自己的成长规律，只有保证它们有一定的生长时期，让它们顺利正常地成长，才能得到最有效的利用。

　　春秋时，管仲指出："山泽各致其时，则民不苟。"③ "各致其时"就是规定开发山泽资源的时间，不到生物成熟之时不加以采捕。《国语·鲁语上》载：鲁宣公在夏天时于泗水上张网捕鱼，遭到了臣子里革的制止，将其网丢在一边。里革向鲁宣公指出：夏天是鱼鳖孕育的时节，应禁止捕捞；同样，在鸟兽孕育的时节，则禁止捕杀鸟兽。同时，"夫山不槎蘖，泽不伐夭，鱼禁鲲鲕，兽长麑𪊨，鸟翼鷇卵，虫舍蚳蝝，蕃庶物也，古之训也。今鱼方别孕，不教鱼长，又行网罟，贪无艺也"。里革在此表达的仍然是适时适度保护的思想，即不能在鱼鳖鸟兽孕育时节对它们进行捕杀，以保护它们的繁殖生长。并禁止捕杀猎取一切小兽小鸟、鱼卵鸟卵、砍伐树芽、初生草木，甚至连蚁卵、蝗卵，也禁止猎取。总之，其目的是让万物得到繁衍，以避免生物资源枯竭。而且里革称这些禁令是"古之训"，可见这种保护生态环境是由来已久，可反证上述西周文王时完全有可能已产生系统的适时适度保护生态环境的思想。

　　据《管子》一书记载，战国时期，政府"修火宪，敬山泽林薮积草，夫财

---

①《逸周书·大聚》。
②《逸周书·文传》。
③《国语·齐语》。

之所出，以时禁发焉，使民于宫室之用，薪蒸之所积，虞师之事也"①。意思是山川河泽的自然资源要遵循生态规律，合理利用，按其生长时间禁放，就能够保证盖房子所需要的木材和做饭所需要的柴草，这是虞师的职责。

战国时期，孟子指出："数罟不入洿池，鱼鳖不可胜食也。斧斤以时入山林，材木不可胜用也。"② 捕鱼不能用密网，使未长大的小鱼不致落网，这是适度；砍伐树木应在适当的时令，使未成材的正在生长的树木得到保护，这是适时。孟子还把保护生态环境上升到"王道之始"的高度，与"不违农时，谷不可胜食也"相提并论，认为采取这些措施能"使民养生丧死无憾"③。

孟子是我国古代最早提出保护资源环境，实现资源永续利用的思想家之一。

其一，孟子在保护自然资源方面提出："苟得其养，无物不长；苟失其养，无物不消"的深刻思想，自然万物如得到很好的保护，就会生长繁衍；如得不到保护，就会消亡。他的这番话，是针对当时的森林树木遭到严重破坏而提出的："牛山之木尝美矣，以其郊于大国也，斧斤伐之，可以为美乎？是其日夜之所息，雨露之所润，非无萌蘖之生焉，牛羊又从而牧之，是以若彼濯濯也；人见其濯濯也，以为未尝有材焉，此岂山之性也哉？"④

其二，他提出人类的生产活动要遵循自然界万物的生长规律，有节制地适时适度地进行，使自然界能不断恢复自身的平衡，实现资源的永续利用。这就是"数罟不入洿池，鱼鳖不可胜食也。斧斤以时入山林，材木不可胜用也"⑤。

其三，孟子提出了亲、仁、爱的思想，已包含有尊重和珍爱万物生命，承认自然界万物的生命权、生存权的生态伦理观念。他从儒家"仁"的观念出发，提出了"亲亲而仁民，仁民而爱物"⑥ 的命题，认为人们爱得最深的是自己的亲人，其次是自己的同类——民，最后是作为异类而有生命的万物。他还说："君子之于禽兽也，见其生，不忍见其死；闻其声，不忍食其肉。"⑦可见，这里已表明了他珍惜生命、尊重生命的宝贵思想。

荀子的保护生态环境思想与孟子相似，也是强调要适时适度保护，并把不误农时和保护生物资源上升到"圣王之制"的高度。荀子对孟子保护生态环境思想的发展主要体现在其论述更为具体，并在孟子反对密网捕鱼的基础上又增加了反对用毒药捕杀鱼类。他说："草木荣华滋硕之时，则斧斤不入山林，不

---

① 《管子·立政》。
②③⑤⑦ 《孟子·梁惠王上》。
④ 《孟子·告子上》。
⑥ 《孟子·尽心上》。

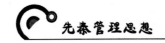

夭其生，不绝其长也；鼋鼍鱼鳖鳅鳝孕别之时，罔罟毒药不入泽，不夭其生，不绝其长也；春耕、夏耘、秋收、冬藏，四者不失时，故五谷不绝而百姓有余食也；污池渊沼川泽谨其时禁，故鱼鳖优多而百姓有余用也；斩伐养长不失其时，故山林不童而百姓有余材也。"①

《礼记·王制》有较强的环境保护意识，主张渔猎、砍伐、烧田等必须注意时节，禁止在动植物繁殖、生长季节对此进行捕猎、采伐等："獭祭鱼，然后虞人入泽梁；豺祭兽，然后田猎；鸠化为鹰，然后设罻罗；草木零落，然后入山林；昆虫未蛰，不以火田。不麛，不卵，不杀胎，不夭夭，不覆巢。"渔猎、采伐注意时节限制，有利于动植物的繁殖生长，使它们生生不息，不因为人类的捕猎、采伐而使动植物资源枯竭。

《礼记·王制》还从另一种思路对生态环境进行保护。由于人们捕杀禽兽鱼鳖、砍伐树木、采集果实的目的除了自己食用外，大部分是拿到市场上出卖交易，如对市场上的这些商品进行严格管制，将会大大减少人们对此的捕杀、砍伐或采集。因此，《礼记·王制》规定："五谷不时、果实未熟不粥于市，木不中伐不粥于市，禽兽鱼鳖不中杀不粥于市。"可见，未到食、用时期的五谷、果实、禽兽鱼鳖、树木等市场禁止买卖。这种从源头保护生物资源措施从某种意义上说比直接禁止捕杀、砍伐或采集更为有效。

《吕氏春秋》十二纪把保护生物资源的时令重点放在春季，因为春季是万物复苏生长的季节。如《孟春纪》规定正月"禁止伐木，无覆巢，无杀孩虫胎夭飞鸟，无麛无卵"；《仲春纪》规定二月"无竭川泽，无漉陂池，无焚山林"；《季春纪》规定三月各种网具和捕兽毒药"无出九门"，即不得出城狩猎。由此可见，《吕氏春秋》在前人保护生态环境的思想基础上又有一定的发展，即反对竭泽而渔，禁止焚烧山林，因为这两者都会对生态环境造成严重的破坏。

1975 年，在湖北云梦睡虎地秦墓中发现了秦国法律竹简。秦国的《田律》规定："春二月，毋敢伐材木山林及雍（壅）堤水。不夏月，毋敢夜草为灰，取生荔、麛鷇（卵）鷇，毋……毒鱼鳖，置阱罔（网），到七月而纵之。"② 这说明战国时期秦国已将保护生物资源思想上升为法律条文，其原则仍然是坚持适时适度的保护。

---

① 《荀子·王制》。
② 刘海年：《中国珍稀法律典籍集成》甲编第一册，科学出版社 1994 年版，第 406 页。

第三节　社会救助思想

一、社会救灾思想

从政策工具的视角看，《周礼》的作者认为：政府在治理国家中一个重要的工作是"荒政"，即政府为备荒、抗灾、救灾而施行的政策和措施。中华文明的主要发源地黄河流域是一个天灾多发的地区，尤其是水旱之灾特别严重，因此，我们的祖先早在先秦时期就有很系统的防灾、抗灾、救灾思想，这种思想在《周礼》中有较充分的体现。

《周礼》提出了12项措施，用于救助已发生的灾害："以荒政十有二聚万民，一曰散利，二曰薄征，三曰缓刑，四曰弛力，五曰舍禁，六曰去几，七曰眚礼，八曰杀哀，九曰蕃乐，十曰多昏，十有一曰索鬼神，十有二曰除盗贼。"[①] 其中"散利"指政府向灾民发放救济物资或贷给粮食等；"薄征"是减征赋税；"缓刑"是减省刑罚；"弛力"是减轻徭役负担；"舍禁"是放宽或取消山泽之禁，使民进入山泽采伐渔猎而度荒；"去几"是指在各关口对客商免去检查，以鼓励商贸往来和物资流向灾区；"眚礼"是简化礼仪以节省开支；"杀哀"即缩短丧礼的期限；"蕃乐"是暂时停用一部分乐舞（"杀哀"与"蕃乐"都是"眚礼"的具体措施）；"多昏"则鼓励人们结婚生育，以弥补因灾荒而人口减少；"索鬼神"是求索并祭祀更多的鬼神，以禳灾求福；"除盗贼"则加强剿灭盗贼活动，以维护受灾期间社会的稳定有序。

从这12项措施可以看出，《周礼》的赈灾思想主要体现了以下3方面的理念：一是通过"散利"、"舍禁"、"去几"等为灾民开辟度荒谋生的途径；二是通过"薄征"、"弛力"等减轻民众的赋税、徭役负担，同时通过"眚礼"、"杀哀"与"蕃乐"等节省国家和贵族、官僚的礼仪开支，其实也间接减少了对百姓的征敛；三是通过"缓刑"缓和社会矛盾，同时又通过"除盗贼"严厉镇压一些犯上作乱者，通过软硬两手达到稳定社会秩序，巩固王朝的统治。

综观全书，《周礼·大司徒》中有关救助灾害的措施不仅包括这12项，如同卷还提出："大荒、大札，则令邦国移民，通财，舍禁，弛力，薄征，缓

---

① 《周礼·大司徒》。

刑。"这里"移民、通财"就是 12 项措施中所没有的。"移民"顾名思义就是迁移灾区居民到其他地区避灾,"通财"大致指受灾民众向政府或富人借贷钱粮或无偿募捐救灾。可见,"移民"与"通财"应当是比"多昏"、"索鬼神"更有效的赈灾手段。

墨子主张在遇到灾荒时则要首先降低统治阶级上层的生活享用标准:"一谷不收谓之馑,二谷不收谓之旱,三谷不收谓之凶,四谷不收谓之馈(匮),五谷不收谓之饥。岁馑,则仕者大夫以下,皆损禄五分之一;旱,则损五分之二;凶,则损五分之三;馈,则损五分之四;饥,则尽无禄,廪食而已矣。故凶饥存乎国人,君彻鼎食五分之五(三),大夫彻县,士不入学,君朝之衣不革制,诸侯之客,四邻之使,雍食而不盛,彻骖騑,涂不芸,马不食粟,婢妾不衣帛,此告不足之至也。"① 由此可见,墨子的所谓降低统治阶级上层生活享用标准包括俸禄、饮食、乐悬、入学、朝服、对客人使者的招待、马的饲料、婢妾服装的精简限制等。

《管子》一书中还多次记载了齐国不同时期的具体低税率和荒年减免税的办法,虽然这些主张和具体税率不大一致,但总的来说其税率绝大多数低于儒家所提倡的什一之税。齐桓公三会诸侯时提出"田租百取五,市赋百取二,关赋百取一"②,这里单就田租看,就比什一之税低了一半。齐桓公十九年(公元前 667 年),"弛关市之征,五十而取一。赋禄以粟,案田而税。二岁而税一,上年什取三,中年什取二,下年什取一;岁饥不税,岁饥弛而税"③。这里的田税税率基本上就是什一之税,由于是两年收一次税,因此"中年什取二"其实就是什一之税,"上年什取三"与"下年什取一"的平均数也是什一之税。"市赋百取二,关赋百取一","关市之征,五十而取一"基本上就是象征性收取,因此,有时干脆就"关,几而不征。市,廛而不税"④。此外,《管子·乘马》还对荒年的减免税作了比较细致具体的规定:旱年,水位降低,地下一仞见水的上地减税 1/10,二仞见水的减税 2/10……五仞见水的减税 5/10;涝年,水位上升,地下五尺见水的减税 1/10,四尺见水的减税 2/10……一尺见水的减税 5/10。

二、社会福利思想

《管子》认为,搞好社会福利是缓和各阶层矛盾、稳定社会秩序的一项重

---

① 《墨子·七患》。
② 《管子·幼官》。
③ 《管子·大匡》。
④ 《管子·五辅》。

要措施。《管子·五辅》制定了社会福利措施："养长老，慈幼孤，恤鳏寡，问疾病，吊祸丧，此谓匡其急；衣冻寒，食饥渴，匡贫窭，赈罢露，资乏绝，此谓赈其穷。"可见，《管子》认为赡养老人，慈爱幼小孤独之人，抚恤鳏夫寡妇，关心疾病，吊慰祸丧，这叫做救人之危急；给寒冷的人以衣服，给饥渴的人以饮食，救助贫陋，赈济破败人家，资助赤贫，这叫做救人之贫困。

《管子》的社会求助思想除在《管子·五辅》"六兴"之"匡其急"、"赈其穷"中有所论述外，还散见其书中其他一些地方。如《管子·轻重乙》云："民生而无父母，谓之孤子；无妻无子，谓之老鳏；无夫无子，谓之老寡。此三人（人字疑衍）者，皆就官而众（食），可事者、不可事者，食如言而勿遗。多者为功，寡者为罪。是以路无行乞者也。路有行乞者则相之罪也。"可见，《管子》主张对孤儿、老鳏、老寡这三种人应由政府供养，无论是能劳动或不能劳动，都要养起来；能不能劳动听本人自愿，不可强迫。而且供养的人数多算是有成绩，有功劳；供养的人数少，该供养的不供养，便是罪过。一定要使道路上没有讨饭的乞丐；如果有乞丐，便应由辅相承担责任，因为这是政府应做的工作，而他没有做好。

《管子·轻重甲》则提出：当时如果政府做好社会救助工作，就会使各国民众纷纷前来投奔，国家就会变得强大。"桓公曰：何谓致天下之民？管子对曰：请使州有一掌，里有积五窌。民无以与正籍者予之长假，死而不葬者予之长度。饥者得食，寒者得衣，死者得葬，不资者得振，则天下之归我者若流水。此之谓致天下之民。故圣人善用非其有，使非其人，动言摇辞，万民可得而亲。桓公曰：善。"《管子》作者认为，国君如要招致天下民众，可以在每个州设置一名主管官员，每个里都积贮五窖粮食。对民众中无力正常交纳赋税的贫困户给予长期借贷，死后无力办理丧葬的由公费开支；能够做到使饥饿者有饭吃，寒冻者有衣穿，死者得安葬，生活有困难的能得到赈济，天下人前来投奔我们的，自然就会如同水往低处流那样。因此，绝顶聪明的人最善于利用原来并非属于他所有的财富物资，善于任用原来并非属于他的人才。他发号施令便会得到响应，人们全都乐于亲近他。《管子》作者看到实行社会求助会为政府赢得民心，使政府得到广大民众的拥护，民众自觉纷纷前来为该政府效劳出力，因此国家就会走向富强。

《管子》作者还通过杀鸡儆猴的巧妙方法，迫使国内富裕的士大夫们把自家囤积的物资和钱财拿出来救济贫病孤独、缺衣少食的贫民。《管子·轻重丁》载：

桓公曰："大夫多并其财而不出，腐朽五谷而不散。"管子对曰："请以令召城阳大夫而请（谪）之。"桓公曰："何哉？"管子对曰："城阳大夫嬖宠被绨纮，鹅鹜含余秣，齐钟鼓之声，吹笙篪，同姓不入，伯叔父母远近兄弟皆寒而不得衣，饥而不得食。'子欲尽忠于寡人，能乎？故子勿复见寡人。'灭其位，杜其门而不出。"功臣之家皆争发其积藏，出其资财，以予其远近兄弟。以为未足，又收国中之贫病孤独老不能自食之萌，皆与得焉。故桓公推仁立义，功臣之家兄弟相戚，骨肉相亲，国无饥民。此之谓缪数。

齐桓公时，管仲见到大夫们都把钱财隐蔽着而不肯拿出来，宁可让粮食腐烂掉也舍不得救济贫民。管仲就建议齐桓公对其中最为典型的城阳大夫进行处罚，取消他的职位，封闭他的家门，不准他外出。齐桓公按照管仲的建议处罚了城阳大夫之后，起到了杀鸡儆猴的作用，各功臣之家都争先恐后地把囤积的物资和钱财拿出来，救济同族的远近兄弟，甚至还救济其他贫病孤独和年老而缺衣少食的贫民。所以，桓公倡导仁义，功臣之家亲属之间都很亲密，国内没有人挨饿。齐桓公的这种做法，没有直接谴责处分众大夫们，而是通过杀鸡儆猴的办法，迫使他们把钱财粮食救济同一家族成员及社会上贫病者，对大夫们是一个很好的教育，树立了扶贫救困的社会风尚，并且使国内饥民都得到了救助，稳定了社会秩序。

另外，我们也必须看到，社会救助的负面影响是易养成一些人的懒惰。对此，管仲也提出了一定的防范措施："君终岁行邑里，其人力同而宫室美者，良萌也。力作者也，脯二束、酒一石以赐之；力足荡游不作，老者谯之，当壮者遣之边戍。民之无本者贷之圃疆，故百事皆举，无留力失时之民，此皆国策之数也。"[①] 可见，管仲主张年终时，君主到各地巡视，如果发现有的人家劳动力条件与别家相同，但住房却格外好的，那一定是肯吃苦耐劳的好百姓，便应该赏赐给他两束干肉和一石酒。体力充沛但却游荡而不务正业的，年纪已老的要批评教育，尚属壮年的可派去戍守边境。民众中因缺乏土地资金无法谋生的，可以借贷给土地资金。这样，才能使各项事业都不致停滞，没有无事可做的劳动力，能不误农时。所有这些，都是国家规划谋虑所应该完成的经常性任务。管仲通过赏赐劝勉、借贷资金等鼓励民众勤于劳作，另外则通过批评教育、适当惩罚懒惰者，从而使整个国家人尽其力，地尽其利。

韩非反对"征敛于富人以布施于贫家"。他的理由是"今夫（富人）与人相若也，无丰年旁入之利，而独以完给者，非力则俭也；（穷人）与人相若也，无饥馑疾疚祸罪之殃，独以贫穷者，非侈则惰也。侈而惰者贫，而力而俭者

---

① 《管子·揆度》。

富。今上征敛于富人以布施于贫家，是夺力俭而与侈惰也，而欲索民之疾作而节用，不可得也"①。韩非的看法是假设在正常的情况下，富人没有丰年等额外增加的收入，之所以能富足，靠的是平时既勤劳而又节俭；相反，穷人没有饥荒、疾病、人祸等侵袭，之所以贫穷，其原因是平时奢侈、懒惰。因此，韩非得出的结论是奢侈、懒惰者贫穷，勤劳、节俭者富裕。如果国家通过向富人征税以救济穷人，那就等于鼓励奢侈、懒惰，无法调动人民的勤劳与节俭了。在古代社会科学技术水平普遍低下的情况下，韩非的勤劳、节俭者致富，懒惰、奢侈者贫穷的前提假设是带有一定的普遍性的，因此，他的征富人税救济穷人会鼓励奢侈、懒惰的思想有其合理的一面。但是问题在于，当时社会上并不是所有的富人都是靠勤劳、节俭而发财致富的，并非所有的穷人都是因奢侈、懒惰而贫困的，造成贫富差距往往是多种因素共同作用的结果，因此他反对"征敛于富人以布施于贫家"的思想又带有较大的片面性，有以偏概全之嫌。另外，如从缓和社会矛盾的视角来看，韩非的这一思想不利于解决因贫富差距悬殊而引起的诸多社会问题，不管穷人因何因素贫困，必要的社会救济和福利还是不可或缺的，对保障人的基本生存条件、维护社会安定有序都是至关重要的。

三、粮食储备思想

中国地处欧亚大陆的东部，濒临世界最大洋——太平洋，季风气候显著，水旱之灾频繁。因此中国自先秦以来，统治者都十分重视积储粮食，以备灾荒不时之需。《礼记·王制》规定："冢宰制国用，必于岁之杪，五谷皆入，然后制国用。用地小大，视年之丰耗，以三十年之通制国用，量入以为出……国无九年之蓄，曰不足；无六年之蓄，曰急；无三年之蓄，曰国非其国也。三年耕，必有一年之食，九年耕，必有三年之食。以三十年之通，虽有凶旱水溢，民无菜色。"这里反映了先秦统治者在使用服务性政策工具进行防灾时的 3 方面理念：一是以国家 30 年粮食生产的平均数来规定国家财政的支出数，而且收入必须大于支出。二是进一步对收入大于支出进行量化，即一个国家 3 年的粮食生产量扣除支出消费外，其盈余必须能供全国吃上一年。三是一个国家如没有 9 年的粮食积蓄，就算不上富足；如没有 6 年的粮食积蓄，就应该着急了；如没有 3 年的粮食积蓄，就有灭国的危险了。

《周礼》中的防灾思想主要是设计了一套颇为完备并对后世产生深远影响

---

① 《韩非子·显学》。

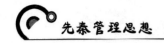

的粮食储备制度："乡里之委积，以恤民之艰阨；门关之委积，以养老孤；郊里之委积，以待宾客；野鄙之委积，以待羁旅；县都之委积，以待凶荒。"①《周礼》中的这一粮食储备制度有两点值得注意：其一，粮食储备制度主要有5种用途，除其中"以待宾客"用以接待宾客之外，其余4种均用于社会救助。其二，实行分散储备、专项专用的原则，如乡里的粮食储备，用于接济贫穷的民众；"门关"的粮食储备，用于救恤孤老之人；"县都"的粮食储备，则用于灾荒救济；而"野鄙"的粮食储备，用于帮助陷入困境的游民。

《管子》认识到，古代农业由于受到生产技术水平的限制，谷物只能一年收获一次，而消耗却是无时无刻不在进行。农业不增产，粮食不储备，一旦遇到天灾人祸，百姓就会流离失所。因此，十分重视粮食的储备。《管子》一书中讨论储粮的方法多种多样，主要有以下3种：

其一，岁藏法："岁藏一，十年而十也；岁藏二，五年而十也。谷十而守五，绨素满之，五在上。故视岁而藏，县时积岁，国有十年之蓄。"② 国家按年景的好坏，每年储备一定比例的粮食，如一年储备1/10的粮食，10年就有1年的储粮；如一年储备2/10年的粮食，那5年就有1年的储粮；如碰上大丰收的年份，一年储备5/10的粮食，那2年就有1年的储粮了。

其二，货币购储法："岁丰五谷登，五谷大轻，谷贾去上岁之分，以币据之"③；"春秋，子谷大登……币之在子者，以为谷而廪之州里"④。这就是丰收年景，粮价下跌，国家就要动用货币大量收购粮食，使粮食为君主所占用，储藏于地方州县的粮仓里，以备荒歉之需。

其三，鼓励民间储粮。管子曾对齐桓公说："今者夷吾过市，有新成囷京者二家，君请式璧而聘之。"齐桓公采纳了管仲的建议，奖赏了这两户建仓储粮者。使这两家"名显于国中，国中莫不闻。是民上则无功显名于百姓也，功立而名成；下则实其囷京，上以给上为君，一举而名实俱在也，民何为也？"⑤ 管子采用这种树榜样给重奖的办法，既有荣誉又有实惠，使全国人人效法，全民存粮，一为己用，二为国家。民间储粮可减少国家大量投资收购粮食建仓库，减少管理成本和损耗，藏粮于民，是最经济、方便的储粮方法。

墨子重视储备问题，认为国家和百姓都应该经常保持一定的粮食储备，把

① 《周礼·司徒下》。

② 《管子·事语》。

③ 《管子·山至数》。

④ 《管子·臣乘马》。

⑤ 《管子·轻重丁》。

这看作是一个关系到国家安危存亡的大问题。他认为如无储备或储备不足，"国离（罹）寇敌则伤，民见凶饥则亡"①。他还具体提出"国备"的思想，即"国无三年之食者，国非其国也；家无三年之食者，子非其子也"。国家和百姓家庭至少要有 3 年的粮食储备，这就是抗御天灾、兵祸所需的最低限度的储备②。为了增加粮食储备，墨子还提出"力时急，而自养俭"③的主张。"力时急"就是抓紧生产，"自养俭"就是自身要养成节俭。可见他的储备思想与生财、节用思想是相互联系的。

---

①②③　《墨子·七患》。

第八章 先秦人才选任、监察、考核思想

第一节 治国必须重视人才思想

一、孔子贤人政治思想

中国古代基本上是人治的社会，因此，治国者的素质关系到国家的兴衰成败。孔子十分重视人才在管理国家中的作用。他说："其人存，则其政举，其人亡，则其政息"，"故为政在人"①。在中国古代人治为主的社会中，选任官吏成为政治良窳的关键。贤人在位，政绩显著，国家就管理得好。一旦贤人不在了，良好政绩就消失了，国家的管理就可能出现问题。因此，孔子认为，要管理好国家，最关键的问题是"举贤才"②。

孔子意识到在治理国家中，选拔正直的、有才学的人居于高位，民众就会悦服；反之，民众将不会悦服。他说："举直错诸枉，则民服；举枉错诸直，则民不服。"③ 他既重视任人唯贤，但又指出在选拔人才时，不要求全责备。对于一个人的品德，要看主流，看大节，对小过要有宽大的胸怀，即所谓"赦小过"④。

孔子十分重视治国者的思想道德品格的素养，认为对于实现有效管理具有决定的意义和作用。他提出"君君"的思想，要求君主要像个君主，合乎君道：俭约克己，勤政廉洁；礼贤下士，任贤使能；博施济众，造福于民；心怀天下，以德服人，就能把国家治理好。

---

① 《礼记·中庸》。
②④ 《论语·子路》。
③ 《论语·为政》。

孔子主张贤人政治，认为执政者只要是"君子"、"仁人"、贤人，一切问题就可以解决。孔子的贤人政治思想主要包括两个方面：一是士人要努力学习、修养，使自己成为贤人，然后在治理国家中起表率作用。他说："上好礼，则民莫敢不敬；上好义，则民莫敢不服；上好信，则民莫敢不用情。夫如是，则四方之民襁负其子而至矣。"① 他认为治理国家是由己及人的一种关系和过程，即"修己以安人"，"修己以安百姓"②。这就是要严于律己，不断提高自己的道德修养，才能以德服人，使近者悦、远者来。因此，主张为政者必须从修身开始，榜样表率的作用是很重要的："其身正，不令而行；其身不正，虽令不从"，"苟正其身矣，于从政乎何有？不能正其身，如正人何？"③总之，执政者正，那在治理国家中便可不令而行，通行无阻。孔子从道德的角度把治理国家中的君臣关系、上下级关系作为上行下效的关系，强调榜样表率的重要作用，无疑具有积极的意义。但是从政治的角度看，治理国家中的君臣关系、上下级关系最根本的应是服从与被服从的关系，这是我们必须清醒地认识到的。

二是执政者要选举贤人入仕。孔子的学生子夏说："富哉言乎！舜有天下，选于众，举皋陶，不仁者远矣。汤有天下，选于众，举伊尹，不仁者远矣。"④子夏的这一见解得到了孔子的赞同，反映了孔子的思想。孔子对当政者置贤人而不顾深表不满，臧文仲当政时不用贤人柳下惠，他批评"臧文仲其窃位者与！"⑤

孔子认为，在治理国家中，能否选拔、任用那些德才兼备的人是一项十分重要的措施。《论语·子路》载：孔子的学生仲弓为季氏宰，问孔子如何才能处理好政事。孔子回答说："先有司，赦小过，举贤才。""先有司"，即当政者应该率先垂范；"赦小过"就是对人要宽容；孔子把"举贤才"放在与这两项措施同等的位置，作为从政最为重要的3项措施，可见其对人才问题的重视。

关于贤才的标准，孔子认为，应该是"志于道，据于德，依于仁，游于艺"⑥。这4条标准中，"道"、"德"、"仁"均属于道德品行方面的，"艺"则是指一技之长，可见，孔子最重视的是人才的品德，其次才是才能，总之是德才兼备。

孔子主张从文化素养较高的人中间选拔国家官吏，这就是"学而优则仕"。

①③　《论语·子路》。

②　《论语·宪问》。

④　《论语·颜渊》。

⑤　《论语·卫灵公》。

⑥　《论语·述而》。

二、墨子尚贤事能思想

尚贤，是墨子重要的政治主张之一。《墨子·尚贤上》指出："古者王公大人为政于国家者，皆欲国家之富，人民之众，刑政之治。然而不得富而得贫，不得众而得寡，不得治而得乱，则是本失其所欲，得其所恶，是其故何也？子墨子言曰：是在王公大人为政于国家者，不能以尚贤事（使）能为政也。"墨子认为当时各国的王公大人在主观上都想把国家治理好，但是，其客观效果却往往适得其反，其中最主要的原因就是不得其人。墨子进一步指出，各诸侯国之所以在治理国家中不得其人，是因为他们不知道尚贤的重要性："今王公大人，有一衣裳不能制也，必藉良工；有一牛羊不能杀也，必藉良宰。故当若之二物者，王公大人未知以尚贤使能为政也。"① 王公大人制衣屠牛都知道要借良工良宰之力，但是在治理国家这样重大的问题上，却不知尚贤使能。"亲戚则使之，无故富贵；面目姣好则使之，无故富贵。"②

针对当时这种任人唯亲、以貌取人的现象，墨子提出尚贤的原则应是任人唯贤，任人唯能。《墨子·尚贤中》指出：选用人才为政治国，应该是"不党父兄，不偏贵富，不嬖颜色。贤者举而上之，富而贵之，以为官长；不肖者抑而废之，贫而贱之，以为徒役"。同时，对于国家的官僚队伍，也应该实行优胜劣汰，"官无常贵，民无终贱"。

墨子的尚贤主张，较之儒家的尚贤主张又前进了一步。儒家虽然也主张尚贤，但是，亲亲、尊尊仍然是儒家治国思想中最重要的原则，他们并没有从根本上否定世卿世禄制度。而墨子主张不别亲疏，不论贵贱，唯才是举，显然从根本上否定了贵贱等级制和世卿世禄制。

正由于墨子看到当时"王公大人为政于国家者，不能以尚贤事能为政也"③，因此他十分重视贤士在治理国家中的作用："故国有贤良之士众，则国家之治厚；贤良之士寡，则治国之治薄。故大人之务，将在于众贤而已。"④ 一个国家治理得好坏，关键在于管理国家的贤良之士多寡。如贤良之士众多，那国家就能治理得好；如贤良之士寡少，那国家就治理得不好。因此君主治理国家的当务之急，就是要让贤良之士增多，这是"为政之本也"⑤。

他认为治理国家之所以需要贤良，是因为"贤良之士厚乎德行，辩乎言谈，博乎道术者乎。此固国家之珍，而社稷之佐也"⑥。

墨子提出贤良在治理国家中应起到"上下调和"的作用。对上："贤人唯

---

①②⑤ 《墨子·尚贤中》。
③④⑥ 《墨子·尚贤上》。

毋得明君而事之，竭四肢之力以任君之事，终身不倦。若有美善，则归之上。是以美善在上，而所怨谤在下；宁乐在君，忧戚在臣。"① 对下："为贤之道将奈何？曰：有力者疾以助人，有财者勉以分人，有道者劝以教人。若此则饥者得食，寒者得衣，乱者得治。若饥则得食，寒则得衣，乱则得治，此安生生。"②

三、孟子尊贤使能思想

孟子认为贤者治国处于关键地位，主张"尊贤使能，俊杰在位"③。他继承了孔子"举贤才"的思想，明确提出了尊贤使能的思想，主张任用官吏要尊尚贤者，使用能者，让他们在位在职，这是治国的关键。

孟子重视"尊贤"，认为"贵德而尊士，贤者在位，能者在职"④，国家才能兴盛；反之，"不用贤则亡"⑤，"不信仁贤，则国空虚"⑥。孟子在治理国家的思想中十分注重人才的选拔和任用，把能否提拔重用贤能之士提高到决定国家存亡的高度，这在先秦时代是极具战略眼光的。孟子还认为尊重贤才不能停留在口头上，只有重用贤才，发挥他们的才能才是真正的尊贤。在任用人才时，孟子反对论资排辈，反对讲究贵贱尊卑，不应该论出身，更不应当计较个人恩怨。他主张对贤人可以不次擢拔，把"舜发于畎亩之中，傅说举于版筑之间，胶鬲举于鱼盐之中"⑦作为从下层平民中选拔贤人的佳话和典型。

先秦儒家提倡"内圣外王"之道，把个人修养看做是治理好国家的前提。孔子就认为统治者品行的好坏将影响到政治的良窳："其身正，不令而行；其身不正，虽令不从。"⑧ 孟子在此基础上又演绎出一系列关于搞好个人修身同治理国家、取得事业成功的关系论述。他说："天下之本在国，国之本在家，家之本在身"⑨，做好天下、国家的事情，其基础在搞好统治者个人修养。这就是"君子之守，修其身而天下平"⑩。孟子有段名言说一个人如要成就一番事业，必须经受苦难的考验和生活的磨炼，培养出自己坚强的毅力和刚毅的性格："故天将降大任于是人也，必先苦其心志，劳其筋骨，饿其体肤，空乏其身，行拂乱其所为，所以动心忍性，曾益其所不能。"⑪

---

① 《墨子·尚贤中》。

② 《墨子·尚贤下》。

③④ 《孟子·公孙丑下》。

⑤⑦⑪ 《孟子·告子下》。

⑥⑩ 《孟子·尽心下》。

⑧ 《论语·子路》。

⑨ 《孟子·离娄上》。

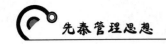
孟子认为君臣之间是一种双向互动的关系，而不是一种臣子绝对服从君主的单向关系。他对齐宣王说："君之视臣如手足，则臣视君如腹心；君之视臣如犬马，则臣视君如国人；君之视臣如土芥，则臣视君如寇仇。"① 孟子的这种君臣关系思想不仅在当时，即使在整个中国古代史，都是振聋发聩的。

四、荀子尚贤使能思想

在用人问题上，荀子也主张尚贤使能，认为这是国家兴衰存亡的关键。"故尊圣者王，贵贤者霸，敬贤者存，慢贤者亡，古今一也。"② 能不能尚贤使能，成为区分明君与暗君的重要标准之一，也是国家治乱的关键。《荀子·君道》指出："明主急得其人，而暗主急得其势。急得其人，则身佚而国治，功大而名美，上可以王，下可以霸；不急得其人，而急得其势，则身劳而国乱，功废而名辱，社稷必危。"

由于荀子认为贤者治国是关键，因此，主张"尚贤使能"，"无能不官"③，"贤能不待次而举，罢不能不待顷而废"④。可见，他也认为治国必须尊尚贤者，使用有才能的人。如果是贤能，应该破格提拔任用；发现没有才能的人，应该随时罢免。

关于贤能的衡量标准，荀子没有详细说明。在《荀子·臣道》中，荀子却确定了功臣与圣臣的标准，据逻辑推理，功臣与圣臣应是贤能不成问题，因此，功臣与圣臣的标准作为贤能的标准当也不会误差很大，基本上适用。荀子认为："内足使以一民，外足使以距难；民亲之，士信之；上忠乎君，下爱百姓而不倦，是功臣者也。上则能尊君，下则能爱民；政令教化，刑下如影；应卒遇变，齐给如响；推类接誉，以待无方；曲成制象，是圣臣者也。"以此类推，贤能的标准主要有两个方面：一是道德标准，上能忠于君主，下能仁爱百姓；二是个人的才能，即熟知国家内外政务，有应变、协调能力，足堪重任。

在用人的原则上，荀子主张"无德不贵，无能不官"，根据人的品德和才能而决定任免。荀子反对西周以来的世卿世禄制，认为统治者应该"无恤亲疏，无偏贵贱，唯诚能之求"⑤。统治者如能不任人亲疏贵贱，唯贤是举，求贤若渴，那天下尚贤便能蔚成风气。

荀子认为，贤人到处都有，就在眼前，不存在人才难得问题，关键在于君

---

① 《孟子·离娄下》。

② 《荀子·君子》。

③④ 《荀子·王制》。

⑤ 《荀子·王霸》。

主是否真的决心使用。他指出："人主之患，不在乎不言用贤，而在乎诚必用贤。"① 君主对于贤人应该大胆提拔，不必历阶而上，"贤能不待次而举"②。选贤用能要出于公，君主可以把财货珍宝送给亲信，但绝不可委之以官。

荀子还指出：使贤任能中最紧要的是善于择相，因为相是百官之首。《王霸》说："强国荣辱在于取相矣！身能，相能，如是者王。"荀子还意识到君主要维护自己的威势光有以相为首的外朝官僚系统还不够，还必须有一套"便嬖左右"，进行贴身活动，如收集情报、暗里监督官吏、调查社情等。

荀子看到历史上败亡的君主多半是由于拒谏饰非造成的，因此，建议君主在使贤任能中要"兼听"。"兼听齐明则天下归之"，"兼听齐明而百事不留"③。君主在决断时要仔细谨慎地分析事物的利弊，然后做出科学决策："见其可欲也，则必前后虑其可恶也者；见其可利也，则必前后虑其可害者也；而兼权之，孰计之，然后定其欲恶取舍，如是则常不失陷矣。"④

君主须有臣下的佐助才能成其事，如何对待选任臣下，荀子提出了"好同"的主张："正义之臣设，则朝廷不颇；谏争辅拂之人信，则君过不远；爪牙之士施，则仇雠不作；边境之臣处，则疆垂不丧。故明主好同而暗主好独。明主尚贤使能而飨其盛，暗主妒贤畏能而灭其功。"⑤ "好同"、"使能"强调治理国家不能只靠君主一个人，君主应发挥臣下的不同才能，共同把国家治理好。

五、《大学》《中庸》修身治国思想

一个儒者要实现自己治国、平天下的抱负，首先要严格进行"修身"，即做好自己的道德、学说方面的修养，其路径是从"格物"、"致知"入门，然后上升到道德思想的修养，即"诚意"、"正心"；从"修身"、"齐家"做起，扩展到"治国"、"平天下"⑥。这就是著名的儒家内圣外王之学，对后世影响极其深远，历代清廉正直勤政的官员无不从中汲取精华。

《大学》继承发展了孔子治理国家者必须修身、由己及人的思想，提出："古之欲明明德于天下者，先治其国；欲治其国者，先齐其家；欲齐其家者，先修其身；欲修其身者，先正其心；欲正其心者，先诚其意；欲诚其意者，先

① 《荀子·致仕》。
② 《荀子·王制》。
③ 《荀子·君道》。
④ 《荀子·不苟》。
⑤ 《荀子·臣道》。
⑥ 《礼记·大学》。

致其知。致知在格物。"这就是为后世所一直传诵的格物、致知、诚意、正心、修身、齐家、治国、平天下的治国理念。其中修身是枢纽,格物、致知、诚意、正心是修身的方法与途径,是治己的内在修炼;而齐家、治国、平天下则是修身所要达到的目标,是治己的外在扩大。

《大学》之所以重视治国者(尤其是最高统治者)的个人修养与品质,是因为作者认为这是政治成败之本:"一家仁,一国兴仁;一家让,一国兴让;一个贪戾,一国作乱,其机如此。此谓一言偾事,一人定国。"① 其意思是说,统治者一家仁,一国跟着兴仁;一家兴礼让,一国跟着兴礼让;一人贪暴,一国跟着作乱。事情的关键就在于此。一句话就能坏事,一人就能使国家安定。历史证明,在中国古代封建专制君主统治之下,帝王一人往往对治理国家产生关键性的影响。

《中庸》作者认为,各种法规制度必须通过人才能得到执行:"礼仪三百,威仪三千,待其人而后行。"② 礼是固定的、凝化的东西,而人是活的因素。所以"文武之政,布在方策。其人存,则其政举;其人亡,则其政息"。《中庸》作者在人与政治制度的关系中,认为人是第一位的,而制度、法律等是第二位的,政治制度只有通过人(管理者)才能发挥作用。

第二节 对人才选任思想

一、对人才考察思想

先秦在选拔人才时,已注意对人才的考察。孔子说:"今吾于人也,听其言而观其行。"③ 墨子则云:"听其言,迹其行,察其所能。"④ 这里,孔子强调考察人不仅听其言,更重要的还要看其行动;墨子则进一步认为不仅听其言、看其行动,还要考察其能力。《吕氏春秋·观表》则把对人的考察提高到哲学层面加以认识,通过人外露的言行来审知其内在本质,而又不为表面现象所迷惑,做到透过现象看本质。《观表》云:"凡论人心观事传,不可不熟,不可不

---

① 《礼记·大学》。
② 《礼记·中庸》。
③ 《论语·公冶长》。
④ 《墨子·尚贤中》。

深……人事皆然，事随心，心随欲。欲无度者，其心无度；心无度者，则其所为不可知矣。人之心隐匿难见，渊深难测，故圣人于事志焉。圣人之所以过人以先知，先知必审征表。无征表而欲先知，尧舜与众人同等。征虽易，表虽难，圣人则不可以飘矣。"

在具体观察人的方法上，先秦思想家也提出了各种思路。如孔子在《论语·为政》中提出："视其所以，观其所由，察其所安，人焉廋哉？人焉廋哉？"意思是说，考察一个人所结交朋友，观察他为达到目的所采取的手段，了解他们的心情，看他安于什么，不安于什么，那么，这个人的本来面目怎么隐藏得住呢？《逸周书·官人解》则从人的社会地位、年龄大小视角来观察人。就社会地位来看，"富贵者，观其有礼施；贫贱者，观其有德守；嬖宠者，观其不骄奢；隐约者，观其不慑惧"。就年龄来看，"其少者，观其恭敬好学而能悌；其壮者，观其廉洁务行而胜私；其老者，观其思慎而益强"。

姜尚认为要任用贤人，首先必须知人。对此，他提出"八征"之法："一曰问之以言，以观其详；二曰穷之以辞，以观其变；三曰与之间谋，以观其诚；四曰明白显问，以观其德；五曰使之以财，以观其廉；六曰试之以色，以观其贞；七曰告之以难，以观其勇；八曰醉之以酒，以观其态。八征皆备，则贤、不肖别矣。"[①] 这里，考察贤人的 8 种方法不尽科学，但其考察贤人的 8 个方面至今仍值得借鉴，至少说这是作为一位政府官员所必须具备的基本素质：善于言辞、随机应变、诚实不欺、忠厚有德、廉洁不贪、坚贞戒色、勇敢果断、风度形象。

《吕氏春秋·论人》则比较全面地提出从 8 个方面来观察一个人的好坏："凡论人，通则观其所礼，贵则观其所进，富则观其所养，听则观其所行，止则观其所好，习则观其所言，穷则观其所不受，贱则观其所不为。"此"八观"法如再进一步加以归纳，大致是 4 个角度，即一是从人所处的境况来观察，"通"指人的境况顺利时，"穷"则指人的境况坎坷时；二是从人的社会地位来观察，即"贵"与"贱"；三是从人的经济状况来观察，即"富"与"贫"（原文缺贫）；四是从人的日常行为来观察，即"听"、"止"、"习"。考察一个人，必须观察其在境况顺利时是否得意忘形、不遵循礼节；社会地位尊贵时是否不思进取，不求上进；有钱时是否养尊处优，生活奢侈；听其说话时应注意他是否言行一致；当其休闲时观察他的兴趣爱好；当其在学习时听他发表了什么言论；在其坎坷时观察他拒绝不接受什么；当其社会地位下贱时观察他不做

---

① 《太公六韬·龙韬·选将》。

什么。

先秦时期，有的思想家还提出通过观察人在各种情感下的反应来考察人才。如《逸周书·官人解》提出："喜之以观其轻，怒之以观其重，醉之酒以观其恭，从（纵）之色以观其常，道之以观其不二，昵之以观其不狎。"《吕氏春秋·论人》则把观察人的各种情感反应来考察人才归纳为"六验"："喜之以验其守，乐之以验其僻，怒之以验其节，惧之以验其特，哀之以验其人，苦之以验其志。"

这一时期，对于考察人才中是否把群众的口碑作为一项重要的参考依据，各流派思想家有不同的看法。孔子比较重视老百姓的口碑，并提出了一个比较客观的判断方法。《论语·子路》载：子贡问孔子："乡人皆好之，何如？"孔子说："未可也。"又问："乡人皆恶之，何如？"孔子又说："未可也。不如乡人之善者好之，其不善者恶之。"可见，孔子认为并不是全乡人都说他好，他就真好；也不是全乡的人都说他坏，他就真坏。要全乡的好人都说他好，而全乡的坏人都说他坏，他才算是一个真正的人才。

《太公六韬》认为当时国君口喊举贤，而实际上却总举不出好的人才，"其失在君好用世俗之所誉，而不得其贤也"。其关键问题在于："君以世俗之所誉者为贤，以世俗之所毁者为不肖，则多党者进，少党者退。若是则群邪比周而蔽贤，忠臣死于无罪，奸臣以虚誉取爵位，是以世乱愈甚，则国不免于危亡。"① 的确，《太公六韬》的作者看到了问题的另一面，即国家如以世俗的毁誉为标准来选拔贤人，结果奸邪之人就会结党营私，互相吹捧，控制舆论，以虚誉得到国君的信任和重用，而那些真正的贤人忠臣则被诋毁，甚至死于无罪。这样就会造成政治上的混乱，甚至使国家危亡。

有鉴于当时曾出现过这种情况，因此，《晏子春秋·内篇问上》告诫统治者："君无以靡曼辩辞定其行，无以毁誉非议定其身。"孟子则进一步具体建议君主不能只听左右的人对人的褒贬，而应倾听群众的意见，然后还要进一步考察，发现确实贤，便可任用，发现确不贤，便可免去。《孟子·梁惠王下》载：齐宣王请教孟子："吾何以识其不才而舍之？"孟子回答说："左右皆曰贤，未可也；诸大夫皆曰贤，未可也；国人皆曰贤，然后察之；见贤焉，然后用之。左右皆曰不可，勿听；诸大夫皆曰不可，勿听；国人皆曰不可，然后察之；见不可焉，然后去之。"

---

① 《太公六韬·文韬·举贤》。

二、对人才试用思想

由于知人不易，要选拔出真正能担负治理国家重任的贤才相当困难，因此，先秦时期思想家有的主张贤才必须经过试用才能正式任用。相传人才试用思想在尧舜时代就已萌芽："夫尧恶得贤天下而试舜，舜恶得贤天下而试禹。"高诱注曰："恶，安；试，用也。何以得贤于天下能用舜禹？"① 其意是舜、禹都是在被试用于处理国事、民事的重职，经过试用考察合格后，才被正式委以治国的重任。

《国语·齐语》记载齐桓公把任贤作为一项基本的政策，发布命令，要乡长"进贤"。如有贤人而不报，谓之"蔽贤"，"蔽贤"是犯罪行为，要受到处罚。据说齐桓公还实行了"三选"制度。乡长所进的贤是不是真有本领呢？要在实际行政中考察。"役官"一年后，要进行评定，叫"书伐"，这是第一选。"书伐"之后，对其中贤者"复用之"，即提升，这是第二选。然后再加以考察，对其中有才干者委以大任，这是第三选。

孔子主张对君子、小人应分别用不同的事情进行试用、考察。他提出："君子不可小知而可大受也，小人不可大受而可小知也。"② 这就是对于君子是不可用小事情来试用，而可以让其接受大事情的试用考察；对于小人，不可以重大事情来试用考察，却可以小事情来试用考察。

《逸周书·官人解》则具体地设计了5种不同性质的事情对人才进行试用考察，从而对人才的德才有一比较全面客观的评价："设之以谋，以观其智；示之以难，以观其勇；烦之以事，以观其治；临之以利，以观其不贪；滥之以乐，以观其不荒。"可见，《逸周书》作者主张通过用有计谋的事情，来试用考察人才的智慧；用有危难的事情，来试用考察人才的勇敢；用十分繁杂的事情，来试用考察人才的条理；用能谋到私利的事情，来试用考察人才的贪廉；用能带来吃喝玩乐的事情，来试用考察人才是否荒淫。

战国末期韩非也认为光是听言不足以察人，必须以官职来试用考察，才能判断一个人的愚智。他说："观容服，听辞言，仲尼不能以必士；试之官职，课其功伐，则庸人不疑于愚智。"③ 可见，他认为如果对一个人只看他的容貌、服装，听他的言辞，即使孔子也不能判断其是否为贤才；如果以官职试用他，然后考察其政绩，则平庸的人也能判断其是愚是智。

---

① 《吕氏春秋·谨听》。

② 《论语·卫灵公》。

③ 《韩非子·显学》。

《韩非子·内储说上》中以"滥竽充数"这一著名寓言说明对人才逐一任用考察的重要性:"韩昭侯曰:'吹竽者众,吾无以知其善者。'田严对曰:'一一而听之。'"于是没有真才实学的南郭先生便混不下去了。

三、唯才是举思想

对人才的考察其目的是达到要选任贤才来治理国家。据《左传》和《史记·五帝本纪》记载,相传"昔高阳氏有才子八人,世得其利,谓之八恺","高辛氏有才子八人,世谓之八元","此十六族者,世济其美,不陨其名,至于尧,尧未能举,舜举八恺,使主后土,以揆百事,莫不时序。举八元,使布五教于四方,父义,母兹(慈),兄友,弟恭,子孝,内平,外成"。可见,早在舜时代,统治者就认识到通过荐举贤才为民众树立良好榜样,达到社会风尚正义、慈爱、恭敬、孝顺、平和、诚实等。

孔子也认识到"举贤才"对社会和国家治理的正面效应。他说:"举直错诸枉,能使枉者直。"子夏进一步阐释道:"舜有天下,选于众,举皋陶,不仁者远矣。汤有天下,选于众,举伊尹,不仁者远矣。"[1] 孔子及其弟子子夏的看法是把正直的人选拔出来,能对邪恶的人起矫正作用,并使那些邪恶的人远离权力中心。孔子还说:"举直错诸枉,则民服;举枉错诸直,则民不服"[2],"举善而教不能,则劝"[3]。即荐举了贤才就会使人才服从并互相勉励上进。

由于选拔贤才对于治理国家、社会风尚有很好的正面效应,因此,先秦时期,许多思想家都一致主张选拔贤才,黜退"不肖"者。《太公六韬·文韬·上贤》就提出"上贤,下不肖"的总原则。《礼记·王制》记述了西周时"上贤以崇德,简不肖以绌恶"的用人治国基本政策。战国时期商鞅则把是否选拔贤才看作国家政治良窳的一项重要举措:"明主在上,所举必贤";"不明主在上,所举必不肖"。举贤为"重治",举不肖为"重乱"[4]。

还有更多的思想家从当时的现实情况出发,提倡举荐贤才不论亲疏贵贱贫富,不论资排辈,不以国君喜恶为依归,不避亲仇。

《管子》认为,君主驭臣之术,必须重视选臣。选臣要有一个标准,《管子·重令》把它总结为德、功、能3个方面,具体体现为7项标准:①"察身能而受官";②"不诬于上";③"谨于法令以治";④"不阿党";⑤"竭能尽力而不尚得";⑥"犯难离患而不辞死";⑦"受禄不过其功,服位不侈其能,

① 《论语·颜渊》。
②③ 《论语·为政》。
④ 《商君书·画策》

不以毋实虚受者"。这7项标准中，最受重视的还是德，如第2项不欺蒙君主，第3项行事谨遵法令，第4项不结党营私，第5项竭尽能力办事而不计较报酬，第6项敢于面对艰难险阻而不惜牺牲生命等都是有关品德方面的。其次才是功、能，如第1项按照自身的才能接受相应的官职，第7项保持的职位与其才能相当均是要求官吏才能应与职位相当；而第7项中享受的俸禄与其功绩相称则是有关功绩方面的。

晏子则主张选拔人才不以国君的喜恶为依归："晏子相景公，其论人也，见贤而进之，不同君所欲；见不善则废之，不辟君所爱。"① 君主不喜欢的，只要贤，晏子照样提拔荐举他；君子喜爱的亲信，只要不贤，晏子照样罢免他。

《墨子·尚贤中》提出："古者圣王，甚尊尚贤而任使能，不党父兄，不偏贵富，不嬖颜色。贤者举而上之，富而贵之，以为官长；不肖者抑而废之，贫而贱之，以为徒役。"《墨子·尚贤上》中也说："古者圣王之为政，列德而尚贤。虽在农与工肆之人，有能则举之。""故官无常贵，而民无终贱，有能则举之，无能则下之，举公义，避私怨。"这里，墨子大胆打破当时森严的等级制度，不仅不以尊卑贵贱作为选拔人才的依据，而且还提出"官无常贵而民无终贱"的思想，即贤者上之为官长，就变为富贵，不肖者废之为徒役，就变为贫贱。孟子也主张："国君进贤，如不得已，将使卑踰尊，疏踰戚，可不慎与？"② 只要是贤才，原来地位低的可以提拔超过原来地位高的，原来疏远的可以提拔超过原来亲信的。

在选贤任能中，墨子还特别强调对士（知识分子）的重视和选用。《墨子·亲士》第一句话就说："入（治）国而不存（优待）其士，则国亡矣。见贤而不急（任用），则缓其君矣……缓贤忘士，而能以其国存者，未曾有也。"可见，墨子认为治理一个国家，如果不关心和优待知识分子，那就要亡国了。如果能真正地选拔出贤人治国，让他们主持政务，就能"下施之万民，万民被其利"；贤者之道，"其为政乎天下也，兼而爱之，从而利之……爱利万民"③。从而使天下之民互利，"若此，则饥者得食，寒者得衣，乱者得治"④。

墨子尚贤思想中有一种十分可贵的观点，就是反对贵族世袭制，反对仅仅

① 《晏子春秋·外篇下》。

② 《孟子·梁惠王下》。

③ 《墨子·尚贤中》。

④ 《墨子·尚贤下》。

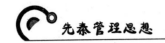

从社会上层人士中选拔人才，而主张在社会各个阶层中荐贤举能，不问身世，只要是贤者，就应该举荐任事。他明确指出："圣王之为政，列德而尚贤，虽在农与工肆之人，有能则举之，高予之爵，重予之禄，任之以事，断予之令……故官无常贵，而民无终贱，有能则举之，无能则下之。"①

荀子则提出选拔人才不要论资排辈："贤能不待次而举，罢不能不待顷而废。"确是贤才，不用像排队一样按次序提拔；确是无德无能之人，不用等待须臾片刻而立即罢免。

《韩非子·说疑》提出了"内举不避亲，外举不避仇。是在焉从而举之，非在焉从而罚之"。并在同书《外储说左下》以几个著名的事例来说明这一原则。如晋国名臣赵武举荐仇人刑伯子任中牟令，又举荐自己的儿子任中府令，晋平公感到奇怪。赵武说："外举不避仇，内举不避子。"叔向对晋平公说，赵武算最贤的人了，赵武"所举士也数十人，皆得其意，而公家甚赖之"。

韩非为了让国君能广纳贤才，做到野无遗贤，建议政府招贤时广开贤路、不拘一格："观其所举，或在山林薮泽岩穴之间，或在囹圄缧绁缠索之中，或在割烹刍牧饭牛之事。然明主不羞其卑贱也，以其能、为可以明法，便国利民，从而举之，身安名尊。"② 遗贤可能是深山湖泽中的隐者，如周初姜太公吕尚；可能是被囚禁在监牢里的罪犯，如春秋时期齐国的管仲；可能是在荒野牧牛羊的奴隶，如商朝的百里奚；可能是家中做饭的家奴，如商朝的伊尹；可能是一个普通的农夫或渔民，如尧时的舜。总之，不能因其卑贱而不求。《吕氏春秋》也指出，由于贤才难得，而对治理国家又极其重要，因此要不远万里偏僻，不辞辛劳，无因卑贱，广泛求贤。《吕氏春秋·谨听》云："故当今之世，求有道之士，则于四海之内，山谷之中，僻远幽闲之所。"《吕氏春秋·求人》则云："先王之索贤人，无不以也，极卑极贱，极远极劳。"没有这种广泛求贤的精神，是招致不了多少贤才的，"士其难知，唯博之为可，博则无所遁矣"③。

四、贵爵重赏、恭敬有礼招致人才思想

俗话说：人才难得，良才难令。贤才并非一经荐举就愿意前来效劳，也非一经鉴别就乐意为君主所用。春秋战国时期，诸侯国并立，贤才的任用是一个双向选择的过程，即君主要选拔贤才，但贤才也要选择效劳的君主。如《大戴

① 《墨子·尚贤上》。

② 《韩非子·说疑》。

③ 《吕氏春秋·报更》。

礼记·卫将军文子》载晏子之行："君虽不量于臣，臣不可以不量于君，是故君择臣而使之，臣择君而事之，有道顺君，无道横命。"《晏子春秋·内篇问上》也载：晏子说："士逢有道之君，则顺其令；逢无道之君，则争其不义，故君者择臣而使之，臣虽贱，亦得择君而事之。"正因为如此，《吕氏春秋·功名》概括君主招致贤士的第一前提为："人主贤则豪杰归之。故圣王不务归之者，而务其所以归。"君主要想广招贤才，就要被贤才瞧得起，也就是自己首先是贤君。《吕氏春秋·应同》认为，如国君昏庸，即使去请贤才，贤才也不会来的。而且不但不来，甚至原在本国的贤才也会出走。正如"覆巢毁卵，则凤凰不至；刳兽食胎，则麒麟不来；干泽涸渔，则龟龙不往"①。

当时，一些有识之士已认识到政府必须通过优厚的待遇来招揽人才。春秋时，齐桓公问管仲怎样才能招揽天下的豪杰、精材、良工，管仲回答说：选天下豪杰，"假而礼之，厚而勿欺，则天下之士至矣"；致天下精材，"五而六之，九而十之，不可为数"；来天下良工"三倍，不远千里"②。其意是说，招揽贤才，应恭敬有礼，忠实厚待，而不可欺诈，则天下贤才都会纷纷前来；收集精良的材料，值5个钱的给6个钱，值9个钱的给10个钱，在付费时适当优惠；招徕优良的工匠，能够出3倍于别人的工钱，远在千里之外的人也必然会来投靠。荀子也主张以"贵爵重赏"招揽贤才。他说："人主欲得善射，射远中微者，悬贵爵重赏以招致之。内不可以阿子弟，外不可以隐远人，能中是者取之，是岂不必得之之道也哉！虽圣人不能易也。欲得善驭（及）速致远者，一日而千里，悬贵爵重赏以招致之。"荀子批评有些君主，以贵爵重赏招揽善射、善驭的一技之长者，却不肯悬贵爵重赏招揽治国安民、保卫国家的贤才良将，"然而求卿相辅佐，则独不若是其公也，案唯便嬖亲比己者之用也，岂不过甚矣哉？"③ 这些君主在选择卿相时，却不像招善射者、善驭者那样公道，而专用自己周围的亲信和迎合自己的人，这难道不是大错特错吗？

古代贤才往往自视清高，不是单单优厚的待遇就能招致而来，还必须对他们恭敬有礼，这样贤才才会从四面八方前来效劳。正如前引管仲所言："假而礼之，厚而勿欺，则天下之士至矣。"这里的"礼之"就是对他们要恭敬有礼；"勿欺"也包含尊重的意思，因为如对人不老实、欺骗，其实是一种最大的不尊重。

---

① 《吕氏春秋·应同》。
② 《管子·小问》。
③ 《荀子·君道》。

西周初年，姜尚较早提出对待贤人要"尊以爵，赡以财……接以礼"[①]，"信贤如腹心"[②]；切忌"伤贤"、"蔽贤"、"嫉贤"[③]。姜尚提出的对待贤人的"四要三不"，深刻、精辟、系统地总结了如何才能留住人才、用好人才，即君主必须授予贤人爵位，使之有很高的社会地位；必须给予贤人很高的物质待遇，使之生活优裕；必须十分恭敬礼貌地接待贤人，使之感觉有很大的荣誉感；必须把贤人当作最值得信赖的心腹，这样才能使之尽心尽力为国家效劳。另外，切忌伤害贤人、湮没贤人和嫉妒贤人。君主治国如能做到这两方面，就能使国家富强。

《吕氏春秋》也认为："有道之士固骄人主，人主之不肖者亦骄有道之士。日以相骄，奚时相得？""贤主则不然，士虽骄之，而己愈礼之，士安得不归之？"[④]该篇还记述了5个礼遇贤士的例子，来说明必须对贤才恭敬礼貌，才能把他们招致来为自己效劳。如："齐桓公见小臣稷，一日三至，弗得见。从者曰：'万乘之主，见布衣之士，一日三至，而弗得见，亦可以止矣。'桓公曰：'不然，士傲禄爵者，固轻其主；其主傲霸王者，亦轻其士。纵夫子傲禄爵，吾庸敢傲霸王乎？'遂见之不可止。"[⑤]由此可见，齐桓公为礼遇贤士，三顾稷家，已创先例于三国刘备三顾茅庐之前几百年了。又如："魏文侯见段干木，立倦而不敢息。"君主去请教百姓中的贤者，站累了也不敢坐下歇息，可见礼贤下士之诚。

《吕氏春秋·报更》指出，优待贤才，贤才才会尽力竭智，因此，即使是小国财力不足，也要设法满足贤才的需求。"国虽小，其食足以食天下之贤者，其车足以乘天下之贤者，其财足以礼天下之贤者。"同书《不侵》还举了当时一个事例来说明：豫让在范氏中行氏门下时，衣食不得满足，在中行氏灭亡时他毫无报效之心；而他在智氏门下时，智氏待他很好，很有礼，豫让为智氏出了不少力。

五、察能授官思想

先秦时期，在任用贤才方面，大多数思想家主张按其能力大小授以相应的官职。如《墨子·尚贤中》提出任贤应"察其所能而慎予官"。墨子在《尚贤中》提出官员的行政能力必须与他的职务相称，这是为政的根本。他说："何以知尚贤之为政本也？曰：用贵且智者为政乎，愚且贱者则治；用愚且贱者为

---

①② 《三略·上略》。

③ 《三略·下略》。

④⑤ 《吕氏春秋·下贤》。

政乎，贵且智者则乱……且夫王公大人……不察其知而与其爱，是故不能治百人者使处乎千人之官，不能治千人者使处乎万人之官……夫不能治千人者使处乎万人之官，则此官什倍也，夫治之法将日至者也。日以治之，日不什修；知以治之，知不什益。而予官十倍，则此治一而弃其九矣。"① 墨子认为在治理国家中，如以能力差、地位低的人来管理能力强、地位高的人，那么后者就会不服管理而作乱，而且以能力差的人让其处于与能力不相称的较高管理职位上，那么就要增加许多官员来分担治理事务。

《管子·权修》也主张任贤的原则是"察能授官"。《荀子·君道》在这一原则基础上予以具体化："论德而定次，量能而授官，皆使其人载其事而各得其所宜，上贤使之为三公，次贤使之为诸侯，下贤使之为士大夫，是所以显设之也。"荀子在《荀子·儒效》中讲了小才大用的害处："能小而事大，辟之是犹力之少而任重也，舍粹（碎）折无适也。"小才大用会像力气小的人而负重物，使人碎骨折腰。因而，他观点鲜明地提出："无能不官。"②

在任用贤才方面，商鞅则与众不同，提出了另一种授官原则："国以功授官予爵"③，"论荣举功以任之"④。

韩非批判了商鞅的"以功授官"思想，指出商君之法曰："斩一首者爵一级，欲为官者为五十石之官。斩二首者爵二级，欲为官者为百石之官。官爵之迁，与斩首之功相称也。今有法曰斩首者令为医、匠，则屋不成而病不已。夫匠者，手巧也；而医者，齐药也。而以斩首之功为之，则不当其能。今治官者，智能也；今斩首者，勇力之所加也。以勇力之所加而治智能之官，是以斩首之功为医、匠也。"⑤ 韩非的批判是正确的，以依靠勇力斩首而立战功的人来当智能之官，就如同让一个战场勇士去当医生、工匠一样，这是不可能胜任的。因此，以功授官是不妥的。

对此，荀子提出了比较好的解决思路。他把功与赏相联系，把能与官相联系，主张"无能不官，无功不赏"⑥。换言之，即以能授官，论功行赏，立战功者如无能力就不能授予官职，通过行赏予以奖励。墨子也主张"量功而分禄"⑦，把任官与分禄区别开来，即有功的多给荣誉和享受，有能力的才授予官职。

① 《墨子·尚贤中》。
②⑥ 《荀子·王制》。
③ 《商君书·靳令》。
④ 《商君书·算地》。
⑤ 《韩非子·定法》。
⑦ 《墨子·尚贤上》。

　　韩非还认识到现实生活中极其杰出的人才十分罕见，因此，在治国中大量的工作要靠众多的中等人才来做，国君必须重视任用现实中大量的中等人才。他批判了那种羡慕古时人才多而忽视现实中中等人才的现象。他说："且夫百日不食以待粱肉，饿者不活；今待尧、舜之贤乃治当世之民，是犹待粱肉而救饿之说也。"他把这种崇古任才心理喻为"待古之王良以驭今之马"，"待越人之善海游者以救中国之溺人"①。他主张"无使近世慕贤于古"②。

　　既然以往杰出人才无法依靠，韩非进而提出："夫良马固车，五十里一置，使中手御之，追速致远，可以及也，而千里可日致也，何必待古之王良乎!"③千里马很少，现在像王良那样的好车夫也太少，但用一般的好车好马，每50里换马，中等的驾御者也可以日行千里。正由于现实中大量使用的是一般的好车好马和中等的驾御者，因此，"伯乐教其所憎者相千里之马，教其所爱者相驽马。千里之马时一，其利缓；驽马日售，其利急"④。千里马要很长时间才会出现一匹，实用性不大，故伯乐把相千里马之术教给其不喜欢的人；驽马天天都在买卖，必须仔细鉴别，实用性很强，故伯乐把相驽马的技术教给自己所疼爱喜欢的人。

六、任才所长思想

　　先秦许多思想家在任用贤才上还提出任才所长，不任其所短的思想。《管子·形势解》指出："明主之官物也，任其所长，不任其所短。故事无不成，而功无不立。乱主不知物之各有所长所短也，而责必备。"同书《七法》则批判了"绝长以为短，续短以为长"的任官现象。同书《君臣上》还进一步提出："明君之举其下也，尽知其短长，知其所不能益，若任之以事。贤人之臣其主也，尽知短长与身力之所不至，若量能而授官。上以此蓄下，下以此事上，上下交期于正，则百姓男女皆与治焉。"可见，管子认为：不但用人者要知被用者的长短，而且被用者要自知其长短，如任己所长则接受此官，若任己所短就不要接受。同书《牧民》还主张把"各为其所长"用到全体民众身上："使民于不争之官者，使各为其所长也"；"使民各为其所长，则用备"。其意是说，使在各种不同岗位上的人，都有其各自相应的特长，没有不恰当的让人争议；如能够按照各自的特长使用人民，则一切事业都会有合适的人掌管而不会感到人才缺乏。

---

　　①③　《韩非子·难势》。

　　②　《韩非子·用人》。

　　④　《韩非子·说林下》。

《晏子春秋·内篇问上》也主张要任人之长，不要勉强要求人家去做所短的官职："地不同生，而任之以一种，责其俱生不可得；人不同能，而任之以一事，不可责遍成。责焉无已，智者有不能给；求焉无厌，天地有不能赡也。故明王之任人，谄谀不迩乎左右，阿党不治乎本朝；任人之长，不强其短；任人之工，不强其拙。此任人之大略也。"

　　战国时期，孟子也批评了国君用人非所学、用人非所长的现象："夫人幼而学之，壮而欲行之，王曰：'姑舍汝所学而从我，则何如？'"①君王以自己的权力命令幼有专学的人放弃所长的学问技能而听从君王的安排，这是浪费人才、荒废人才。这一时期，韩非也以"使鸡司夜，使狸执鼠，皆用其能"的比喻，说明任人所长的思想："物者有所宜，材者有所施，各处其宜。"②

　　在先秦各思想家任人所长思想中，《墨子·尚贤中》和《大戴礼记·文王官人》比较具体地提出该如何用人所长。前者比较笼统地提出用人所长的原则："可使治国者使治国，可使长官者使长官，可使治邑者使治邑。"后者则比较详细地提出"九用"任人法，根据九种不同类型的人才分别委以不同的官职，可谓是当时国家任才的细则：一是"平仁而有虑者使是治国家而长百姓"，公正、仁义、有智慧的人才可作为国家治理民众的官员。二是"慈惠而有理者使是长乡邑而治父子"，仁慈、厚道而懂得事理者，可作基层和群众组织的领导。三是"直憨而忠正者使是莅百官而察善否"，正直、忠诚、信用者，可作为监察官员。四是"慎直而察听者使是长民之狱讼，出纳辞令"，公正、求实、善于明察者，可作为法官。五是"临事而洁正者使是守内藏而治出入"，凡事廉洁奉公者，可作为管仓库或财务的官员。六是"慎察而洁廉者使是分财、临货、主赏赐"，能谨慎、明察并廉洁公正者，可作为主管分配和赏赐的官员。七是"好谋而知务者使是治壤地而长百工"，善于谋划和经营事务者，可作为农业、手工业生产管理人员。八是"接给而广中者使是治诸侯而待宾客"，善于交际并能广交朋友的人可作为与各地诸侯、宾客打交道的外交官。九是"猛毅而度断者使是治军事卫边境"，勇敢、刚毅，善于估计形势而果断决策者，可作为军事统帅保卫边境。

　　慎到认为，君主驭臣之术应是善于发挥臣子的才智，让臣子去做各种具体的事务，而君收其利。相反，如君主事必躬亲，骋能恃才，把什么事都包揽下来自己干。这样，表面上君主很有权，实际上君主干的是臣子应该干的事，是把自己降低到臣子的地位。君主自以为自己最有本领、最聪明，其实是无本

――――――――――

　　① 《孟子·梁惠王下》。

　　② 《韩非子·扬权》。

事、缺乏管理才能的表现。因为"人君自任，而务为善而先下，则是代下负任蒙劳也，臣反逸矣"①。既然君主自己动手做了，那么臣子们谁还敢"与君争为善以先君"，只好把智慧藏起来，旁观君主的行动。一旦君主有失，"臣反责君"，使君主处于尴尬的地位。如果君主是个平庸之辈，而又摆出无所不能的架势，那更是要出乱子。即使"君之智最贤"，但一个人的能力、精力毕竟有限，"以一君而尽赡下则劳，劳则有倦，倦则衰，衰则复反于不赡之道也"。总之，君主的职责是用臣，而不是代臣行事。如代臣办事，"是君臣易位也，谓之倒逆，倒逆则乱矣"②。因此，慎到主张在治理国家中，应该"臣事事而君无事，君逸乐而臣任劳"，即君子应该垂拱而治，进行宏观把握，善于发挥臣子的才智，具体事务由臣子去做，而君主"仰成而已"③。

七、权责明确思想

韩非还提出，在任用人才时，要使各种官职责明确，就不会出现互相干涉、推诿或争权的现象。他打了两个比方来说明这个道理。王良、造父都是著名的驾车能手。若"令王良、造父共车，人操一边辔而入门闾，驾必败而道不至也"。田连、成窍都是著名的乐师，若"令田连、成窍共琴，人抚一弦而挥，则音必败曲不遂矣"④。

同时，韩非还主张给予官吏在职责范围的自主权："用一之道，以名为首。名正物定，名倚物徙。故圣人执一以静，使名自命，令事自定。不见其采，下故素正。因而任之，使自事之；因而予之，彼将自举之；正与处之，使皆自定之。"⑤ 其大意说，国君将所任官职明确职责，让所任官在职责范围内"自命"、"自事之"、"自举之"、"自定之"，国君只需按名督实，按照职责去考核并给予赏罚，即国君执赏罚之权以静观臣下之功就可以了，而不必过多地干涉官员的职责，给予他们职责范围内的自主权。

韩非认为作为一位领导人，对于自己所负责的事务，不可能事必躬亲，而是要善于指挥，善于用人。如他说："救火者，令吏挈壶瓮而走火，则一人之用也，操鞭箠指麾而趣使人，则制万夫。是以圣人不亲细民，明主不躬小事。"⑥而且韩非还进一步指出，在用人时，要用他人的智慧，而不是他的时间和气力，即"下君尽己之能，中君尽人之力，上君尽人之智"⑦。意谓只会用

---

①②③　《慎子·民杂》。

④⑥　《韩非子·外储说右下》。

⑤　《韩非子·扬权》。

⑦　《韩非子·八经》。

自己能力的人，算不上领导人；只能用他人气力的，则不过是普通的领导人；只有能激发部属竭尽其智慧的，才是杰出的领导人。

如前所述，韩非还提出国君在任用人才时，必须注意发挥各种人才的长处。与发挥人才长处思想相联系的是他还主张事有专属，人不兼差："明君使事不相干，故莫讼；使士不兼官，故技长；使人不同功，故莫争。争讼止，技长立，则强弱不觳力，冰炭不合形，天下莫得相伤，治之至也。"① "明主之道，一人不兼官，一官不兼事。"② 其所谓"使事不相干"，即于事有专属，职责分明，以致遇事不会互相推诿，故不会争讼；也不会遇到有了政绩大家互相争功，故不会争夺。"使士不兼官"，"一人不兼官"则使人才不兼差，故能全心全意做好一件事，以致业务熟谙，"故技长"。

八、对人才应赏罚分明思想

先秦许多思想家都认识到在任用贤才中为更好地发挥人才的作用，必须给予人才较高的待遇，并进行考核赏罚，这样才能对人才形成很好的激励机制。

《太公六韬·文韬·赏罚》记载，周文王设赏罚的目的是："赏一以劝百，罚一以惩众。"他向吕尚请教如何达到这一目的，吕尚回答说："凡用赏者贵信，用罚者贵必。赏信罚必于耳目之所闻见，则不闻见者莫不阴化矣。夫诚畅于天地，通于神明，而况于人乎。"可见，周文王与吕尚都认为赏罚并不只是针对被赏罚的一些人，其更深的用意是通过赏罚一些所闻见的人，达到对广大民众劝善惩恶的效果，使全社会形成一种向善弃恶的风尚。

墨子在选贤任能中主张，尊崇贤能不仅要"以德就列，以官服事"，还要做到"以劳殿（定）赏，量功而分禄"，即根据贤者的政绩和贡献的大小，来确定他们的报酬多少。他说："譬若欲众其国之善射御之士者，必将富之，贵之，敬之，誉之，然后国之善射御之士将可得而众也。"而"贤良之士"，"此固国家之珍而社稷之佐也，亦必且富之，贵之，敬之，誉之，然后国之良士亦将可得而众也"③。墨子认为，给贤士很高的待遇，主要还不是为了赐给他们，而是让贤才有必要的条件把治理国家的事业做好。只有适当的激励机制，才能使他们忠于职守，尽心竭力做好工作。他指出，国君在任用贤人的同时，要颁赐爵位使他显贵，分给土地使他富裕，才能使他竭尽全力为明君效力，为国家服务。墨子以古代贤君任人制禄为例来说明这一道理："古者圣王唯毋得贤人

---

① 《韩非子·用人》。
② 《韩非子·难一》。
③ 《墨子·尚贤上》。

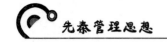
而使之，般（颁赐）爵以贵之，裂地以封之，终身不厌。贤人唯毋得明君而事之，竭四肢之力，以任君之事，终身不倦。"① 墨子还进一步指出，使贤者有显贵的社会地位、丰厚的俸禄另有更深层次的用意，因为"爵位不高，则民不敬也；蓄禄不厚，则民不信也；政令不断，则民不畏也"②。所以对真正贤能的人，君主必须"高予之爵，重予之禄，任之以事，断予之令"，这样，人民就会尊敬他，信任他，惧怕他，就能"欲其事之成也"③。这就是墨子所谓用贤要置"三本"，即使贤者有地位、有钱、有权，才能使他们有效地把国家治理好。

《管子》对贤才提出"爵授有德"，"禄予有功"④ 的待遇原则，要求做到"有功必赏，有罪必诛"⑤，以达到"使贤者食于能，斗士食于功"⑥ 的效果。但在授予爵与禄时，必须对将被授予爵禄者进行谨慎地考察："君之所审者三：一曰德不当其位，二曰功不当其禄，三曰能不当其官。此三本者，治乱之原也。故国有德义未明于朝者，则不可加于尊位；功力未见于国者，则不可授以重禄；临事不信于民者，则不可使任大官。"⑦

荀子认为君主在实行赏罚时都不要过头，赏过了头，使小人占了便宜，罚过了头，使贤才受到伤害。如果过头有时是难免的话，那么宁可赏过头让小人占点儿便宜，也不要罚过了头使贤才受到冤枉。

在韩非心目中，赏与罚实乃领导人统御下属的二柄："明主之所导制其臣者，二柄而已矣。二柄者，刑德也。何谓刑德？曰：杀戮之谓刑，庆赏之谓德。为人臣者，畏诛罚而利庆赏，故人主自用其刑德，则群臣畏其威而归其利矣。"⑧ 韩非认识到用赏罚统御下属是由人的趋利避害本性所决定的："凡治天下，必因人情。人情者，有好恶，故赏罚可用。赏罚可用，则禁令可立；禁令可立，而治道具矣。"⑨

在具体实施赏罚的措施中，韩非提出了 5 个法则：其一，奖赏的标准不宜太高，使人通过努力可以达到；惩罚的标准不宜太低，使人通过注意可以避免。这是因为奖赏标准定得太高，人们可望而不可即，以致形同虚设，那就失去奖赏的意义；惩罚要是定得太低，人们动辄得咎，那会使百姓手足无措，也

---

①②③　《墨子·尚贤中》。

④　《管子·问第》。

⑤　《管子·七法》。

⑥　《管子·法法》。

⑦　《管子·立政》。

⑧　《韩非子·二柄》。

⑨　《韩非子·八经》。

失去惩罚的作用。正如韩非所说："明主立可为之赏，设可避之罚。故贤者劝赏，而不见子胥之祸；不肖者少罪，而不见偞剖背；盲者处平，而不遇深溪；愚者守静，而不陷险危。如此，则上下之恩结矣！"① 即所设立的奖赏是人们通过努力可以做到的，所设的惩罚是人们通过努力可以避免的。如果君主所立的赏是人们经过努力做不到的，所设的罚是人们经过努力难以避免的，那么这样赏罚就达不到奖善惩恶的目的了，不但达不到目的，而且"人主立难为而罪不及，则私怨生；人臣失所长而奉难给，则伏怨结"②。这种怨恨于国于君都不利，是隐藏的祸患。

其二，设定赏罚标准后，一定要付诸执行，否则，赏罚就失去作用。韩非指出："必于赏罚，赏罚不阿则民用。"③ 他认为赏罚的作用是"必罚明威"，"信赏尽能"④，"今有功者必赏，赏者不得（德）君，力之所致也；有罪者必诛，诛者不怨上，罪之所生也。民知诛罚之皆起于身也，故疾功利于业，而不受赐于君"⑤。

其三，必须厚赏重罚，才能较好地发挥劝惩的作用。韩非说："赏厚而信，人轻敌矣；刑重而必，人不北矣。"⑥ 其用意不仅是强调信赏必罚，而且还要注意"赏厚""刑重"。他认为："赏莫如厚，使民利之；誉莫如美，使民荣之；诛莫如重，使民畏之。"⑦

其四，赏罚必须得当。韩非提出："明主赏不加于无功，罚不加于无罪。"⑧ 这是因为"赏无功，则民偷幸而望于上；不诛过，则民不惩而易为非，此乱之本也"⑨。由此可见，韩非认为如果"赏无功"，就会使民众侥幸希望得到国君的奖赏；有罪而不加惩罚，就会使民众易于违法乱纪。韩非还特别强调对官员更应该赏罚得当，如赏罚不当，其不良后果将更严重。他说："明君无偷赏，无赦罚。赏偷则功臣堕其业，赦罚则奸臣易为非。"⑩ 所以，他建议："诚有功，则虽疏贱必赏；诚有过，则虽近爱必诛。"⑪

其五，赏罚必出自君主。韩非认为赏罚是君主驭臣之二柄，因此，只能是君主独有，而不可与臣下共有。如果与臣下共有，那就可能威胁到君主的权

---

① ②　《韩非子·用人》。

③　《韩非子·六反》。

④　《韩非子·内储说上》。

⑤　《韩非子·难三》。

⑥ ⑨　《韩非子·难二》。

⑦　《韩非子·八经》。

⑧　《韩非子·难一》。

⑩ ⑪　《韩非子·主道》。

势。正如《韩非子·二柄》所云:"今人主非使赏罚之威利出于己也,听其臣而行其赏罚,则一国之人皆畏其臣而易其君,归其臣而去其君矣,此人主失刑德之患也。"《韩非子·内储说下》也说:"权势不可以借人,上失其一,臣以为百。故臣得借则力多,力多则内外为用,内外为用则人主壅。"因此,他强调:"赏罚共,则禁令不行。"① 并借文子之言说:"赏罚之为道,利器也,君固握之,不可以示人。"②

第三节 对官吏监察考核思想

一、君主治国必须重视对官吏的监察、考核

先秦时期的主流意识一般认为,君主是全社会最高和唯一的主人,世上的一切财物及所有的人都归君主所有。《诗经·北山》最早把上述观念做了表述:"溥天之下,莫非王土;率土之滨,莫非王臣。"对此,宋儒程颐做了进一步的诠释:"天子居天下之尊,率土之滨,莫非王臣……凡土地之富,人民之众,皆王者之有也。"③ 君主是整个国家的所有者,但君主即使有三头六臂,也不可能独自一人把国家管理好,必然要委托大量的各级官吏,为其对国家进行管理。这些接受委托的官吏,其在治理国家中政绩如何,是否有不忠于君主的行为,是否有贪污受贿、徇私枉法等行为,君主必须通过另派官员进行监督和考核才能知晓。

人才的选拔和使用离不开考核,《尚书·舜典》中记载:"三载考绩,三考,黜陟幽明,庶绩咸熙。"通过三年一次考核官吏,使昏庸者黜降,精明干练者升迁。《周礼·冢宰·小宰》中也记载小宰以六计课群吏:"一曰廉善,二曰廉能,三曰廉敬,四曰廉正,五曰廉法,六曰廉辨。"可见,当时对官吏考核的内容已相当详细具体,内容涉及被考核对象的个人品德、才能、工作态度等方面,即第一审察他们是否把事情做好,第二审察他们是否能彻底推行政令,第三审察他们处理公务是否谨慎勤勉,第四审察他们是否公正廉直,第五审察他们是否守法,第六审察他们是否能明辨是非。

---

① 《韩非子·外储说右下》。
② 《韩非子·内储说上》。
③ 《伊川易传·周易上经》。

《管子》说："成器不课不用，不试不藏。"① 其意是说，即使是有能力有才干的人，不经过考核和试用，也不能轻易加以录用。

墨子也很强调对官吏的考核，提出："古者圣王之为政……以德就列，以事服官，以劳殿赏，量功而分禄。故官无常贵，而民无终贱，有能则举之，无能则下之。"② 可见，墨子更全面地主张君主治理国家，必须依据才德来安排官职，并考核其勤政程度、政绩大小来予以分等级赏罚，给予不同俸禄。有才的人就举荐升迁，没有才能的人就降黜免职，所以官员与平民之间的贵贱差别不是永远不会改变的。

商鞅为了强化君主专制统治，初步提出了建立独立的监察机构的理论，即君主对众多官吏必须进行监督，而且他们不可能自己监督自己，必须派与这些官吏无利害关系的人对他们进行监督。他说："今恃多官众吏，官立丞、监。夫置丞立监者，且以禁人之为利也。而丞、监亦欲为利，则何以相禁……今乱国不然，恃多官众吏，吏虽众，同体一也。夫同体一者，相（监）不可。"③

尔后，法家的集大成者韩非也一再强调对官吏进行监察、考核的重要性，认为这是圣明的君主在治理国家中不可或缺的："明君之道……计功而行赏，程能而授事，察端而观失，有过者罪，有能者得，故愚者不任事，智者不敢欺，愚者不得断，则事无失矣"④；"有道之主，听言、督其用，课其功，功课而赏罚生焉，故无用之辩不留朝"⑤；"明主听其言必责其用，观其行必求其功"⑥。由此可见，君主在治理国家中，通过对官吏的监察与考核，才能清楚了解他们的功过得失，从而进行赏罚，最终使有智慧才能的人不敢欺诈舞弊，愚笨无能的人无权做出决断处事，那君主在治理国家中就不会有什么失误。这正如韩非所说的："吏者，民之本、纲者也，故圣人治吏不治民。"⑦ 治吏的主要手段就是加强对官吏的监察和考核。

《吕氏春秋》中所说的"无为"是指"因而不为"。《任数》说："古之王者，其所为少，其所因多。因者，君术也；为者，臣道也。"《知度》明确指出："有道之主，因而不为。"这里所谓的"因"，是指由君主掌管决定大政方针，发号施令，实际上就是最高统治权。而各级官吏则不过是"治其事以待

① 《管子·七法》。
② 《墨子·尚贤上》。
③ 《商君书·禁使》。
④ 《韩非子·八说》。
⑤ 《韩非子·八经》。
⑥ 《韩非子·六反》。
⑦ 《韩非子·外储说右下》。

主"，即为君主负责处理日常事务。所以《圜道》指出："令者，人主之所以为命也，贤不肖安危之所定也。""令出于主口，官职受而行之，日夜不休，宣通下究，瀸于民心，遂于四方，还周复归，至于主所，圜道也。"在《吕氏春秋》作者看来，"万物殊类殊形，皆有分职，不能相为"①。君主既然居于最高统治地位，决定大政方针，也就不能亲身去做官吏的职事。如果"人主好治人官之事，则是与骥俱走也，必多所不及矣"②。那就是君主如去做官吏的职责，那就肯定许多事都做不好。君主所做事情就是驾驭群臣，只要"审分"、"正名"、"督名审实"即可，即加强对群臣的监督与考核，而具体事务则应放手由臣下去执行。反之，如果君主事必躬亲，"好以己为，则守职者舍职而阿主之为矣。阿主之为有过，则主无以责之"。结果，"人主日侵，而人臣日得。是宜动者静，宜静者动也。尊之为卑，卑之为尊，从此生矣。此国之所以衰，而敌之所以攻之者也"③。总之，《吕氏春秋》作者认为"善为君者，劳于论人，而佚于官事"，这就是"得其经也"。相反，"不能为君者，伤形费神，愁心劳耳目，国愈危，身愈辱"，这是由于"不知要故也"④。

《吕氏春秋》作者重视君主在治国中对臣下的任用、监督与考核，其纲要是"定分"、"核名实"与"督听"等。《吕氏春秋·慎势》说："治天下及国，在乎定分而已矣。"《吕氏春秋·处方》也说，治国有本，"其本也者，定分之谓也。"所谓"定分"，就是明确规定臣下的"职分"，即职责。然后君主根据臣下的职责进行监督、考核。《吕氏春秋·审分》提出："王良之所以使马者，约审之以控其辔，而四马莫敢不尽力。有道之主，其所以使群臣者亦有辔。其辔何如？正名审分，是治之辔已。故按其实而审其名，以求其情；听其言而察其类，无使放悖。"这里，作者把君主对群臣的监督考核比喻为驾马车的辔，君主只有控制好了辔，对臣下进行约束和鞭策，才能使群臣为朝廷竭忠尽力。而且监督还能防范群臣违法乱纪、营私舞弊，"督听则奸塞不皇"⑤。在具体考核臣下的措施方面，《论人》提出了"八观""六验"之术："通则观其所礼，贵则观其所进，富则观其所养，听则观其所行，止则观其所好，习则观其所言，穷则观其所不受，贱则观其所不为。喜之以验其守，乐之以验其僻，怒之以验其节，惧之以验其特，哀之以验其人，苦之以验其志。"

① 《吕氏春秋·圜道》。
② 《吕氏春秋·审分》。
③ 《吕氏春秋·君守》。
④ 《吕氏春秋·当染》。
⑤ 《吕氏春秋·先己》。

二、上计中所反映的对官吏考核的思想

春秋时期，国君对官吏的考核已正式称为"上计"。《说苑》卷7《政理》载："晏子治东阿三年，景公召而数之……晏子对曰：'臣请改道易行而治东阿，三年不治，臣请死之。'景公许之。于是明年上计，景公迎而贺之。"

战国时期，这种通过上计考核官员的办法进一步发展，记载也更为详细可靠。当时所谓上计，就是中央重要官员和地方长官每年要把所属地区的户口、垦田、租税收入等预算数字写在木券上，一式两份，木券从中一剖为二，国王执右券，臣下执左券。到了年终，官吏必须到国王那里如实报核一年来财政收支情况，国君根据右券亲自考核，或由丞相协助考核。最后根据考核结果，决定官吏的升降任免赏罚。这就是《荀子·王霸》中所说的"岁终奉其成功，以效于君，当则可，不当则废"。关于战国时期上计的具体情况，见于古文献记载的颇多，兹举数例较有代表性的史料：

西门豹为邺令，清克洁悫，秋毫之端无私利也；而甚简左右，左右因相与比周而恶之。居期年，上计，君收其玺。豹自请曰："臣昔者不知所以治邺，今臣得矣，愿请玺，复以治邺。不当，请伏斧锧之罪。"文侯不忍而复与之。豹因重敛百姓，急事左右。期年，上计，文侯迎而拜之。[1]

田婴相齐，人有说王者曰："终岁之计，王不一以数日之间自听之，则无以知吏之奸邪得失也。"王曰："善！"田婴闻之，即遽请于王而听其计。王将听之矣，田婴令官具押券斗石参升之计。王自听计，计不胜听。罢食后，复坐，不复暮食矣。田婴复谓曰："群臣所终岁日夜不敢偷怠之事也，王以一夕听之，则群臣有为劝勉矣。"王曰："诺。"俄而王已睡矣，吏尽揄刀削其押券升石之计。[2]

解扁为东封，上计而入三倍。有司请赏之。文侯曰："吾土地非益广也，人民非益众也，入何以三倍？"对曰："以冬伐木而积之，于春浮之河而鬻之。"文侯曰："民春以力耕，暑以强耘，秋以收敛，冬间无事，以伐林而积之，负轭而浮之河。是用民不得休息也，民以敝矣。虽有三倍之入，将焉用之！"此有功而可罪者也。[3]

东阳上计，钱布十倍，大夫毕贺。文侯曰："此非所以贺我也。譬无异夫路人反裘而负刍也，将爱其毛，不知其里尽，毛无所恃也。今吾田地

---

① 《韩非子·外储说左下》。

② 《韩非子·外储说右下》。

③ 《淮南子·人间训》。

不加广，士民不加众，而钱十倍，必取之士大夫也。吾闻之下不安者，上不可居也，此非所以贺我也。"①

昭王召王稽，拜为河东守，三岁不上计。②

综合上述记载，我们可以大致了解到上计制度中所包含的先秦对官吏考核的一些思想。战国时期人们已经把上计制度化，严格按照规定的期限进行。《周礼》已经设计对官吏的考核分为"月终""岁终""三岁"之计，除"月终"之计不见于其他古文献记载外，"岁终""三岁"之计则屡见不鲜。相反，王稽为河东守，三岁不上计，则被认为没有尽到职责，违反上计制度。在上计中，政府侧重对官吏进行经济政绩考核，即"钱布十倍""而入三倍"，以赋税收入的多少作为考核官吏政绩的主要依据。其考核的详细内容当是《商君书·去强》中所说的十三数："境内仓口之数，壮男壮女之数，老弱之数，官士之数，以言说取食者之数，利民之数，马、牛、刍、稿之数。"简言之，即粮食、人口、赋税、牲畜之数。上计也注意考核群吏是否廉洁奉公，田婴相齐辅王上计就是要知吏之奸邪得失。上计中政府对官吏的考核所采取方法主要是听计，即"王自听计，计不胜听"；《周礼》中亦载有"听出入以要会"，"凡在书契版图者之贰，以逆群吏之治，而听其会计"。

上计中，国君已清楚地意识到为了对考核者作出符合客观实际的评估，往往还必须采取查询的方法，进一步弄清事实真相，然后再进行实际分析，透过现象看本质，最后得出正确的结论，实行赏罚。如魏文侯在对东封解扁考核时，通过当面询问，了解到解扁上计时东封收入增加三倍，原因是他不爱惜民力，让人民冬天伐木春天卖，因此虽然"有功"，但不可取，应该受到处罚。而魏文侯在对东阳上计时，发现了钱布收入增加十倍的反常现象，通过分析了解到东阳田不增广、民不增多，十倍收入是敛取于士大夫，这会引起社会动荡不安，并将危及自己的统治，并非好事，不应庆贺。随着封建社会经济的发展，经济工作越来越受到重视，国王为了独揽财经大权，约束各级官吏，往往是亲自主持上计。韩昭侯时，任用申不害为相，申不害就主张任用官吏要使之称职，并要经常加以监督和考核。这为秦汉以后帝王所仿效，形成了一种延续近千年的考核制度，对于加强中央对地方财政的控制，巩固和发展中央集权制产生了深远的影响。另外，一些有识之士也认识到，上计制度也存在着难以克服的缺陷，在执行中的实际效果有时是大打折扣的。正如《商君书·禁使》所云："夫吏专制决事于千里之外，十二月而计书以定，事以一岁别计，而主以

---

① 《新序·杂事第二》。

② 《史记·范雎蔡泽列传》。

一听，见所疑焉，不可蔽，员不足。"的确，官吏在千里之外写定的一年政绩的计书，国君要在一次听断中明察虚实，这是不可能做到的。如西门豹为邺令上计，因其简左右，而差点蒙受不白之冤，廉政者险遭处罚。更有甚者，齐国在国王亲自主持上计期间，奸吏竟敢明目张胆地弄虚作假，乘齐王听计睡着时，尽揄刀削其押券升石之计。从《韩非子》记载的这两个事例可知，韩非也认识到当时上计制度存在的弊端。

三、防范奸才思想

先秦时期，有些思想家认识到：国君在选拔任用贤才的同时，还要注意严密防范误用奸才。有些奸才为达到不可告人的目的，迎合君主、长官，拍马奉承，伪装钻营，骗取君主和长官的信任喜欢，从而得到重用。这些人一旦得志，利用手中的权力，为非作歹，诽谤诬陷贤才，贪赃枉法，结党营私，给国家和人民带来极大的危害。

商鞅就指出："凡人臣之事君也，多以主所好事君。君好法，则臣以法事君；君好言，则臣以言事君。君好法，则端直之士在前；君好言，则毁誉之臣在侧。"①《吕氏春秋·应同》也说："桀为非而众非来。"商鞅与《吕氏春秋·应同》的作者表达的是同一思想，即君主喜欢什么类型的人就有什么类型的人聚集到君主周围，而且君主本身的品质也决定着他周围的人，如夏朝暴君桀本身干尽坏事，于是一切为非作歹之徒便都聚集到他的身旁。

韩非发展了申不害的术，特别重视对奸才的识别与防范。正如《韩非子·说疑》所说："人主左右不可不慎也。为人主者诚明于臣之所言，则别贤不肖如黑白矣。"他在《说疑》中对奸臣做了分类，认为"人臣有五奸，而主不知也"。其一，"有侈用财货赂以取誉者"，即通过铺张浪费国家钱财，用以贿赂君主以骗取信任和荣誉。其二，"有务庆赏赐予以移众者"，即擅行赏赐，收买人心，扩充自己的势力。其三，"有务朋党狗智尊士以擅逞者"，即假装出一副尊贤礼士的姿态，结党营私。其四，"有务解免赦罪狱以事威者"，即擅自赦放罪犯以扩大自己的军事实力。其五，"有务奉下直曲、怪言伟服瑰称，以眩民耳目者"，即身穿奇装异服，散布诽谤朝廷的言论，以扰乱民心。韩非指出："此五者，明君之所疑也，而圣主之所禁也。"② 即明君怀疑这 5 种人，而圣主则禁止这 5 种人。

如前所述，商鞅揭示了君主以自己的喜好厌恶来任免官员，是造成奸人入

---

① 《商君书·修权》。
② 《韩非子·说疑》。

朝的重要原因。他说："今上论材能智慧而任之，则智慧之人希主好恶使官、制物，以适主心。是以官无常，国乱而不一，辩说之人而无法也。如此，则民务焉得无多，而地焉得无荒?"① 因此，他主张立人才法，以使任官有一定的标准，即以功授官："国以功授官予爵"②，"论荣举功以任之"③。

《管子》对防范奸才也提出了一些措施：其一，訾谇之人，勿与任大。"毁誉贤者之谓訾，推誉不肖之谓谇。訾谇之人得用，则人主之明蔽，而毁誉之言起。任之大事，则事不成而祸患至。故曰：訾谇之人，勿与任大。"④ 可见，《管子》作者认为诽谤诋毁能人和称誉推崇不肖之徒这两种人都不能任用。如这两种人得到重用，君主认识了解人的眼力会受到蒙蔽，颠倒是非、混淆黑白的流言蜚语便会广泛传播；倘若让这种人去办大事，不但事情办不好而且还会招致祸患。

其二，国君对4种人应该谨慎任用。"君之所慎者四：一曰大德不至仁，不可以授国柄；二曰见贤不能让，不可与尊位；三曰罚避亲贵，不可使主兵；四曰不好本事，不务地利，而轻赋敛，不可与都邑。此四务者，安危之本也。故曰卿相不得众，国之危也；大臣不和同，国之危也；兵主不足畏，国之危也；民不怀其产，国之危也。"⑤ 《管子》作者认为，国君对4种人应谨慎任用：一是虽有较好的品德但仁爱人民并未达到最高境界的人，不可让他掌握实施国家大政方针的权力。二是对待贤能缺乏谦恭礼让的人，不可让他占据尊贵的职位。三是当实施刑罚时，遭遇亲戚、权贵便回避姑息的人，不可委任他统率军队。四是不热心于农业生产，不重视开发地利而忽视赋税收入的人，不能让他治理一城一地。这是巩固国家的大事，是国家安危的根本。因为，如执掌朝政大权的卿相不为民众所拥护，大臣们不能互相同心协力，军队的统帅不能使人畏惧其威严，民众不注意农业生产，都将导致国家的危亡。

其三，国家应防止4种坏习气。"毋访于佞，言毋用佞人也，用佞人则私多行；毋蓄于谄，言毋听谄，听谄则欺上；毋育于凶，言毋使暴，使暴则伤民；毋监于谗，言毋听谗，听谗则失士。夫行私、欺上、伤民、失士此四者用，所以害君义失正也。"⑥《管子》作者认为，不要信任善于花言巧语、奸邪诈伪的人，信任了那样的人便将废公而行私；不要听从容忍谄媚奉承行为的

---

① 《商君书·农战》。
② 《商君书·靳令》。
③ 《商君书·算地》。
④ 《管子·形势解》。
⑤ 《管子·立政》。
⑥ 《管子·宙合》。

人，听从容忍那样的行为便是欺蒙上级；不要使用凶暴的手段，使用凶暴的手段必将伤害民众；不要听信诋毁他人的言论，听信了那样的言论便将失去有用的人才。总之，如果让行私、欺上、伤民、失士这4种坏习气广泛流行，是会将君主应有的道义和政治偏到邪路上去的。

正由于韩非把君臣关系视为虎狼与利害关系，因此，他所论述的术主要指驭臣之术，其中除了讲考课、监察方法之外，更多的是讲阴谋诡计。《难三》云："术者，藏之于胸中，以偶众端而潜御群臣者也。"术与法不同，法是臣之所师，术为主之所执，法要公开，术要暗藏，所以"法莫如显而术不欲见"，"用术，则亲爱近习莫之得闻也"。

据刘泽华在《先秦政治思想史》一书中归纳，君主的术属于阴谋诡计的主要有10项：①深藏不露；②国之利器不可示人；③用人如鬼；④深一以警众心；⑤装聋作哑；⑥倒言反事；⑦事后抓辫子；⑧防臣如防虎；⑨设置暗探；⑩暗杀。君主的术属于考课监察官吏的主要有4项：①任能而授官；②赏罚严明；③形名参验；④众端参观，听无门户。[①] 阴谋诡计10项是封建君主专制糟粕，考课监察官吏中的任能而授官、赏罚分明两项在本章其他地方已有论述，这里就不再介绍，以下将形名参验和众端参观、听无门户略加阐述。

韩非所说的形名参验主要指：官任其职，以其职课其功；臣不兼官，事不越位；言行一致，"听其言必责其用，观其行必求其功"[②]。所谓众端参观、听无门户大意是君主听谏不以私故，不要有门户之见，应看其言是否有利于事。《韩非子·内储说上》指出："观听不参则诚不闻，听有门户则臣壅塞。"《韩非子·外储说左上》更进一步明确指出："忠言拂于耳，而明主听之，知其可以致功也。"当然，听谏除不要有门户之见外，还要善于抉择。正如《韩非子·八经》所云："下君尽己之能，中君尽人之力，上君尽人之智。是以事至而结智，一听而公会。听不一则后悖于前，后悖于前则愚智不分；不公会则犹豫而不断，不断则事留。"

基于君臣关系为虎狼与利害关系的基础上，韩非认为，君主要集权一人，首要的任务是抑制大臣。为了防止大臣左右势侵君主，他提出了一些防范措施，主要有：

其一，臣子不得擅专兵权。军队是君主权势的基础，韩非认为必须由君主拥有，臣子"党与虽众，不得臣士卒"[③]。特别是对边疆大臣和领兵之将，更

---

① 《中国政治思想史集》（第1卷），人民出版社2008年版，第204～205页。

② 《韩非子·六反》。

③ 《韩非子·爱臣》。

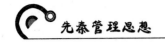

要警惕。《韩非子·亡征》指出："出军命将太重，边地任守太尊，专制擅命，径为而无所请者，可亡也。"《韩非子·八经》把大臣封君的私人武装力量，列为臣下八奸之一，建议君主加以取缔。

其二，臣子不得专财权并收买人心。财政是国家经济的命脉，韩非认为也必须由君主拥有，"臣制财利则主失德"①。韩非还提出要严禁大臣私施救济，收买人心，其"府库不得私贷于家"②。《韩非子·八说》云："行惠取众谓之得民"，"得民者，君上孤也"。

其三，臣子不得专人权。拥有人事任免权是君主指挥臣子的保证，因此，韩非提出，任免臣吏之权，只能由君主独擅，臣下不得"树人"。"臣得树人，则主失党"③。

其四，臣子不得有刑赏之权。《韩非子·二柄》说："明主之所导制其臣者，二柄而已矣。二柄者，刑、德也。"韩非认为刑德二柄应为君主所独有，如落入臣子之手，"则一国之人皆畏其臣而易其君，归其臣而去其君矣，此人主失刑德之患也"④。

其五，禁止臣子结交私党。《韩非子·扬权》说："大臣之门，唯恐多人"，"欲为其国，必伐其聚"。韩非主张君主要时时提防出现"腓大于股"的现象，如发现臣下结党，就要严厉制止："散其党，收其余，闭其门，夺其辅。"⑤

其六，严格控制分封，取缔私朝。战国时期不少封君凭借封地割据，与国君抗衡。韩非清楚地看到其对国君的威胁，"凡人主之国小而家大，权轻而臣重者，可亡也"⑥。针对这种情况，韩非提出要限制封君的执力，或尽可能不分封："大臣之禄虽大，不得藉威城市"⑦，"有国之君，不大其都"⑧。这一时期，大夫之家势力膨胀，仿效国君设立家朝（即私朝），成为君主大朝廷的对立面。对此，韩非主张予以取缔，提出"人臣处国无私朝"⑨。

①③⑤　《韩非子·主道》。

②　《韩非子·爱臣》。

④　《韩非子·二柄》。

⑥　《韩非子·亡徵》。

⑦⑨　《韩非子·爱臣》。

⑧　《韩非子·扬权》。

参考文献

一、古文献

1. 《老子道德经》，上海古籍出版社影印《二十二子》本，1986 年版。
2. 《论语注疏》，中华书局影印《十三经注疏》本，1980 年版。
3. 《墨子》，上海古籍出版社影印《二十二子》本，1986 年版。
4. 《孟子注疏》，中华书局影印《十三经注疏》本，1980 年版。
5. 《尚书正义》，中华书局影印《十三经注疏》本，1980 年版。
6. 林尹注译：《周礼今注今译》，书目文献出版社 1985 年版。
7. 《商君书》，上海古籍出版社影印《二十二子》本，1986 年版。
8. 《管子》，上海古籍出版社影印《二十二子》本，1986 年版。
9. 梁启雄：《荀子简释》，中华书局 1983 年版。
10. 陈奇猷校注：《韩非子集解》，上海人民出版社 1974 年版。
11. 陈奇猷校释：《吕氏春秋》，学林出版社 1984 年版。
12. 《春秋左传正义》，中华书局影印《十三经注疏》本，1980 年版。
13. 《国语》，上海古籍出版社 1978 年版。
14. 吴则虞：《晏子春秋集释》，中华书局 1962 年版。
15. 向宗鲁校证：《说苑校证》，中华书局 1987 年版。
16. 《史记》，中华书局 1959 年版。
17. 《汉书》，中华书局 1962 年版。
18. 朱熹撰：《四书章句集注》，中华书局 1983 年版。

二、今人著作

1. ［日］出井盛之：《经济思想史》，刘家黎译，上海联合书店 1929 年版。
2. ［日］田崎仁义：《中国古代经济思想及制度》，王学文译，商务印书馆 1926 年版。
3. ［日］上野直明：《中国经济思想史》，恒星社厚生阁 1971 年版。
4. ［美］Lewis H. Hancey：《经济思想史》（上册），周宪文译，台湾银

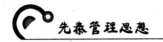

行经济研究室 1982 年版。

5. ［英］Eric Roll：《经济思想史》，陆元诚译，商务印书馆 1981 年版。

6. 梁启超：《先秦政治思想史》，天津古籍出版社 2003 年版。

7. 唐庆增：《中国经济思想史》，商务印书馆 2010 年版。

8. 胡寄窗：《中国经济思想史》（上册），上海人民出版社 1978 年版。

9. 赵靖：《中国经济思想通史》（第 1 卷），北京大学出版社 1991 年版。

10. 何炼成：《中国经济管理思想史》，西北大学出版社 1988 年版。

11. 叶世昌：《中国古代经济管理思想》，复旦大学出版社 1990 年版。

12. 苏东水：《东方管理》，山西经济出版社 2003 年版。

13. 滕显间：《中国历代经济管理反思》，海洋出版社 1988 年版。

14. 巫宝三：《先秦经济思想史》，中国社会科学出版社 1996 年版。

15. 张晋藩：《中国法制通史》，法律出版社 1999 年版。

16. 李光灿等：《中国法律思想通史》，山西人民出版社 2001 年版。

17. 萧公权：《中国政治思想史》，商务印书馆 2011 年版。

18. 刘泽华：《中国政治思想史集》（第 1 卷），人民出版社 2008 年版。

19. 曹德本：《中国政治思想史》，高等教育出版社 2004 年版。

20. 方宝璋：《中国审计史稿》，福建人民出版社 2006 年版。

21. 雷祯孝：《中国人才思想史》，中国展望出版社 1986 年版。

22. 巫宝三：《管子经济思想研究》，中国社会科学出版社 1989 年版。

23. 侯家驹：《先秦儒家自由经济思想》，（台湾）联经出版事业公司 1983 年版。

24. 侯家驹：《先秦法家统制经济思想》，（台湾）联经出版事业公司 1985 年版。

25. 陈永汉：《管子：杰出的经济管理学家》，经济管理出版社 1999 年版。

26. 张守军：《中国历史上的重本抑末思想》，中国商业出版社 1988 年版。

27. 潘承烈等：《中国古代管理思想之今用》，中国人民大学出版社 2001 年版。

28. 中国经济思想史学会：《中国经济思想史研究》，上海财经大学出版社 2008 年版。

29. 中国社会科学院经济研究所中国经济思想史组：《中国经济思想史论》，人民出版社 1985 年版。

30. 方宝璋：《宋代管理思想：基于政策工具视角的研究》，经济管理出版社 2011 年版。

31. 白钢：《中国政治制度通史》，人民出版社 1996 年版。

32. 张亚初、刘雨：《西周金文官制研究》，中华书局 1986 年版。

33. 李侃如：《治理中国：从革命到改革》，中国社会科学出版社 2010 年版。

34. 王诗宗：《治理理论及其中国适用性》，浙江大学出版社 2009 年版。

35. 刘熙瑞：《中国公共管理》，中共中央党校出版社 2004 年版。

36. 谢庆奎：《政府改革与政府创新》，中信出版社 2003 年版。

37. 杨冠琼：《政府治理体系创新》，经济管理出版社 2000 年版。

38. 俞可平：《治理与善治》，中国社会科学文献出版社 2000 年版。

39. 王强：《政府治理的现代视野》，中国时代经济出版社 2010 年版。

三、论文

1. 何炼成、邹富汉：《中国古代的和谐思想与构建和谐社会》，《当代经济科学》2005 年第 5 期。

2. 张守军：《中国传统的节用思想》，《贵州财经学院学报》2007 年第 1 期。

3. 刘家贵：《孟子管理思想的特点及其现代精神》，《云南民族学院学报》2001 年第 5 期。

4. 张跃：《从西周时代的社会变革看制度创新思想的历史意义》，《云南民族大学学报》2005 年第 3 期。

5. 冯华：《可持续发展理论在中国的思潮渊源考察》，《复旦学报》2002 年第 4 期。

6. 刘泽华：《先秦法家关于君主专制主义的理论》，《南开学报》1984 年第 5 期。

7. 刘泽华：《论先秦民的反抗斗争和统治者对民的理论》，《中国农民战争史研究集刊》1985 年第 4 辑。

后　记

　　每次完成一部专著写后记时，我都是怀着轻松愉悦的心情，因为大功已经告成，望着自己艰辛努力的成果，总觉得可以松一口气，并充满收获的喜悦。

　　可是这一次写后记并不轻松，心里总还是沉甸甸的。回首两年来写拙著的过程，实在艰难！记得去年11月，我突然接到福州大弟媳的电话，大弟在医院查出肝癌。这简直是一个晴天霹雳，五雷轰顶，我顷刻间被击得崩溃。我远在千里之外的南昌，加上教学、科研、会议等各种事务缠身，很难抽身到福州陪伴大弟。在南昌唯一能做的事就是帮助联系医院，购买药品，出出主意。除此之外，就是无穷无尽的挂念、悲伤、焦虑，我连安慰大弟、大弟媳的勇气和行动都没有，因为我自己先被击倒了，也需要别人的安慰。

　　自获悉这一不幸消息之后，我就患上了半年多的失眠症，每当夜深人静醒来，想着大弟的病，再也没有任何睡意。我觉得自己十分无助，眼睁睁地看着大弟病情每况愈下，却束手无策。深夜，我躺在床上辗转反侧，只能在心里默默向观音菩萨祈求，祈求慈悲为怀的观音菩萨保佑大弟的病情能出现奇迹。我恨不能替大弟分担一些病痛，但却不能。我向菩萨许愿，愿意自己减寿十年，让大弟多活十年，因为他太年轻了。

　　大弟一生忠厚诚实，心地善良，乐于助人，勤俭持家，性格内向，沉默寡言。他读小学六年级时，遭遇"文化大革命"浩劫，从此失学。"文革"中，为了能自食其力，到处打工谋生。他曾在街道办的炼铝厂当炼铝工人，半夜下班回家，由于疲劳和视力不好，骑着自行车撞到路旁的电线杆。他曾到街道办的木画厂当木画工，用软木雕刻粘贴极为精细小巧的洞亭楼阁，花鸟松竹，由此大大损伤视力，近视达800度。粉碎"四人帮"后恢复高考，他仅以小学毕业的程度，刻苦努力自学，最终考入江西财经学院。

　　我虽然人生也较坎坷，但从不怨天尤人，始终保持着乐观向上的进取精神。但大弟的病使我禁不住抱怨老天的不公，怀疑"善有善报，恶有恶报"的古训。大弟是天底下难得的好人，竟然患此不治之症！

　　近一年来，我就是在这样的心境中坚持撰写拙著。白天，我努力为自己找事做，尽一切可能集中注意力收集资料，撰写文稿。我让自己忙碌，以便暂时忘记痛苦。今年春节，我到福州在医院里陪伴大弟一周。早上在医院总是和大弟泪眼相对无语，下午和晚上住在二哥家里，就拿出书籍查阅一下先秦的史料，经常看着看着就双眼模糊。

我已过花甲之年，六十年来所遇到最痛苦的事就是大弟的病。父母双亡虽然也遭生离死别之痛，但还能节哀的是万物有生必有死，生是偶然，死是必然；父母都已到古稀之年，而且都走得没痛苦，安详平静。大弟的病让我刻骨铭心地切身体验到"痛心"的含义，使我的心脏一直不适，至今还没痊愈。大弟的病也让我刻骨铭心体会到什么叫手足之情，失去大弟之痛胜于断手断足！

我是一位知足常乐的人，虽然经济并不宽裕，但常自以为乐。过去经常自我陶醉在孟子的"三乐"之中："君子有三乐……父母俱存，兄弟无故，一乐也；仰不愧于天，俯不怍于人，二乐也；得天下英才而教育之，三乐也。"我作为一名教师，清清白白做人，认认真真教书，已得二、三两乐也；我原父母在堂，兄弟姐妹九人健康平安，并都争气出息，和睦友爱，岂不乐也？可是现在高堂不在，失一手足，其乐失也！

人为大弟所悲，唯我悲至深；

人为大弟所泣，唯我泣至切。

手足之情，千古同心；

生离死别，古今难全。

谨以此书献给大弟

方宝璋

记于万贤斋